Himmelstürmer
Verlag

Bibliographie
Alle Bücher im Himmelstürmer Verlag:
„Mark singt“, Roman. ISBN 978-3-934825-35-2
„Die Legende vom heiligen Dimitrij“, ISBN 978-3-934825-38-3
„Dunkle Flüsse“, ISBN 978-3-934825-43-7
„Es gibt keine Ufos über Montana“ ISBN 978-3-934825-50-5
„Patrick's Landing“ ISBN 978-3-934825-66-6
„Geheime Elemente“ ISBN 978-3-940818-02-7
„Im Palast des schönsten Schmetterlings“ ISBN 978-3-86361-157-6
„Der Falke im Sturm“ ISBN 978-3-86361-290-0
„Fluchtgemälde“ ISBN 978-3-86361-370-9
„Die Inseln im Westen“ Band 1 ISBN 978-3-86361-576-5
„Die Inseln im Westen“ Band 2 ISBN 978-3-86361-579-6
Coda – der letzte Tanz ISBN 978-3-86361-828-5
Cyborg me ISBN 978-3-98758-003-1
Du warst der Plan ISBN 978-3-98758-088-8
Auf dieser Frequenz ISBN 978-3-98758-139-7
Alle Bücher auch als E-book erhältlich.

Himmelstürmer Verlag, Nordertorstriftweg 24a, 31619 Binnen
www.himmelstuermer.de
E-mail: info@himmelstuermer.de
Originalausgabe, September 2025
Produktsicherheit: Achim Albers, 31585 Nienburg, Nordertorstriftweg 24a

Cover: Diegos Sanchz: https://unplash.com/de/@ediegosanchez
Fotograf: Diego Sanchez, https://www.instagram.com/jimenez_e23/

Umschlaggestaltung:
Olaf Welling, Grafik-Designer AGD, Hamburg. www.olafwelling.de
ISBN print: 978-3-98758-153-3
ISBN epub: 978-3-98758-154-0

Peter Nathschläger

DU BIST DER TOTEM

Roman
Teil 3 der Elias-Trilogie

Himmelstürmer
Verlag

Was bisher geschah

1.BAND
DU WARST DER PLAN

Im ersten Teil der Elias-Trilogie mit dem Titel **Du warst der Plan** wird der in Wien lebende, afroasiatische Influencer Elias zu einer mehrtägigen Party auf Gran Canaria eingeladen, wo er andere Influencer und Marketingmanager großer Unternehmen aus Mittel- und Südamerika kennenlernen soll.

Die Einladung war nur ein Vorwand, um ihn nach Gran Canaria zu locken und dort auf der Party als attraktives Opfer für finanzstarke Sadisten anzubieten. Statt Verträgen und neuen Kontakten nach Übersee erwarten ihn dort Vergewaltigung, Misshandlungen und Folter. Bevor die Gäste der perversen Partygesellschaft ihr Vorhaben umsetzen und ihn als Highlight der Party ermorden, kann Elias entkommen und flieht panisch und verletzt in die steinige Wildnis der Berge von Gran Canaria, wo er auf einer Straße vor den Wagen eines älteren Mannes stolpert, der ihn rettet, mitnimmt, und in seiner Finca Elias' Wunden versorgt. Der Retter stellt sich als Max vor, ein alleinlebender, älterer schwuler Mann, der sich wohltuend zurückhaltend gibt und Elias vorschlägt, die Tage bis zu seiner geplanten Heimreise bei ihm zu bleiben, um sich erholen zu können. Er rät ihm ab, zur Polizei zu gehen, da die daraus folgenden Komplikationen seine Abreise ernstlich gefährden könnten.

Elias fasst rasch Vertrauen zu dem selbstbewussten Mann, der sich seinen Reizen so nobel entzieht. Einen Tag später erfährt Elias durch die kanarische Zeitung, dass zwei der an den Misshandlungen beteiligten Influencer, die auch eingeladen waren, in der letzten Nacht grausam ermordet wurden. Als Elias erneut zur Polizei gehen will, gibt Max zu bedenken, man könne Elias der Morde verdächtigen - besonders wenn die Polizei erfährt, was die ermordeten Influencer Elias auf der Party angetan hatten.

Elias beschließt, nicht zur Polizei zu gehen, und vertraut seinem Gastgeber uneingeschränkt. Die Polizei von Gran Canaria nimmt inzwischen die Ermittlungen auf und es zeichnet sich ab, dass die Einladung, der Elias folgte und die anschließenden Misshandlungen auf der Party nur Teil eines umfassenderen Plans waren, durch zwei Finanzchefs großer, lateinamerikanischer Drogenkartelle Zugriff auf Finanzinformationen ebendieser Kartelle zu erhalten - um sie finanziell auszubluten.

Am Tag der Abreise gesteht sich Elias ein, dass er, obwohl er sich selbst nicht als schwul wahrnimmt, sich in seinen freundlichen und wohltuend noblen Gastgeber verliebt hat, und gesteht ihm das am Flughafen beim Abschied. Da offenbart sich sein Gastgeber als der, der das ganze Verbrechen geplant hatte und als maskierter Teilnehmer an Elias' Vergewaltigung beteiligt war. Max ist ein Superverbrecher, der sich Le Fantom nennt, und für den das Spiel mit den Gefühlen von Elias nach dessen Misshandlung und Vergewaltigung nur das Sahnehäubchen war.

Elias kehrt als gebrochener Mensch nach Wien zurück …

2. BAND
AUF DIESER FREQUENZ

Nach traumatisierenden Ereignissen auf Gran Canaria kehrt Elias Mataanoui als gebrochener Mensch nach Wien zurück und vertraut sich nach einigen Zögern seinem besten Freund an. Stefan ist ein in Wien lebender, nigerianischer Student und Influencer und seit Kindheitstagen der beste Freund von Elias.

Im Dezember begleitet er seinen Vater in die Hauptstadt von Estland, der auf einer diplomatischen Mission ist, und wird dort während eines Videochats mit Elias aus dem Hotelzimmer entführt. Bald stellt sich heraus, dass hinter dieser Entführung der ominöse Superverbrecher Le Fantom steckt, der die Entführung Stefans als Ablenkungsmanöver für einen politischen Terroranschlag geplant hat.

Hals über Kopf reist Elias nach Estland, um seinem entführten Freund irgendwie beistehen zu können.

Inzwischen gelingt es dem schwer misshandelten Stefan, einen der Entführer zu überwältigen und zu fliehen, irrt geschwächt von den Verletzungen und falsch dosierten Medikamenten durch die Winterlandschaft. Le Fantom setzt ein kleines Söldnerteam auf Stefan an und darüber hinaus ist auch noch die Polizei von Tallinn unterwandert.

Am Ende kann Elias Stefan retten, sie reisen zurück nach Wien und offenbaren einander ihre Liebe - eine Liebe, die sie schon seit Kindheitstagen füreinander empfinden, zu der sie sich aber erst jetzt, nach all den Abenteuern, bekennen.

TEIL 1: EUROPA

In der Wüste sah ich ein Wesen, tierisch, nackt,
das, am Boden kauernd,
sein Herz in den Händen hielt
und davon aß.
Ich sprach: »Ist es gut, Freund?«
»Es ist bitter – bitter«,
antwortete er,
»aber ich mag es,
weil es bitter,
und weil es mein Herz ist.«

– *Stephen Crane*

Erster Brief

Stefan!
Als ich Deine Wohnung verließ, ging ich mit großer Wut und ich weiß, dass das nicht recht ist, denn ich liebe dich. Doch was außer Liebe kann einen solchen Zorn hervorbringen? Ich habe dich bedrängt und das getan, was ich nie tun wollte, nämlich zu sein wie die Menschen, die ich nicht mag. Eifersüchtig, kleinkrämerisch, egoistisch.

Aber es schmerzt, das Herz schmeckt bitter. Das erinnert mich an ein Gedicht von Stephen Crane. Du weißt, dass ich Gedichte mag, wenn keiner zusieht :)

Du sagst, Du gehst nach Nigeria, um dort einen Bruchteil der Welt zu retten, etwas zu tun, um nachhaltige Landwirtschaft zu betreiben, die Menschen zu unterstützen. Nicht den Fisch bringen, sagst du. Ihnen zu zeigen, wie man Fische fängt. Nur eben bezogen auf Landwirtschaft. Biodiversität und all das. Das ist edel, so bist du halt.

Wir haben uns ineinander verschränkt wie Hände zum Gebet, und unsere Verse waren fluid, ein Gleiten auf Hoffnung und Zuneigung und – oh Mann: Du bist so endlos wertvoll und für ein paar traumhafte, verrückte Wochen dachte ich, all Dein Glanz und Deine Größe gleichen meine Verzagtheit aus, mein brüchiges Selbstvertrauen nach den Ereignissen auf Gran Canaria. Statt wie zwei Trinker, die niemand haben als einander, um sich auf dem Heimweg zu stützen, wurden wir beide gemeinsam zu mehr, als wir je waren, das denke ich wirklich.

Jetzt, da meine Wut irgendwohin verschwunden ist, um ihre Wunden zu lecken, sitze ich im Zug nach Madrid und ich weiß nicht, warum es mich fortzieht. Es ist nicht so, dass ich irgendwohin will, auch nicht, um von Dir wegzukommen, solange Du noch da bist und ich dadurch derjenige sein kann, der geht. Das ist es nicht. Du warst mein Halt, mein Leuchtturm im Leben und dieser Leuchtturm hat sich dazu entschlossen, anderswo zu leuchten. Verstehst Du die Analogie, Bro? Der Leuchtturm, der sich aus dem Felsen reißt, auf dem er seit ewigen Zeiten stand, um über das Meer davonzugehen wie in einem Psychofilm. Und alle, die sich je her auf ihn verließen, stehen nun in Dunkelheit und frieren.

Oh fuck, was für ein kitschiger sheiz!

Vielleicht bin ich gegangen, um Dir zu zeigen, dass ich mich Dir nicht vor die Füße werfen will, dass EliSte, wie sie uns nannten, wenn wir auf Rooftops und in Clubs Party machten, mehr ist als nur ein Wort. Wir sind Stefan und Elias. Zwei Schiffe in der Nacht und Gott verfluche Le Fantom, der mir diese Metapher ins Hirn gepflanzt hat! In der Dunkelheit haben wir uns gefunden und uns Halt gegeben und die Gewissheit, dass das Leben nicht nur lebenswert ist, sondern on top auch noch fucking schön.

Aber jetzt will ich wieder ein Schiff sein, das in die Nacht segelt. Ich lichte meinen Anker und lasse mich treiben. Die Mittel dazu habe ich. Ziel habe ich keines. Kennst mich ja. Wie oft bin ich losgerannt, nur weil ich rennen wollte? Du immer so: Eli, ohne Hirn und ohne Ziel!

Wo immer Du auch hingehst, sei Dir sicher, dass meine Liebe zu Dir so unendlich ist wie das Universum, in dem wir, so unwichtig und klein wir auch sein mögen, unseren Platz haben.

Ein weit entfernter Ort

September, 1985
Die Männer saßen im Kreis um das niedergebrannte Lagerfeuer und flüsterten im matten Schein der Glut. Blutjung sahen sie aus, und ihre Stimmen waren kehlig und tief. Manchmal blickten sie verstohlen zum einzigen Weißen der Expedition, der ein wenig abseits auf einem Klapphocker an einem Campingtisch saß und im fahlen Licht einer Gaslaterne in seinen Notizen blätterte. Er sah hager und zerbrechlich aus. Vielleicht sogar schwach, aber all das war er nicht. Seine Muskeln waren lang, sehnig und hart, er hatte graublaue, wache Augen in seinem schmalen, noch jungenhaften Gesicht. Und die Härte seines Körpers und die seines Blicks wurde noch übertroffen von der Härte seines Willens, der sanft war wie eine Stahlfaust in einem Samthandschuh. Der Expeditionsleiter, der sich eher wie ein Passagier verhielt als wie ein Anführer, gab sich zielstrebig, immer freundlich und zugänglich, und man konnte mit ihm reden. Und doch war er halsstarrig, und nicht von seinem Ziel abzubringen. Seinem idiotischen Ziel, irgendwo in der namibischen Wüste.

Sie näherten sich der Grenze zu Namibia aus dem Norden. Angola war ein Pulverfass und der Bürgerkrieg ausufernd, unglaublich brutal und letztlich wusste keiner mehr, wofür oder wogegen gekämpft wurde. Die beiden Guides kannten die Schleichwege durch den Dschungel von Angola ebenso gut wie die wenig befahrenen und nicht kontrollierten Straßen im Grasland im Süden des Landes. Vom Norden kommend, hatten sie dieses Land in drei Jeeps durchquert. Die Guides, zwei schlanke, muskulöse Burschen, die nach Abenteuer und auch ein wenig nach Stress aussahen, hießen Botho und Nikandor und fuhren voran, der Wagen mit dem Weißen war in der Mitte, sein Fahrer war ein junger Angolaner namens Henriques, ein begnadeter Mechaniker, der viel lachte und eine Fundgrube unanständiger Witze war, und die zwei Sicherheitsleute, Ex-Soldaten der ägyptischen Armee und jetzt Söldner für wen auch immer, fuhren im dritten Jeep. Sie hießen Ramses und Nafi. Sie wussten nicht viel über den Auftraggeber. Über seine Herkunft und Vergangenheit fast nichts; er war ein geschlossenes Buch, und das, was sie von ihm wussten, war das, was man lesen konnte, wenn der Wind das Buch kurz aufschlägt. Seine Freundlichkeit war dieser Wind, der ihnen erlaubte, ein wenig über ihn zu erfahren. Er stammte aus Luxemburg und er war reich und er war besessen von der Idee, ein verstecktes Monument in der Wüste von Namibia zu finden. Keiner von ihnen hatte jemals auch nur ein Wort über ein solches geheimes Monument gehört. Sie kannten keine Legenden oder von Mund zu Mund geflüsterte Geschichten. Aus zwei Gründen hielte sie ihm auf dieser Mission die Treue: Er zahlte gut und war in seiner Zielstrebigkeit gleichermaßen erträglich und mitreißend.

Nun waren sie seit drei Wochen gemeinsam unterwegs und erst in dieser Nacht gestanden sie einander am Lagerfeuer, dass der weiße Mann sehr überzeugend war.

Als der Mann ihnen jedoch sein Ziel nannte – die Wüste von Namibia – und was er dort zu finden hoffte, hatte der ältere der beiden Hereros, sein Name war Nikandor, ein ängstliches Funkeln in den Augen. So, als sähe er in der Ferne die Wolkentürme eines gewaltigen Unwetters in der Hitze flimmern. Er sagte nichts, aber zumindest sein Freund, der zweite Guide, schien das Unbehagen des Neunzehnjährigen zu spüren.

Welches Monument? Ein Gebäude, ein Tempel vielleicht? Oder ein Naturdenkmal? Vielleicht war es nur zu einer Jahreszeit zu sehen, bei einer bestimmten Witterung? Sie glaubten nicht, dass er mehr wusste als sie, aber … es könnte etwas dran sein.

Ihre gemeinsame Reise hatte in der Hauptstadt von Gabun begonnen. Zuvor war der Mann, der sich Maximilian Villeneuf nannte, im Nationalpark Akanda unterwegs gewesen, um sich, wie er sagte, auf den letzten Teil der Reise vorzubereiten. Er schrieb ein Notizbuch nach dem anderen voll und meditierte. Im Naturpark gab es einige Lodges für wohlhabende Touristen, die durch nahezu unsichtbare, aber wirksame Maßnahmen geschützt wurden. Dort ließ es sich leben, da gab es domestizierte Wildtiere, englischen Tee zum Frühstück und die freundlich-aufreizenden Blicke junger Mädchen für die einen, und Burschen für die anderen. Maximilian Villeneuf stammte, das hatte er ihnen in einem seiner wenigen leutseligen Momente bei einem Bier am nächtlichen Lagerfeuer anvertraut, aus einer alten Industriellenfamilie, die ihr Vermögen mit mehreren Reedereien gemacht hatte. Er war der Alleinerbe des Familienunternehmens, und so, wie er sich verhielt, wie er seine Vergangenheit sanft, aber nachdrücklich geheim hielt, schien ihm daran gelegen zu sein, seinem Leben zu entkommen; wenn es sein musste, vielleicht sogar mit seinem eigenen Tod. Das Vermögen bedeutete ihm offensichtlich nichts, und das musste er ihnen nicht erst sagen. Das sahen sie an der Art und Weise, wie er es mit vollen Händen ausgab und gleichzeitig zurückhaltend genug war, um nicht ausufernde Begehrlichkeiten zu wecken. Sein Credo schien zu sein: Sei immer gut, doch nie zu gütig, die Wölfe werden sonst übermütig.

Ja, das war den Männern der Expedition aufgefallen. Der Fremde hatte keine Angst, sie schien ihm wesensfremd zu sein. Und noch eine Gewissheit hatte sich bei ihnen breitgemacht. Er hatte seine Expeditionsmitglieder nicht nur nach ihren Fähigkeiten ausgesucht. Kichernd und ein wenig verunsichert, aber auch spöttisch, hatten sie festgestellt, dass sie alle junge, gut aussehende Männer waren, keiner jünger als achtzehn Jahre, und keiner älter als fünfundzwanzig. Sie unterbrachen ihr Geflüster, in dem es jetzt um die Jagd ging, und um den Geruch der Savanne, kurz vor Sonnenaufgang, als sie sahen, dass er aufgestanden war und zu ihnen kam. Henriques, sein Fahrer, sprang auf und lief auf Maximilian zu. Er trug nur eine abgeschnittene Militärhose und weißgelbe Nike Sportschuhe.

»Meister«, rief er mit seiner kehlig-gurrenden Stimme. »Hunger?«

Maximilian lächelte: »Mein edler Fahrer, möge jeder Gott, an den du glaubst, sein Licht auf dich werfen! Nein danke, ich habe gegessen. Dein Fleischeintopf ist ausgiebig und regt die Verdauung an. Nein, ich habe euch etwas zu sagen. Ich weiß jetzt genau, wohin die Reise geht!«

Erst jetzt sah Henriques, dass Villeneuf eine Papierrolle in der rechten Hand hinter seinem Rücken hielt. Der Weiße trug ein kakifarbenes Safarihemd und Cargohosen von derselben Farbe und derbe Wanderschuhe. Er ging mit Henriques zu den anderen, setzte sich zu ihnen in den matten Schein der Glut und breitete auf dem Boden die Landkarte aus.

»Seht mal«, sagte er.

Sie kamen näher, die Guides standen auf und stellten sich hinter ihn und mit einer Geste kameradschaftlicher Freundlichkeit legten beide eine Hand auf seine linke und rechte Schulter. Villeneuf lächelte verhalten, strich die Karte glatt und räusperte sich.

»Also. Da! Wir sind jetzt hier.« Er tippte auf eine Stelle etwa fünf Kilometer östlich von Namacunde, einer Kleinstadt in Angola kurz vor der Grenze zu Namibia. »Wir fahren bei Oshikango über die Grenze. Da ist es meinen Informationen nach sehr ruhig. Habt ihr andere

Informationen? Aktuellere?«

Seine Guides verneinten mit einem gleichzeitigen, mehrstimmigen Murren und Villeneuf blickte zu Henriques, der anzüglich zwinkerte und dann den Kopf schüttelte.

»Da wirds keine Probleme geben, Chef! Die USA haben die UNITA hochgerüstet und das hat zu einer länger andauernden Schrecksekunde bei der MPLA geführt, die von den Kubanern unterstützt wird. Es ist keine Waffenruhe, es ist ein Patt und das sollten wir nutzen, um uns über die Grenze nach Namibia zu verdünnisieren, Massa!«

»Sehr gut«, grinste Villeneuf. »Dann nehmen wir die B1, immer runter nach Süden bis Hammerstein. Dort quartiere ich euch in der Hammerstein-Farm ein und ihr könnt es euch gut gehen lassen. Ich gehe von dort zu Fuß nach Westen. Das letzte Stück werde ich allein zurücklegen.«

Die Männer sahen auf die Landkarte und redeten kurz miteinander, wobei sie von Französisch zu Englisch zu Bantu wechselten und wieder zurück.

Schließlich sagte Nikandor mit einem mehr als skeptischen Gesichtsausdruck: »Menschen sind dort nicht deine einzigen Feinde. Auch die Wüste. Ohne Begleitung kann das dein Tod sein.«

Villeneuf zwinkerte dem ebenso wilden wie edlen, ebenholzschwarzen Burschen zu, der seine Narben stolz zeigte, und antwortete leichthin: »Ja, das ist möglich. Aber vielleicht stimmt es ja, dass man manche Geheimnisse nur lüftet, wenn man bereit ist, dafür zu sterben.«

Nachdem sie abwechselnd geschlafen und gewacht hatten, räumten sie kurz vor Morgengrauen den Lagerplatz auf, verscharrten die Überreste des Lagerfeuers im Sand, nahmen den Restmüll in Plastiksäcken mit und hinterließen keine verwertbaren Spuren, aus denen sich ablesen ließe, wer hier gewesen war, wie lange und wie viele. Nur die Reifenspuren der Jeeps hinterließen eine Doppelspur.

Henriques versuchte einige Male, ein Gespräch in Gang zu bringen, während er mit obszöner Entspanntheit den schweren Wagen exakt in der Spur der vor ihnen fahrenden Scouts hielt. Die Sonne ging auf und warf rotes Licht in den Himmel und auf die karge, felsige Landschaft, die nach Süden hin abflachte und in die Wüste überging. Villeneuf blockte die Gesprächsversuche freundlich, aber bestimmt ab und las in einer alten Zeitung.

»Na komm schon, Mann. Gib mir einen Hinweis darauf, was wir suchen, was *du* suchst. Mach schon!«

Villeneuf lächelte, faltete die Zeitung akkurat zusammen und steckte sie in die Tasche der Beifahrertür. Er holte Luft und seufzte. Dann, ziemlich unerwartet, gab er doch etwas preis.

»Meine Eltern starben vor zwei Jahren bei einem schweren Unglück im Trockendock einer unserer Reedereien in Amsterdam. Kein schöner Tod, aber schnell, eigentlich gnädig. Ich denke, sie wussten nicht, wie und was ihnen geschah. Zuerst redeten sie noch mit dem Vorarbeiter am Dock, wo ein neuer Frachter zu Wasser gelassen werden sollte – die Vorbereitungen dazu wollten sie persönlich überwachen, als Metallträger brachen, das Frachtschiff sich zu Seite neigte, wodurch weitere Träger brachen, und ja … sie wurden darunter begraben, also unter den Trägern. Mit ihnen starben der Teamleiter und vier Dockarbeiter. Ich war zu dieser Zeit gerade in unserem Haus in Luxemburg und bereitete mich auf eine Weltreise vor. Einen Monat zuvor hatte ich meine Magisterarbeit geschrieben. Wenn du es genau wissen willst, ich habe ein Doktorat in Wirtschaft und Recht und einen Master in Philosophie, genauer gesagt, Erkenntnisphilosophie und Sprachphilosophie … schau nicht so. Ich war ein behütetes Kind und ich hatte nichts anderes zu tun, als zu lesen und zu lernen und wenn es sich ausging, zu reisen, um das, was ich gelernt hatte, zu hinterfragen. Herauszufordern.«

Um sie herum war nun nur noch Wüste, eine rote Wüste, über die sich ein irritierend blauer Himmel wölbte.

»In einem der alten Bücher, das ich in der Bibliothek meines Vaters auf unserem Landsitz fand, schrieb ein Philosoph aus Portugal namens Abel Cartoso, der 1941 starb, über eine Reise nach Südafrika. Sie führte ihn durch Namibia, wo er, wie er behauptete, auf ein Monument stieß, als er vollkommen erschöpft zusammenbrach. Er wurde von Himbas gerettet. In der Biografie wurde das Abenteuer kurz erwähnt und der Biograf schrieb, es seien Männer des Stammes der Herero gewesen, die ihn gerettet und in ein Versteck gebracht hatten, wo große Dunkelheit und Kühle herrschte und wo er ebendieses erwähnte Monument fand, oder anders gesagt, wo ihm die Retter das Monument zeigten.«

»Aber ein Monument ist doch ein Bauwerk, oder? Ein großes Bauwerk wie, was weiß ich denn schon, wie die Pyramiden, oder der Koloss von Rhodos oder die Bibliotheken von …«

»Ja, aber nicht nur. In seiner Sprachverwendung meinte er damit möglicherweise nicht ein Bauwerk, sondern einen Erkenntnisort, ein Ding, das seine Sicht auf die Welt, und wie sie funktionierte, nachhaltig veränderte. Es ist nur schade, dass er nichts darüberschrieb, wie es ihn verändert, was er gelernt hatte. Sein Buch endet mit diesem Abenteuer und die Biografie endet damit, dass er in seine Wohnung in der Universität von Lissabon zurückkehrte, dort zwei Monate blieb, sich irgendwelchen Studien widmete und dann, eines Tages im Oktober 1941, spurlos verschwand. Er war weg. So. Jetzt weißt du es und ich hoffe, du weißt, dass ich dich jetzt töten muss.« Villeneuf grinste humorvoll.

Henriques grinste zurück, griff sich mit der linken Hand in den Schritt und knurrte: »Oh, ich hätte nichts dagegen, einen kleinen Tod zu sterben. In deinem Mund.«

»Du bist *frech*!«, lachte Villeneuf. Irgendetwas an seinem Lachen stimmte nicht, hatte einen irritierenden Unterton, der Henriques einen eisigen Schauder über den Nacken jagte.

Nach dreizehn Stunden, einer Pinkelpause und einer Jause auf dem Grat einer gewaltigen Düne, von der aus sie bis zum Südatlantik sehen konnten, erreichten sie die Hammerstein-Farm.

1986 war das Anwesen eine Schaf- und Ziegenfarm, auf der Durchreisenden kleine, aber saubere Gästezimmer angeboten wurden. Die Quartiere, etwas abseits der Wirtschaftsgebäude, waren schlicht und zweckmäßig. Maximilian Villeneuf stieg aus, als Henriques den Jeep vor dem Hauptgebäude parkte, und stand einen Moment im aufgewirbelten Staub. Dann betrat er das Gebäude, klopfte den Staub vom Hemd und grüßte laut auf Deutsch die Männer, die im kühlen Dunkel der Stube mit bloßen Oberkörpern saßen und an einem Tisch im Schein einer nackten Glühbirne Tarock spielten. Zwei Weiße mit schlaffen, behaarten Brüsten und großen Bäuchen und zwei ältere Schwarze, hager und ausgezehrt. Neben den Karten und den Papierscheinen, die sie als Geld benutzten, befanden sich Gläser mit Wasser auf dem Tisch, das so kalt war, dass die Gläser beschlugen.

Sie unterbrachen ihr Spiel und grüßten ebenfalls auf Deutsch, der eine, der Ältere der beiden Weißen, stand schwerfällig auf, zeigte ein schiefes, aber durchaus freundliches Lächeln und fragte: »Was kann ich für dich tun, Pilger? Mein Name ist Franz Porteus. Ich bin der Eigentümer hier. Das sind meine Freunde Karl Unger und die beiden rabenschwarzen Kollegen hier heißen Titus und Sem, die Vorarbeiter der Ranch. Setz dich.«

Sem, der jüngere der beiden Schwarzen, stand gemächlich auf, ließ den Halswirbel knacken und griff ins Dunkel hinter sich und zauberte einen Schemel hervor, den er an den Tisch stellte. Maximilian Villeneuf musterte die vier Männer, als wollte er abschätzen, ob sie Ärger bereiten würden – ob sie Ärger verursachen *könnten*. In der Stube roch es nach altem, in die Wände eingesickerten Zigarrenrauch, nach Käse und Männerschweiß; eine Geruchsmischung, die er durchaus angenehm fand. Mit einer gezierten Bewegung nahm Villeneuf Platz, sah in die Runde und dann auf die Karten. Sie sahen ihn aufmerksam an. Er räusperte sich und sagte dann: »Zuerst wäre ein Glas Wasser gut, oder Wein, wenn Sie haben. Dann möchte ich zum Geschäftlichen kommen.« Er lächelte verbindlich und legte ein Bündel Geldscheine auf den Tisch. Die vier Männer starrten auf das Geldbündel und Villeneuf sagte leise: »Das sind hundertzehntausend namibische Dollar. Dafür möchte ich ein Glas Wein und gute Quartiere für meine fünf Begleiter, die draußen warten. Anständige junge Leute, die mich auf einer Expedition begleiten. Und dafür, dass sie mir keine Fragen stellen, die ich ohnehin nicht beantworten würde. Sind wir im Geschäft, meine Herren?«

Eine Viertelstunde später kam Villeneuf mit einem breiten Grinsen im Gesicht und einem Halbliterkrug Weißwein ins Freie, wo seine Begleiter auf ihn warteten, rauchten und sich leise unterhielten.

»Folgendes«, sagte er. »Ich habe für euch fünf Zimmer gebucht. Gute Quartiere mit fließendem Wasser. Ebenso habe ich für eure Verpflegung bezahlt. Ihr bekommt drei Mahlzeiten am Tag. Die Leute hier werden euch keine Fragen stellen und ich erwarte von euch, dass ihr ihnen keine Informationen gebt. Die Quartiere sind für eine Woche im Voraus beglichen. Ihr werdet euch vielleicht langweilen, aber ich denke, junge Männer wie ihr finden immer eine Beschäftigung. Ich werde heute Abend allein weiterziehen. Ich nehme den Jeep, den Henriques gefahren hat. Keine Fragen, bitte. Ich bin in einer Woche zurück und dann begleitet ihr mich bis Luanda, wo ich euch dann mit einem Schiff verlassen werde. Sollte ich nach sieben Tagen nicht zurück sein, gebe ich euch hiermit den Auftrag, am achten Tag aufzubrechen und dorthin zu gehen, wo auch immer ihr hingehen möchtet. Damit wäre der Vertrag erloschen und ihr habt mir gegenüber keine Verpflichtungen mehr. Ist das angekommen?«

Sie nickten und waren klug genug, keine Fragen zu stellen, obwohl ihnen anzusehen war, dass sie vor Neugierde fast platzten.

»Spätestens am Dienstag, dem dreiundzwanzigsten September, brecht ihr von hier auf, verstanden?«

Sie nickten erneut und auf ein Zeichen von Villeneuf holten sie ihre Rucksäcke von der Ladefläche.

»Drin gibt es Wasser und sie haben auch eiskalten Wein, der ziemlich gut ist, und einen Kühlschrank voller Bier. Ich danke euch für eure Begleitung, Männer!« Er strich im Vorbeigehen mit beiläufiger Vertrautheit über Henriques Rücken, der schief grinste und ein katzenhaftes Schnurren von sich gab, das sagte: *Ich kenne dein Geheimnis, Mann.*

Villeneuf sah ihnen zu, wie sie zu den Gästehäusern gingen und sich darüber unterhielten, wer welches Haus beziehen würde. Als sie verschwunden waren, blieb er noch eine Minute stehen und starrte nachdenklich in den tiefblauen Himmel. Er trank den Wein, ging zurück in die Stube im Haupthaus und kam eine halbe Stunde später mit einem schweren Rucksack wieder heraus. Darin hatte er Wegzehrung, mehrere Liter Wasser, eine Tube Sonnencreme und Verbandszeug und Vitamintabletten, die ihm der Hausherr mit einer verschwörerischen Geste zugeschoben hatte: »Man braucht da draußen nicht nur Wasser. Die hier haben auch Salze mit drin und Eisen. Man kann in der Wüste den Verstand verlieren und man kann sterben, Pilger!«

Als Villeneuf in den Jeep stieg und den Motor anließ, als er die Tür schloss, flüsterte er: »Ich werde sterben oder Weisheit erlangen. Oder beides.«

Dann rammte er den Gang rein und verließ die Hammerstein-Farm.

Elias nimmt den Zug

Mai 2026

Die Reise war ungeplant, und als der Zug mit zunehmender Geschwindigkeit dahinfuhr und die Stadtgrenze von Wien erreichte, lehnte Elias seine Wange an das kalte Fenster und sah nachdenklich hinaus auf die Verwaltungsgebäude und Lagerhallen, die den mehrspurigen Schienenstrang säumten.

Gerade noch hatte er das Bett mit Stefan geteilt, der in den letzten Wochen vom besten Freund zum Geliebten geworden war. Der wichtigste Mensch in seinem Leben, ein Leidensgenosse in den Stürmen, die sie fast heil überstanden hatten. Sich zu lieben und die Liebe des anderen anzunehmen, hatte ihnen geholfen, die Verwüstungen an den Rand der Erinnerungen zu drängen, wo sie wie schwere Gewitterwolken hingen.

Elias Mataanoui hatte nichts bei sich als die Sachen, die er angehabt hatte, als er vorgestern zu Stefan Talha Kareems Wohnung gekommen war, um ihn zum Laufen abzuholen. Sie waren Joggen gewesen, der Mai war mild und trocken, die letzten Tage waren bewölkt und die Temperatur ideal für die weiten Runden, die sie drehten. Sie waren auf dem Treppelweg am Ufer der Donau Richtung Korneuburg gelaufen und Stefan hatte scherzhaft gemeint, sie könnten bis Krems weiterlaufen, er soll bitte nicht so ein Mädchen sein, wir schaffen das. *Wir nehmen uns ein Zimmer irgendwo in der Wachau, in Hundsheim oder so, und pennen dort.* Elias hatte das Gefühl gehabt, dass sie das wirklich tun könnten. Sie waren bei bester Kondition, und die Verletzungen, die Stefan während und nach seiner Gefangenschaft in Estland zugefügt worden waren, heilten gut. Die Brandnarben an den Schienbeinen und an der rechten Hüfte würden für immer bleiben, ebenso wie der kleine Finger steif bleiben würde, den man ihm im Krankenhaus von Tallinn angenäht hatte, nachdem ihn die Entführer mit einer Drahtschere abgetrennt hatten.[1] Auch die Narben auf der Brust würden bestenfalls zu weißen Linien verheilen, aber Stefan Talha Kareem nahm das sportlich und scherzte, er sei nun nicht nur ein Krieger der Nacht, sondern er sei ein von der Schlacht *gezeichneter* Krieger der Nacht. Elias fand das nur bescheiden witzig; er selbst hatte auch Narben davongetragen, als er im Oktober 2025 auf Gran Canaria in eine

---

[1] Siehe »Auf dieser Freqenz«

Falle gelaufen war und gefoltert und vergewaltigt worden war, zur Unterhaltung zahlender Kunden.[2]

Doch die Albträume hatten sie besiegt, weil sie einander hatten, weil sie nach über zehn Jahren Freundschaft erkannt hatten, was sie einander wirklich bedeuteten. Es war ein langes und verworrenes Coming-out, das sie beide aber nicht so wahrnahmen. Es gestaltete sich wie von selbst, weil sie wie Wasser waren, beweglich in ihrer Liberalität und Sexualität und weil sie nach all den Fährnissen und Schrecken im anderen den perfekten Partner gefunden hatten.

Heute war Elias Mataanoui direkt von Stefans Wohnung nach Wien-Mitte gelaufen, hatte ein Zugticket gekauft, war zum Hauptbahnhof gefahren, hatte dort bei Burger King in der Gastromeile einen doppelten Cheeseburger gegessen und einen Eistee getrunken und er hatte nicht nachgedacht. Er war dem Gefühl gefolgt, dass er verloren war, nachdem, was ihm Stefan an diesem Morgen offenbart hatte. Die sich abzeichnende Zukunft zerriss Elias das Herz und trieb ihn tränenblind auf die Straße.

»Wieso hast du mir nicht schon früher gesagt, was du vorhast? Mann, ich dachte, wir beide …«

»Konnte ich nicht. Es war so viel Papierkram und …«

»Das ist doch nur eine Ausrede, Bro, bitte denk noch mal darüber nach und wir finden einen Weg, den wir gemeinsam gehen können!«

»Sie haben mich angenommen. Und ich *muss* das tun, Eli, ich dachte, du würdest es verstehen. Wenn sonst niemand, dann du, bitte mach mir das nicht noch schwerer als es …«

Er fühlte sich erschöpft und von sich selbst entfremdet. Bevor er die Augen schloss, weil ihn die Trauer so ermüdete, klappte er den Laptop auf, den er vorige Woche gekauft hatte, und der sein MacBook ersetzte, und machte online einen Kassensturz. Er war nicht reich, aber durchaus wohlhabend. Nicht nur durch den Verkauf seiner Anteile an der Agentur, die er mitgegründet hatte, sondern auch durch die Zuwendungen von Estland, nachdem er mitgeholfen hatte, Stefan Talha Kareem aus den Fängen von drei Entführern zu befreien, die den Tod gefunden hatten, so wie drei Söldner, die er – wie er das geschafft hatte, war noch immer ein offenes Thema – überwältigt hatte.

Malalay, das kriegsversehrte Flüchtlingsmädchen, war weg. Sie war

---

[2] Siehe »Du warst der Plan«

sein Anker gewesen, mehr noch als seine Eltern, vielleicht sogar mehr als Stefan. Nicht er hatte sie geheilt. Das wäre auch ein Ding der Unmöglichkeit und doch – irgendwie hatte er ihr gezeigt, wie man lächeln kann, auch wenn man schwer verwundet ist. Sie hatte *ihn* geheilt – durch das Lächeln, das er ihr wiedergegeben hatte.

Nun war sie weg, und als er den Kopf zurücklehnte und den Laptop zuklappte, hörte er ihre Stimme. Sie flüsterte etwas, und jetzt sah er sie auch. Nebelhaft, wie eine Gestalt, die nach hinten wich:

الياس، ویده شه، ته ستړی يې[3]

Er verstand nicht, was sie sagte, aber er verstand, dass sie in Sorge um ihn war.

Was mache ich, fragte er sich, als der Zug einhundertneunzig Kilometer pro Stunde fuhr.

Schon halb im Schlaf antwortete er sich selbst: Ich reise.

Die Landschaft und die Bahnhöfe zogen an ihm vorbei, als ob der Zug stünde und die Welt sich bewegte. Die erste Etappe seiner ungeplanten Reise war München, wo er verwirrt den Zug verließ, sich orientierte und dann einem Impuls folgend, Madrid als erstes echtes Ziel wählte. Der Zug ging von München nach Stuttgart, weiter über Paris und dann nach Madrid. Er wusste nicht, warum er dorthin wollte. Er kannte dort niemanden, er hatte dort nichts verloren, und trotzdem spürte er tief in sich das Wollen, die Richtigkeit der Entscheidung. Allein das genügte ihm in Zeiten der träumerischen Unsicherheit, Madrid als Ziel zu akzeptieren. Sein Leben war ohnehin aus den Fugen, also was solls? Dachte er bitter.

Vom bewunderten, jugendlich-schönen Influencer und Instagramer zum heimatlosen Herumtreiber. Damit war kein Blumenstrauß zu gewinnen und ebenso wenig Follower, auf die er ohnehin nichts mehr gab. Also war es gut und richtig?

Er stemmte sich gegen die Langeweile, die über ihn kam wie ein Wolkengebirge, und prüfte seine Habseligkeiten. Er hatte das Smartphone mit, den Laptop mit dem Linux Betriebssystem. Seine Brieftasche, in der er zweihundertfünfundvierzig Euro in bar hatte, seine

---

[3] Geh schlafen Elias, du bist müde

Debitkarte, die Visa Premium Kreditkarte, die Revolut Metall Card, seinen Führerschein, den Personalausweis, und, so als ob es das Schicksal so gewollt hatte, den funkelnagelneuen Reisepass, den er an dem Tag, bevor er zu Stefan gefahren war, mit der Post bekommen hatte. Auf sein Geld hatte er online Zugriff, und weil er sich keine Gedanken darüber machte, ob und wie sein Leben weitergehen würde, war das für den Moment genug.

Mit einem vagen Gefühl, wohin er wollte, kaufte er am Schalter vom Münchner Hauptbahnhof eine Fahrt nach Stuttgart, weiter nach Paris und von dort nach Madrid.

In ein Land, in dem Spanisch gesprochen wurde. Die Sprache, die sich immer stärker ins Bewusstsein schob. Ihm war in den letzten Wochen aufgefallen, dass er immer öfter in Spanisch dachte, obwohl er die Sprache bestenfalls auf B1-Level beherrschte. Zumindest hatte das der letzte Onlinetest im September des vorigen Jahres ergeben.

»Gut«, sagte er sich, als er in den Zug stieg und nach vor in die Business Class ging, seinen Platz fand und sich setzte. »Ich lichte den Anker.« Für einen Lidschlag lange dachte er sehnsüchtig an Stefan und spürte, wie sein Hals enger wurde und seine Augen brannten.

»Vielleicht sehen wir uns wieder. Irgendwo. Irgendwann.«

Viel später, als er im Business Class Abteil des Zuges saß, der nach Paris fuhr und zum Fenster hinaussah, erinnerte er sich an sein allererstes Training. Als er noch weich und pummelig war. Er konnte sich an den Geruch von verschwitzter Kleidung erinnern, an das Gebläse der Klimaanlage, das Klirren von Gewichten und die Brunftschreie junger Männer, die pumpten und sich verausgabten. Für ihn waren sie wie Raubtiere, die in der Angst anderer badeten. Er erinnerte sich an sein Schamgefühl, als er die Umkleideräume des Fitnesscenters betrat und wie ihn für ein paar Augenblicke der Mut verließ, ihren gemeinsamen Plan in die Tat umzusetzen. Mit Stefan darüber zu reden, war wirklich hilfreich gewesen. Mit ihm Pläne zu schmieden, während sie eine Pizzaschnitte in der U-Bahn-Station Schwedenplatz teilten, war aufregend, ein Weg nach vorn. Doch nun stand er allein in diesem Raum, in dem sich einige halbwüchsige Jungen umzogen, die entweder ihr Training begannen oder gerade damit fertig waren. Was er schnell erkannte, war die eigenartige Mischung aus Schamgefühl und Stolz, die er besonders bei muslimischen Jungen wahrnahm. Einerseits zierten sie sich nackt vom Umkleideraum zu den Duschen zu gehen, andererseits aber posierten sie ununterbrochen geübt und mit schlecht verborgener Eitelkeit für Selfies. Er wusste, dass er auch so sein wollte, obwohl er das mit dem Schamgefühl bezüglich der Nacktheit nicht verstehen konnte. Die konnten sich nackt zeigen oder in Kartoffelsäcken, sie sahen aus wie Götter und das wussten sie bestimmt auch. Dann kam Stefan mit ein paar Minuten Verspätung in die Umkleidekabine, grinste ihn übermütig an und raunte: »Mach dich nackig, Dicker!« Elias fuhr zusammen, weil er das Gefühl hatte, der ganze Umkleideraum hatte vor allem das letzte Wort gehört. Stefan war auch bummelig – nicht so wie Elias, aber doch. Mit ihm an seiner Seite schaffte er es in Rekordzeit, sich umzuziehen. Für das erste Training hatte er keine besonders stylishe Trainingskleidung. Nur eine alte Jogginghose, ein altes T-Shirt und Unterwäsche und Socken zum Wechseln. Sie betraten den Trainingsraum, mehr eine Halle als ein Raum, der gut gekühlt war. Elias entfuhr ein stimmloses WOW und er wollte alles machen, alles gleichzeitig. Er wollte jede Maschine ausprobieren, jede Hantel in die Hand nehmen, und bevor er losstürmen konnte, stellte sich ihnen ein etwa zwanzigjähriger schwarzer Bursche in den Weg. Großgewachsen, ein König, ein Gott. Und er lächelte sie an: »Elias und Stefan? Ich bin euer Trainer für den ersten Tag. Stefan hat mir eine Mail geschrieben, was ihr erreichen wollt. Das war doch unter euch abgestimmt, oder?« Elias sah Stefan ziemlich entsetzt an: »*Was* hast du?«

»Na, ihm geschrieben. Er ist auf der Website des Fitnesscenters. Er ist voll der Bro, und ich habe ihm geschrieben, wir wollen weniger bummelig sein und mehr athletisch. Mehr Ausdauer, alles klar, Eli?«

»Oh Mann, warum hast du mir nichts gesagt? Das ist voll peinlich!«

»Ist es *nicht*«, mischte sich ihr junger Trainer ein. »Mein Name ist Moises. Ich bin aus Kuba, also meine Eltern, die sind aus Kuba. Ich studiere Sportmedizin und Ernährungswissenschaften und vertrau mir, ich führe euch zu den Sternen!«

»Zu den *Sternen*?«, jammerte Elias.

»Sterne. Ja. Die Ziele, die man in den Himmel schreibt, wenn man eine Reise beginnt. Irgendwo muss man die eigene Navigation ja aufhängen. Los jetzt, genug geschwätzt. Wir werden über Ernährung reden. Und wir werden uns damit befassen, dass Muskeln warm sein müssen. Wir machen Dehnungsübungen und das ist ur-fad, ich weiß. Aber es ist notwendig. Merk dir das gleich für immer, kleiner Bruder«, grinste er Elias aufmunternd an. »Wenn dir ein Training langweilig erscheint, oder auch nur ein Teil des Trainings, dann betrachte es einfach als notwendig. Und wenn du denkst, es ist nicht möglich, dann sag dir dasselbe wie Cooper in dem Film *Interstellar*: *Es ist unmöglich, aber es ist notwendig*!«

Das nahm Elias tief in seinem Herzen auf seinem zukünftigen Weg mit und das verschaffte ihm vielleicht die Härte, zu jener Selbstdisziplin zu finden, die ihn durch alle Trainings leitete, ihm half, seine Ernährung umzustellen: *Wenn du denkst, es ist nicht möglich, dann sag dir, es ist notwendig.*

Und von einem anderen Jungen, der dort trainierte, einem afghanischen Schönling, der sonst nur Müll absonderte und eitel war wie eine gepimpte Prinzessin, hörte er die zweite Weisheit. Damals erschien sie ihm wie ein religiöses Mantra, heute empfand er sie plump und selbstverliebt – aber sie trug ihn mit der Selbstdisziplin zum Erfolg: *Ihr hört auf zu trainieren, wenn ihr müde seid. Ich höre auf, wenn ich fertig bin.* Das schrammte schon ordentlich an einem Chuck-Norris-Spruch vorbei.

Papa, dachte er. Mama, dachte er. Danke euch. Jetzt kann ich die Sterne sehen, wenn ich die Augen schließe. Ich bin ihnen viel näher als je zuvor, und ich habe euch gesagt, dass ich meine Navigation in den Sternen verankert habe. Und doch sind sie noch immer genauso weit weg wie damals, als ich zum ersten Mal in ein Fitnessstudio ging. Ich weiß noch, wie unglaublich stolz, glücklich und wie zertrümmert ich nach dem ersten Training war, wie unendlich dankbar ich Moises war, der uns so umsichtig durch die Trainingseinheiten geführt hatte und sie uns erklärte. Ja, Stefan und ich hatten Pläne, kindische Pläne, aber wir hatten echte Ziele. Unscharf und ungenau, und ihr habt mich so liebevoll unterstützt. Zum Training gebracht und abgeholt, wenn wir die Zeit vergessen hatten. Jenseits von all dem Erfolg, körperlich, seelisch und finanziell, war es mein größter Gewinn, euch und Stefan an meiner Seite zu haben, als wir unseren Flug zu den Sternen begannen.

Als der Zug nach einem Stopp in Saarbrücken seine Höchstgeschwindigkeit erreichte, lehnte sich Elias bequem im Stuhl zurück, streckte die Beine aus und schloss die Augen. Er hörte einen tiefen, dröhnenden Glockenschlag und wusste nicht, ob der Klang aus dem nahen Traum herüberwehte, oder ob sie an einer Kirche vorbeigerast waren. Egal. Er sank in die Dunkelheit und dort sah er die Sterne.

Aufbruch

September 1985

Max Villeneuf lenkte den Wagen nach Südwesten und verließ nach etwa fünfundzwanzig Kilometern die Piste, auf der er gefahren war, und steuerte eine flache Düne an, die der Jeep problemlos nahm. Die Räder drehten nicht durch, er wirbelte kaum Sand auf. Villeneuf hielt sich nicht für den besten Autofahrer der Welt, obwohl er davon ausging, dass sich so ziemlich jeder junge Mann, der einen Lappen hatte, für den besten Autofahrer der Welt hielt. Für sich nahm er in Anspruch, ein Realist zu sein. Auch wenn er jetzt auf einer merkwürdigen, esoterischen Mission war und nach einem Monument suchte, das es höchstwahrscheinlich gar nicht gab.

Manchmal, sagte er sich, *sucht man nicht das Ziel, sondern einfach nur den Weg.*

An diesem Tag fuhr er noch drei Stunden weiter, bis er mitten in der Wüste war, fern jeder eingezeichneten Piste oder Straße, weitab von jeder Siedlung. Hier gab es nicht einmal Spuren von Nomaden, nur den rötlichen Sand der Dünen und den dunkelblauen Himmel. Oben auf einer Piste angelangt, fand er, dass das der richtige Ort war, den Weg zu seiner vollkommenen Erschöpfung zu beschreiten. Er stellte den Motor ab, packte den Rucksack, wickelte ein Stofftuch um den Kopf, um sich vor der sengenden Sonne zu schützen, und orientierte sich ein paar Minuten lange in der Stille. Dann lachte er heiter und seufzte ergeben, was er doch für ein Narr sei. Orientieren? Hier? Er konnte in den Wagen steigen und mit großem Glück seinen eigenen Spuren zurück zur Hammerstein-Farm folgen. Doch das wollte er auf keinen Fall. Die Angst vor dem Tod beschäftigte ihn nicht. Vielleicht das Unbehagen, sein Ziel nicht zu erreichen, und als er schließlich zu Fuß losging, gestand er sich ein, dass der Weg vielleicht eine Etappe zum Ziel sei, und er eindeutig ein Ziel hatte. Die Wüste war das Ziel. Das Monument. Und sollte er auf der Suche nach dem Monument sterben, so würde er mit der Gewissheit sterben, ein großes, letztes Abenteuer erlebt zu haben.

Zwei Stunden später blieb er stehen und fand, dass er sich keinen Meter bewegt haben konnte, nur der Jeep war wie durch einen geheimnisvollen Hokuspokus verschwunden. Alle Dünen sahen gleich aus, der Himmel war endlos und wurde dunkler, im Osten färbte er sich bereits Indigo. Er dachte an die beiden Guides, die ihn bis zur Lodge geführt hatten. Nikandor und Botho. Der ältere, Nikandor, war ganz offensichtlich ein klein wenig in den jüngeren Botho verschossen und suchte ständig seine Nähe. Der schien nichts dagegen zu haben, solange es nicht handgreiflich wurde. Vielleicht hatte er auch dagegen nichts einzuwenden, wenn es Nacht war und nur die Sterne zusahen, wenn sie zueinanderfanden. Und Henriques, sein übermütiger, rotzfrecher und bildhübscher Fahrer? Der meinte, er könne sich sehr wohl vorstellen, in Villeneufs Mund einen kleinen Tod zu sterben?

Max Villeneuf grinste und es war gut, dass niemand da war, der das Grinsen bezeugen konnte. Denn es war höhnisch und gemein.

Verwirrt blieb er stehen, denn die Idee, ihm den Schwanz abzubeißen, gefiel ihm und er fragte sich, aus welcher Himmelsrichtung sie so plötzlich gekommen war. Gewaltfantasien waren ihm nicht fremd, und auf seinen Reisen als Student durch Europa hatte er vor allem in Prag und Budapest ausreichend Gelegenheiten gehabt, sich mit Jungs zu vergnügen, die nichts gegen eine härtere Gangart einzuwenden hatten. Schwul zu sein, war für ihn nur ein kleiner Aspekt seines Lebens, eine Randnotiz vielleicht. Wichtiger war ihm stets gewesen, seine *Tänzer der Nacht* zu beherrschen, indem er sie zappeln und um den Orgasmus betteln ließ, manchmal so lange, bis sie Tränen in den Augen hatten. Oh, dachte er, viele sind in meinem Mund den kleinen Tod gestorben und am schönsten war es immer, wenn sie dabei geweint haben. Die Idee, einen Jungen zu töten, hatte er schon früher in drogenvernebelten Stunden gehabt, wenn er zwischen Nacht und Morgen durch das verregnete Wien wanderte, oder in Prag am Ufer der Moldau saß; mehr als überspannte Fantasien eines wohlstandsverwahrlosten Ruhelosen waren es jedoch nie gewesen. Wie würde sich deine Orgasmusseligkeit in Grauen verwandeln, kleiner Henriques, wenn du meine Zähne spürst? Villeneuf schüttelte die anregenden, aber doch auch lästigen Gedanken ab und änderte seine Marschrichtung in Richtung Südwesten.

Es wurde kühler und er fühlte die ersten Anzeichen einer echten Erschöpfung, blieb stehen, nahm die Wasserflasche und peppte das Trinkwasser mit Vitaminen, Calcium, Magnesium und Elektrolyten auf. Schummeln gilt nicht, ermahnte er sich. Um dem Gleißen der tief stehenden Sonne zu entgehen, beschloss er, eine Weile nicht auf den Kämmen der Dünen zu gehen, sondern im Schatten weiter unten. Er ging stundenlang und spürte die Erschöpfung in sich wachsen, so wie die Dunkelheit um ihn wuchs wie etwas Lebendes. Dann sah er die Sterne am Nachthimmel und dachte vielleicht, es könnte Schlimmeres geben, als hier in den Sand zu sinken und mit dem Blick in den Himmel zu entrücken. Nachdem er das Zeitgefühl verloren hatte und ihm die Kälte der Wüstennacht ins Gebein gekrochen war, sank er ein paarmal auf die Knie und es war sehr verführerisch, sich einfach hinzulegen und zu schlafen. Doch ein ebenso hartnäckiges und leises *Tick-Tick-Tick* in ihm ermahnte ihn. Erschöpft zu sein, war nicht so viel, *wie am Ende der Erschöpfung* angelangt zu sein.

Noch lange nicht.

Paris, mon amour

Mai 2026

Paris lag in dichtem Nebel, als der Zug den Ostbahnhof im zehnten Arrondissement erreichte und in der großen Halle zum Stillstand kam. Als Elias ausstieg, hatte er das Gefühl, einen sicheren Hafen zu verlassen und nicht von einem Schiff an Land zu gehen. In der Haupthalle blieb er orientierungslos und verloren stehen, dann entschied er sich dazu, den Bahnhof zu verlassen und irgendwohin zu gehen. Er schlenderte zu einem Informationskiosk und nahm sich einen frei verfügbaren Stadtplan aus einem der Drehständer, nickte dem jungen Mädchen zu, das ihn freundlich anlächelte, und ging zur großen Haupthalle, von der aus Rolltreppen zu einem Untergeschoss führten, über das man zu den U-Bahnlinien kam. Aber da wollte er nicht hin und er umrundete den Abgang ins Dunkel. Er hatte auf einmal ein Ziel, auch wenn es nichts Besonderes war. Seine Überlegung war, wenn er weiterreisen wollte, (und das wollte er) musste er Reiseutensilien kaufen. Und wo konnte man besser und angenehmer Geld ausgeben als in Paris?

Er verließ das Bahnhofsgebäude, ging über den Vorplatz, atmete den Nebel ein, der nach Blüten und Bäumen roch, drehte sich um und lächelte. Nebel war gut, dachte er. Alles ist weich. Alles ist sanft. Nach einer Viertelstunde fand er ein Einkaufszentrum, das unscheinbar in einem alten Gebäude versteckt war. Innen zeigte sich seine wahre Größe: Mehrere Gebäude waren entkernt, und das freigewordene Innere in einen Shoppingpalast umgewandelt worden. Innerhalb der nächsten Stunde kaufte er bei Bershka überweite T-Shirts, zwei Leinenhemden, lockere Jeans, eine graue Jogginghose, ebenfalls weit, zwei Paar Sneaker, Socken und Unterwäsche, Duschgel, Zahnpasta und eine Zahnbürste, zwei Parfums (Xerjoff Naxos und sein Favorit Dior Sauvage Elixier). Im zweiten Stock kaufte er einen Brics Trolley und einen Montblanc Extreme Rucksack. In der Buchhandlung besorgte er sich einer Eingebung folgend zwei Leuchtturm 1917 Notizbücher, zwei Drehgriffel No.1 mit Gelminen, schwarz und grün. Mit den Einkäufen ging er zurück zum Bahnhof, suchte eine ruhige Ecke und verstaute die Sachen, die er nicht bei der Hand brauchte, im Trolley, den Rest im Rucksack. Die digitalen Informationstafeln gaben ihm die Auskunft, dass er noch vierzig Minuten Zeit hatte, bis der Schnellzug nach Madrid abfuhr. Seufzend streckte er sich, sah sich noch einmal um und hatte das Gefühl, ein leises, flüsterndes Geheimnis mit all den Reisenden zu teilen; vielleicht nicht mehr als eine Stimmung, ein gemeinsames Verständnis. Kurz, nachdem er gewinnend in die Menge gelächelt hatte, fühlte er sich den Tränen nahe, weil nirgendwo sonst auf der Welt Abschied und Heimkehr so eng beieinanderlagen wie auf einem Bahnhof. (Okay, auch auf Flughäfen war das so, aber nicht so … ursprünglich).

Er schob einen Träger des Rucksacks auf die rechte Schulter, den Trolley nahm er links und ging zurück in die Halle, in der die Gleise endeten. Oder begannen. Je nachdem, von wo man kommt.

Die Business Class befand sich vorn und Elias schlenderte am Zug entlang, als er für ein oder zwei Sekunden das fast greifbare Gefühl hatte, er würde verfolgt oder beobachtet. Ein elektrisches Prickeln im Nacken. Er ging langsamer und blieb stehen, drehte sich um, doch da waren nur andere Reisende wie er, die ihm allesamt keine besondere Aufmerksamkeit schenkten. Die Irritation summte noch, als er in den Zug stieg und seinen Platz in einem Großraumabteil fand – ein Einzelsitz am Fenster links, so wie gebucht.

Eine halbe Stunde später, als er sich eingerichtet und die Leute beobachtet hatte, die den Waggon mit ihm teilten, nahm er den neu gekauften Rucksack, befreite eines der beiden Leuchtturm Notizbücher aus der Zellophanhülle und betrachtete es von allen Seiten, wog es in der Hand, bog die Blätter und strich mit dem Daumen darüber. Normalerweise hatte er auf Reisen einen Laptop vor sich. Oder ein Tablet. Die neue Situation machte ihm ein wenig zu schaffen. Um sich Zeit zu verschaffen, holte er den türkisfarbenen Drehgriffel aus der dreikantigen Verpackung, wog ihn in der Hand. Keramik. Er lächelte, weil er das Gefühl mochte, Qualität zu erkennen, selbst, wenn sie so leise war wie bei diesem Schreibgerät.

Natürlich wusste Elias, woher der Wind wehte, was sein aufkeimendes Interesse an analogen Tools betraf. Er hasste zutiefst den Mann, der seine Leiden, seine Misshandlungen, seine Vergewaltigung und dann auch noch die Verheerungen seiner Seele inszeniert hatte wie eine große, tragische Oper. Aber er erinnerte sich auch an sein Wohlbefinden, als er noch nicht wusste, was oder wer Max wirklich war. Wenn man diesen Teil doch nur herausnehmen könnte, herauslösen, um ihn als etwas Eigenständiges zu betrachten. Die Sachen, die Max gesagt hatte, seine Lebensphilosophie. Dass man den einfachsten Aspekten des Lebens Aufmerksamkeit und Wohlwollen schenken sollte: *Kenne den*

Fleischer, von dem du den Rinderbraten kaufst und den Bäcker, der dein Brot bäckt. Sei befreundet mit dem Weinbauer, von dessen Hof du den Wein kaufst, den du abends mit Freunden trinken wirst. Kenne die Leute, die die Notizbücher binden, die dich mit ihrer Leere anwehen – also gut, lächelte Elias, das ginge wohl zu weit. Aber doch, ja. Wertschätze dein Leben. So hatte es Max nicht direkt ausgedrückt, aber letztendlich konnte man das, was er gesagt hatte, so zusammenfassen.

Elias schlug die erste Seite auf, ließ sie frei und begann, auf der zweiten Seite zu schreiben, während der Zug schneller wurde und aus dem Nebel hinaus, und in das Licht des frühen Nachmittags eilte. Als der Zug in einer langen Allee dahin raste und die Bäume an den Gleisen das Licht fächerten, waren da nur noch sein Text und er, die Hand, die schrieb.

Zweiter Brief

„Paris, ein Fest fürs Leben", heißt ein Buch von Hemingway, das wir in der Schule durchgenommen hatten, weil sich unser Deutschlehrer, Herr Erger, eingebildet hatte, uns zeigen zu müssen, wie das mit den unterschiedlichen Erzählperspektiven funktioniert. Wir waren ziemlich konzentriert, weil der Lektüre des Buches eine mega-emotionelle Diskussion vorausgegangen war, losgetreten von zwei Mädchen, die Liebes-Fantasyromane geschrieben und bei Amazon im Selfpublishing veröffentlicht hatten und nun so taten, als wüssten sie alles über Literatur. Sie sagten unter anderem, man könne doch die Perspektive des Erzählers nicht mitten in einer Szene ändern – das geht gar nicht!

Doch es geht. Hemingway machte das gleich am Anfang des Buches ruckzuck in der Szene, in der er sich selbst beim Schreiben in einem Café beobachtet und vom Ich zum Du wechselt.

Während der Zug immer schneller aus dem Vorortgebiet von Paris rausbrettert, habe ich eines dieser leeren, dieser unsagbar leeren Notizbücher ausgepackt und beginne zu schreiben.

Ich war in Hemingways Stadt, die ein ewiges Fest ist, in Fest fürs Leben und ich hatte Glück und ich hatte Pech, weil sie in dichtem Nebel lag. Einerseits war der Nebel wie eine Mauer, die mich daran hinderte, die Stadt zu erforschen. Gut, so viel Zeit war auch wieder nicht, und als Du und ich in dieser Stadt waren, Stef, da waren wir nur zwei Tage hier und davon ging ein Tag drauf für die Anreise und die Veranstaltung von Red Bull. Beide Male war es mir nicht vergönnt, zumindest Teile von jenem Paris zu sehen, wie es im Film Midnight in Paris gezeigt wird, oder so, wie Hemingway es beschrieb. Die süß duftende, musikalische Romantik – wenn du das jemand erzählst, was ich da zusammenschreibe, muss ich Dich töten, Bro!

Was ich gesehen habe – oder ich träume nur, dass ich es gesehen habe: Da war ein altes Haus mit Balkonen und schwarzen, schmiedeeisernen Brüstungen. Der Haussmannsche Stil, Du erinnerst Dich an das dicke, fette Buch auf meinem Wohnzimmertisch, oder? Man will ja was für die Kultur tun, selbst wenn es nur so ist, dass man so tut, als ob man etwas für die Kultur täte – kommt auf IG-Fotos immer gut. Ich schätze, bevor man mich auf Gran Canaria auf Blut und Schmerzen reduzierte, war ich eine ziemlich kulturlose Bitch und ein echt abgewichster Blender. Da Du das eh nicht lesen wirst, weil ich nicht weiß, ob wir uns jemals wiedersehen, kann ich ja einfach drauflosschreiben – ja, ich habe das festgehalten, um Dir ein schlechtes Gewissen zu machen, denn immerhin warst Du derjenige von uns, der unsere Liebe aufkündigte, weil er irgendwo in Westafrika Wasserpumpen in den trockenen Boden rammen muss. Sorry, das war mega unfair.

Von einem dieser Balkone segelten Blütenblätter herab, fast so wie auf einem Aquarell, verstehst Du? Ich bin nicht so der Kitschige und alles, aber das war so schön, dass mir kurz das Herz aussetzte und ich ihm sagen musste: Schlag weiter, du Verräter! Unten aus einem offenen Bistro kam Harmonikagedudel, vielleicht die Titelmelodie von Midnight in Paris? [4]K.A.

Ich war gerade auf dem Weg zurück zum Bahnhof. Der, auf dem wir auch damals ankamen, also wir voll auf Influencer mit dem Zug fuhren und Selfies machten wie die Irren. Und immer schön die Marke mit aufs Foto packen, ja? Gucci, Versace, Brics, Montblanc – ohne Scheiß, ich habe mir einen absurd teuren Montblanc-Rucksäcke gekauft. Ich wünschte, Du wärst hier und hättest das auch gesehen, Stef. Ich weiß, Du würdest die Schönheit dieses Moments voll verstehen. Mich vielleicht sogar umarmen und an Dich ziehen und das ist es, was ich jetzt vielleicht am dringendsten brauche. Dich. Jemand, an den ich mich anlehnen kann. Das ist wie in Sicherheit versinken. In Deinen Armen … scheiße, mir ist was ins Auge gekommen und fuck you, wenn Du jetzt lachst, Alter.

Miss u!

---

[4]Abk. für : Keine Ahnung

Madrid & Angelo

Mai 2026
Regen prasselte an die Scheibe, Regen, der aus dem Nebel selbst zu entstehen schien und schillernde Linien aufs Fenster zeichnete. Das Gefühl, der Zug würde sich in Regen und Nebel auflösen, war für Elias ebenso befremdlich und doch vertraut, wie das Gefühl, beobachtet zu werden. Tatsächlich gehörte es bis im Oktober des letzten Jahres zu seinem Selbstverständnis, wahrgenommen, gesehen und gewollt zu werden. Das war das Resultat gesunder Ernährung und eines harten Trainingsprogramms, an das er sich mit viel Disziplin hielt. Er war nicht so eitel, um einen anderen, wesentlichen Punkt seiner Attraktivität zu verleugnen: Er war ein Exot. Eine internationale Promenadenmischung, wie Stefan das einmal vor Lachen wiehernd beschrieben hatte. Elias hatte den durchaus rauen und männlichen Charme seines marokkanischen Vaters und die verführerisch schweren Lider seiner indonesischen Mutter. Durch Training, Ernährungsumstellung und Saunabesuche war sein Gesicht mit der Zeit schmäler, aber nicht härter geworden, seine asiatischen Augen wirkten noch stärker, die arabische Kinnpartie war markant, aber nicht ikonisch. Für ihn war es also nichts Befremdliches, zu spüren, dass Menschen ihm nachblickten oder ihm begehrliche Blicke zuwarfen. Bis zu dem grauenhaften Spätnachmittag am achten Oktober 2025, als er nach Gran Canaria kam und dort in eine Falle gelockt worden war. Wo es statt Champagner und großartige Marketingverträge nur Schmerzen gab und Todesangst, wo er wieder und wieder vergewaltigt worden war und es ihm vermutlich nur mit dem Glück einer wendigen Katze gelungen war, seiner geplanten Ermordung zu entgehen, obwohl sie ihn mit irgendeinem Muskelrelaxan nahezu bewegungsunfähig gemacht hatten. Dass er flüchten konnte, schrieb Elias seinem Training zu und seinem Gesundheitsbewusstsein. Seit diesem Tag war es ihm nicht mehr möglich, die Blicke anderer Menschen als wohltuend wahrzunehmen. Als achtungsvoll. Wann immer er spürte, dass ihn jemand ansah, war das für ihn belastend, so als ob er abgeschätzt wurde wie ein Stück Fleisch in der Kühlvitrine eines Metzgers. Stefan hatte es geschafft, ihm einen großen Teil seines Selbstvertrauens und seines Vertrauens in die Welt zurückzugeben, indem er ihn ohne Netz und doppelten Boden liebte und seine Liebe ohne Vorbehalte erwiderte.

Doch das war nun vorbei und Stefan ging nach Afrika, um an der

Universität von Nigeria sein Studium zu beenden und gleichzeitig irgendwo dort, wo es trocken war und öde, sein Praktikum zu absolvieren. Für Stefan war das Weltverbessern nicht nur ein in Chats und Foren lesbarer Teil seines Wesens, es war an den Schwielen auf seinen Händen sichtbar.

Der Nebel lichtete sich, nein, er wurde heller, und der Regen ließ nach. Weite Felder überall, kleine Ortschaften, in den Nebel gemalt, huschten vorbei wie Geister. Das gefiel ihm und auch das Gefühl, das es in ihm auslöste. Müßig dachte er, ein Geist zu sein, denn was ist ein Geist anderes als nicht wahrgenommenes Leben?

Als der Zug bei Behobia die Grenze zu Spanien überquerte, war ihm, als ob er eingeschlafen war, und doch war er wach, und das Gefühl, beobachtet zu werden, war noch immer da.

Mit dem Überqueren der Grenze änderte sich auch das wechselhafte Wetter, das über Frankreich geherrscht hatte, ein Flickenteppich aus Wolken, Sonnenschein, Blütenwind und Regen, zu Sonnenschein und jeansblauen Himmel. Das erinnerte Elias an die Fahrt durch das Kanaltal, als er als noch bummeliger Gymnasiast im Fond des elterlichen Wagens erstaunt war über die Freude in der Stimme seines Vaters, als der nach jedem Tunnelende den Temperaturanstieg bekannt gab. Es war so, als wären die Berge und das Kanaltal selbst eine Art Wetterschleuse, und je näher man der italienischen Grenze kam, desto sonniger und wärmer wurde es.

Auf einmal stand Elias Mataanoui in der Haupthalle des Bahnhofs Atocha, Madrid und fragte, sich, warum er sich kaum noch an die Fahrt erinnern konnte. Fast so, als hätte er ununterbrochen geschlafen. Hatte er aber nicht, da war er sicher. Irgendwann während der Fahrt hatte er sich umgezogen und die Sachen, die er bei seiner Abreise aus Wien angehabt hatte, in den Trolley gepackt, den er in Paris gekauft hatte. Jetzt trug er eine lockere graue, weite Jogginghose und ein blaues Leinenhemd mit aufgekrempelten Ärmeln. Dazu Nike Cortez Sneakers aus schwarzem Leder. Reisekleidung, in der er sich wohlfühlte.

Was mache ich hier, fragte er sich und bewegte dabei lautlos die Lippen. Vor ihm war der Dschungel, der die alte Bahnhofshalle so berühmt machte. Ein riesiges Areal, das aussah wie aus einem Gewächshaus entnommen. Üppig, feucht, pulsierend und lebendig, voller Gekrauche und Geächze, Gezwitscher und schläfrigem Knurren. Links und rechts des Dschungels befanden sich Geschäfte und Informationsschalter unter Arkaden. Er zuckte die Schultern, wandte sich ab und sah aus dem Augenwinkel einen jungen Arbeiter, der ihn kurz, aber interessiert beobachtete. Irritiert, aber nicht zu sehr, ging Elias zu den Digitaltafeln mit den Fahrplänen. Ankünfte interessierten ihn nicht weiter.

Abfahrten allerdings sehr. Fernzüge, Lokalbahnen, Verbindungszüge zum Flughafen Barajas. Nach einer Weile konzentrierte sich Elias nicht mehr auf die Angaben der Abfahrtszeiten der Fernzüge, sondern auf das Spiegelbild in der Schutzfolie über der Digitalanzeige. Er sah sich selbst und neben sich den jungen Arbeiter. Er sah schön, aber auch verwildert und ziemlich liederlich aus, fand Elias. Er hatte eine Bauarbeiter-Latzhose an, aus einem weich gewaschenen, blauen Stoff. Der Latz hing runter und die Träger der Latzhose waren um die Hüfte geschlungen wie ein Gürtel. Er trug ein von Schweiß und Baustellenstaub dreckiges, ehemals weißes Unterhemd, das eng an seinem muskulösen Oberkörper klebte. Er hatte blaue, zum Großteil unfertige Tätowierungen an den Ober- und Unterarmen und einen Silberstecker im rechten Nasenflügel sowie einige Silberringe in beiden Ohrläppchen. Die Wangen waren unrasiert, die Waden behaart und die Füße steckten in derben Arbeiterschuhen. Er wirkte aufgekratzt, aber auch freundlich und beherrscht. Elias lächelte ihn über das Spiegelbild der Informationstafel an und der Bursche, der sicher nicht älter war als achtzehn Jahre, erwiderte das Lächeln mit einem ebenso frechen wie selbstsicheren Grinsen. Als er sprach, war seine Stimme heiser, wie die eines Rockstars, der zu viele Zigaretten und kalte Schnäpse genossen hatte.

»Bahnhöfe sind oft traurig, weißt du? Aber sie sind auch schön, wenn Leute heimkehren. Oder wenn man Menschen sieht, denen das Wort *Reisender* in die Körperhaltung geschrieben steht.«

Ohne sich zu ihm umzudrehen, aber darauf bedacht, dass niemand in ihrer Nähe war, antwortete Elias: »Was siehst du noch in mir?«

»Du bist ein Reisender. Ein ziemlich *sexy* Reisender.«

»Flirtest du mich gerade an?«

»Warum nicht, Mann? Du bist schön, fein angezogen, lässig, du bist ein Mann und du reist allein. Egal, woher du kommst und egal, wohin du willst, ich denke, du hast Zeit. Denn es ist nicht wichtig, welcher Zug jetzt fährt, in spätestens sechs Stunden geht ein anderer dorthin.

Bahnhöfe sind keine Flughäfen. Sie sind irgendwie …«

»Langsamer?«

»Ja, das ist es«, nickte der junge Arbeiter. »Sie sind langsamer, alles hier ist gemächlicher. Ich mag Bahnhöfe und ich mag Menschen, die auf Bahnhöfen sind. Klingt komisch, ist aber so. Woher kommst du, Pilger?«

Jetzt wandte sich Elias um und betrachtete den Burschen genauer. Er vibrierte vor Leben. Er war sehnig von der schweren Arbeit, und muskulös. Nicht definiert wie ein Bodybuilder, eher derb und athletisch. Sein pechschwarzes, dichtes Haar war sehr kurz geschnitten und mit dekorativen Kerben an den Schläfen verziert. Er hatte einen abgewetzten Rucksack auf dem Rücken und in der rechten Hand hielt er sein Smartphone und die Ladebox seiner Buds.

»Und was machst du hier? Außer Reisende anzuflirten?«

»Ich heiße Angelo Cruz. Ich arbeite auf einer großen Baustelle im Süden Madrids. Dort wird am Rande eines neuen Industriegebiets ein Frachtbahnhof gebaut. Ich bin Maurer. Ich fahre jeden Tag mit dem Regionalzug von hier zur Baustelle und wieder zurück. Hier steige ich um und fahre in mein Barrio, Malasaña. Ist ein gutes Viertel, um zu wohnen, aber nicht billig. Zu viele Airbnb-Wohnungen, verstehst du?«

Elias betrachtete den Burschen noch genauer und verstand. »Du verdienst dir hier beim Zwischenstopp etwas dazu, stimmts?«

Angelos Grinsen wurde noch breiter. Er nickte: »Stimmt, Reisender. *Más o menos*, wie es gerade kommt. Ich suche nicht, aber wenn es sich ergibt …«

Nachdenklich legte Elias den Kopf schief und flüsterte, obwohl es keinen Grund gab, zu flüstern: »Wie kommst du auf die Idee, ich sei schwul?«

Angelo Cruz nahm ihn am Arm und zog ihn von den Informationsschirmen weg zum rechten Gang neben dem Dschungel. »Wieso glaubst du, dass ich dich für schwul halte?«

Jetzt war Elias leicht irritiert: »Du willst ein Geschäft machen. Mit Männern?«

»Ja. Aber dafür musst du nicht schwul sein. Ich bins ja auch nicht.«

»Ja, was bist du dann?«, fragte Elias, als sie zum Ausgang gingen. Er fühlte sich von dem gewitzten Burschen angenehm überrumpelt.

Angelo lachte heiser, fing sich und antwortete: »Ich bin Madrileño, Bauarbeiter und eigentlich ständig sexuell unter Strom!«

Jetzt lachte auch Elias. Sie traten ins Freie.

»Und ich kann finanzielle Unterstützung gut brauchen. Das Barrio ist teuer, da geht mein Gehalt ziemlich drauf, und wenn ich abends mal auf ein paar Bier gehen will, also, ich will nicht immer wieder schnorren. Da ficke ich lieber mit einem Reisenden, schick etwas von mir mit dem Fremden auf die Reise, und muss nicht irgendjemand fragen, ob er mir ein Bier ausgibt.«

»Aber ich bin nicht schwul. Und ich weiß nicht, ob ich …«

»Ha«, machte Angelo und stieß seinen Zeigefinger in Elias' Brust. »Du bist vielleicht nicht schwul, aber ich fresse einen Vorschlaghammer quer, wenn du nicht schon mindestens einmal Sex mit einem Mann hattest, denn du siehst aus wie jemand, der in sich drin eine wilde Katze ist. Dauernd am Naschen, *Mann*!«

Elias starrte Angelo verblüfft an und nickte: »Stimmt schon – irgendwie. Und der Schwung dieser letzten Nummer, die mein bester Freund und ich geschoben haben, der hat mich aus Wien direkt rausgeschleudert bis hierher. Was denkst du: Ob ich Lust auf Sex mit einem Mann habe?«

Sie gingen eine weite Runde über den Bahnhofsvorplatz und dann nach links. Der Bahnhof war von mehrspurigen Straßen eingesäumt. Der Verkehr floss zäh, sie warteten an einem geregelten Übergang, bis es grün wurde und wechselten dann die Straßenseite. Rechts war die mehrspurige Abfahrt zum Autobahntunnel Atocha. Angelo rotzte hoch und spuckte breit grinsend in die Tiefe. Für Elias fühlte sich das alles ein wenig wie Urlaub, ein wenig wie Abenteuer und reichlich schräg an, aber das war gut so, fand er. Es beschäftigte ihn und es war, wie er feststellte, eine angenehme Art, beschäftigt zu sein.

Nach ein paar Atemzügen, als sie auf dem Paseo Infanta Isabel entlanggingen, sagte Angelo leise: »Ich weiß nicht, aber ich glaube, dass ich dich auffangen möchte, wenn du hier aufschlägst. Und ich glaube, du bist jemand, den ich gern auffangen will.«

Elias ging einen Schritt voran, stellte sich vor Angelo Cruz und sagte: »Du bist also Madrileño, Bauarbeiter und eigentlich ständig spitz. Und vielleicht auch noch Schriftsteller? Du redest nicht wie ein …«

Unter den säuselnden Bäumen vor dem Ministerium für Agrarkultur legte Angelo Cruz ihm seinen rauen Zeigefinger an die Lippen und schüttelte sanft lächelnd den Kopf. Frühlingswarme Luft umwehte sie, als er raunte: »Mach‘s nicht durch Vorurteile kaputt, ja? Dazu nur so viel: Ich fahre täglich mit der Bahn. Ich habe das Smartphone nur, um mit

Mama und meinem Bruder und zwei Freunden zu telefonieren, und um Musik zu hören. Keine Apps, nichts; ich habe keinen PC, kein Tablet, keinen Laptop. Ich lese Bücher, wenn ich im Zug bin oder am Bahnhof. Ich hole mir den Lesestoff aus den öffentlichen Bücherregalen, die es überall in der Stadt gibt. Abenteuerromane und billige Gruselstories, Schauergeschichten, Hemingway, Vargas Llosa und Gabriel Garcia Marquez, Reinaldo Arenas, Jorge Luis Borges – Mann, der kann einem das Hirn verbrennen! Manchmal auch komische Sachen. Ich lese viel und ich lerne dabei, aufmerksam zu sein; und ich rede gern mit Leuten. Dich würde ich gern unter der Dusche lesen. Mit der Zunge. Von oben nach unten und retour.« Er warf Elias einen abschätzigen und doch freundlichen Blick zu, so als wollte er fragen: »Wie schmeckst du?«, und Elias spürte die Frage auf sich wie eine warme Hand.

In einem Blitzlicht sah sich Elias mit Stefan Talha Kareem unter der Regenwalddusche in Stefans Wohnung und wurde hart. Angelo Cruz sah das, lächelte verhalten und flüsterte, als er Elias am Arm nahm und am Paseo weiterführte: »Die Idee scheinst du zu mögen. Und ich kann eine Dusche echt gut brauchen, außer, du stehst auf dreckige, kleine Arbeiter!«

Für einen halben Atemzug lange irritierte Elias die völlig schamlose Direktheit seines Begleiters, dann stahl sich ein breites Grinsen in sein Gesicht und er antwortete: »Bin mir nicht ganz sicher. Wo gehen wir hin?«

Zehn Minuten später standen sie vor der eindrucksvoll langweiligen Fassade des Hotels *Only You*, das am Paseo Infanta Isabel liegt, einer mehrspurigen Stadtstraße. Gegenüber lag der Bahnhof. Obwohl die Gegend weitläufig ist und vom Verkehr dominiert wird, ist sie auch städtisch. Elias fand, in einer anderen Stadt als in Madrid wäre das eine trostlose Gegend. Angelo zeigte mit der linken Hand auf den breiten Hoteleingang. »Na, hier her. Ich meine, du hast Zeit. Ich habe Zeit. Vielleicht nimmst du ein Zimmer für die Nacht und überlegst, wohin du weiterreisen willst. Und ich helfe dir beim Nachdenken. Ganz wie du willst. Als Freund, der mit dir ein Bier trinkt oder zwei oder drei, oder als sexy Fremder, der dich durchs Bett scheucht. Oder dich unter der Dusche massiert. Was meinst du?«

Darüber dachte Elias gründlich nach. Ungefähr zwei Atemzüge lange. Er hatte wirklich Zeit. Das war merkwürdig, denn er hatte das Gefühl, dass er etwas suchte und der Zeitkorridor, der ihm zur

Verfügung stand, enger wurde. Aber hier und jetzt war er davon überzeugt, Zeit zu haben. Angelo war verwildert, unprätentiös und freundlich. Nicht zu verwechseln mit höflich, er schiss auf formale Höflichkeit, aber seine Natur war freundlich und anschmiegsam. Und es war ein kleines Abenteuer. Elias, der noch immer ein wenig mit seiner Sexualität haderte, nicht weil er eine hatte oder nicht wusste, wohin sein Kompass ausschlug, sondern, weil sie ihm auf einmal so wichtig geworden war, sah Angelo mit großer Aufmerksamkeit an, holte Luft und sagte leise, aber sehr betont: »Ich mag dich wirklich. Du bist echt ein feiner Kerl, aber ich habe Angst. Davor, dass wir irgendetwas ruinieren, das so gut sein könnte, dass ich es nicht ruinieren will. Ich bin im Oktober letzten Jahres vergewaltigt worden. Die Typen haben mich mit Drogen und Muskelrelaxan ruhiggestellt und dann haben sie mich stundenlang vergewaltigt. Ich habe Angst vor Sex, ich *will* Sex, ich habe Angst vor Vertrauen. Ich will vertrauen. Und ich will jemandem etwas bedeuten. Wenn du damit umgehen kannst, dann gehen wir da jetzt rein und ich nehme ein Zimmer und wir reden und trinken ein Bier an der Hotelbar, okay?«

Angelo Cruz de Santiago sah ihn mit weit aufgerissenen Augen an, schüttelte langsam den Kopf und flüsterte: »Wie kann man jemand wie *dich* vergewaltigen?«

Stefan hatte ihn dasselbe gefragt. Elias machte einen Schritt zurück, deutete auf den Eingang und sagte: »Manche Menschen können das. Ja. Manche können das und sehen nichts Falsches darin!«

Der junge Mann am Empfang schien seinen Begleiter zu kennen, und Elias schloss daraus, dass Angelo hier öfter Touristen herbrachte, die er am Bahnhof aufgegabelt hatte. Er buchte eine Juniorsuite für eine Nacht, und ließ sich dann von Angelo zur Bar führen. Das Hotel war innen wesentlich ansprechender als von außen. Hier mischten sich diverse Stile, flossen ineinander. Vor dem Aufzug hatte man den Eindruck, in einer umgebauten Fabrikhalle zu sein; die Ziegelwände waren blau, weiß und rot weiß rot gestrichen. Die Treppe, die rechts lag, war mit schwarzen Kacheln verkleidet. Der Stil wechselte zwischen Urban Industrial und schlichter Gediegenheit. An der Bar im Halbstock hinter der großen Rezeption bestellten sie je eine Flasche Bier und die ältere Frau hinter dem Tresen zwinkerte Angelo zu, was Elias nicht entging. Einerseits sagte ihm das, dass der Bursche sehr geschäftstüchtig sein dürfte, andererseits aber auch, dass er wohl ungefährlich war. Keiner, der sich in der Nacht davonschlich und einen betäubten und ausgeraubten Kunden zurückließ. Diesen Gedanken fand Elias beruhigend. Dass er darüber nachdachte, fand er allerdings befremdlich. Das Echo eines immer wiederkehrenden Gedankens berührte ihn kalt: Hatten ihn die Erlebnisse im Oktober auf Gran Canaria schwul gemacht, hatte ihn die Vergewaltigung schwul gemacht? Der innere Kompass sagte Elias, dass dieser Gedanke vollkommener Schwachsinn war. Es war schon immer in ihm gewesen, es war immer da. Die Attraktion. Seine Bereitschaft, sich selbst und andere junge Männer schön zu finden. Er hatte nur die Begehrlichkeit dieser Attraktion unter Tonnen von Verhaltensregeln und Selbstbetrug begraben. So, als ob man einen schönen, verschwitzten Jungen, der nackt zu den Duschen geht, langsam und selbstbewusst, schön finden könnte, ohne die Gravitation seiner Sexualität wahrzunehmen.

Durch Stefan hatte er dazugelernt, dass es nicht nur der Körper ist, der verwirrt. Stefan hatte in manchen Nächten das perfektioniert, was Elias für sich *den dreckigen Blick* nannte. Eine Art dreinzuschauen, eine Art wahrzunehmen, in der all das Fieber, all die Lust vereint sind, all die Schamlosigkeit und Vorfreude, die Vorahnung von elektrischen Orgasmen und bittersüßer Befriedigung.

Uff.

Im Zimmer angekommen, ließ Angelo seinen Rucksack von den Schultern gleiten, streckte sich und seufzte wohlig. Dabei rutschte das enge Unterhemd höher und Elias sah einen gut definierten unteren Rücken und schön geformte Schultermuskeln, die in geradezu steingeformte Oberarmmuskeln übergingen. *Das ist nicht nur Baustelle*, dachte Elias.

»Trainierst du?«

Angelo drehte sich zu ihm um, legte Elias die Arme auf die Schultern und antwortete: »Am Bau arbeiten hilft schon mal. Und im Keller des Hauses, in dem ich wohne, haben ein paar Nachbarn und ich im Laufe der Zeit eine Folterkammer eingerichtet. Bankdrücken, Reck an der Wand, Lang- und Kurzhanteln, drei Crosstrainer ohne Strom und zwei Laufbänder, auch ohne Strom. Duschen haben wir dort auch, also nicht so richtig, ziemlich provisorisch, aber es funktioniert. Ich mache hauptsächlich Konditionstraining und Rücken, Schultern, Stützmuskulatur.«

»Das sehe ich«, erwiderte Elias und legte nun seine Arme auf Angelos Schultern und sie drehten sich im Vorzimmer langsam im Kreis und sahen sich in die Augen, wie umeinander freundlich zu bemessen.

Elias löste sich sanft aus der Drehung und schob seinen Trolley in die Suite und wuchtete ihn aufs Bett.

»Du aber auch, was?«, fragte Angelo und strich mit dem Zeigefinger über Elias' Hüfte.

Elias nickte. »Früher, also vor Oktober, ging ich viermal die Woche trainieren, wenn es irgendwie ging. Danach ging ich mit meinem besten Freund laufen. Aber ja, ich mochte trainieren. Als kleiner Junge war ich mollig …«

»Du? Du warst mollig? Komm, hör auf, mich zu verarschen!«

Elias grinste ebenso breit wie melancholisch, weil das alles so weit zurücklag und die wundervollen Momente mit Stefan, als sie einander fast täglich bestätigten, gute Fortschritte zu machen, verloren waren in der Zeit. »Doch, doch. Ist aber lange her und nicht mehr wichtig. Küsst du?«

Angelo schüttelte zuerst den Kopf, dann nickte er: »Normalerweise nicht gern. Nicht jeden, also, ich meine, dich würde ich auffressen. Ich glaube echt, ich habe noch nie einen so süßen Typ wie dich am Bahnhof aufgelesen.«

Statt den Worten Taten folgen zu lassen, kramte Angelo den Flaschenöffner aus der Lade unter dem Fernseher und kapselte die Bierflaschen auf, nahm seine und trank.

Elias musterte Angelo leicht säuerlich, mit einem klitzekleinen Lächeln in den Mundwinkeln: »*Was* hast du mich? Aufgelesen?«

Elias nahm ihm die zweite Flasche aus der Hand, stellte sich neben ihn ans Fenster und gemeinsam sahen sie zum Bahnhof hinüber, wo Züge und Menschen kamen und gingen wie Herzschläge. Die schnell dahinziehenden Wolken warfen Licht und Schatten auf die Stadt. Auf sehr kumpelhafte Art nahm Angelo Elias in den Arm und zog ihn zu sich und küsste ihn auf die Wange. Dann stellte er das Bier ab und strich mit den Fingern über Elias' Nacken und Hals: »Hab noch nie einen gesehen, der so sehr nach Reisender aussieht wie du. Du bist so *ultra*.«

Elias trank, stellte die Flasche auf dem Kästchen neben dem Bett ab, setzte sich auf die Matratze und murmelte: »Ich weiß nicht, ob ich das kann. Mit dir, also … Sex. Vielleicht reden wir nur?« Er sah Angelo unschlüssig an und schloss dabei halb die Augen, um ihn besser einschätzen zu können.

Angelo wiederum grinste breit, zuckte mit den Schultern und antwortete: »Ist mir auch recht. Ich mag dich auf jeden Fall. Aber duschen darf ich schon, oder?«

»Klar! Sag mal, was kostet es eigentlich, dass du hier bist?«

»Fünfzig für dich, Süßer!«, antwortete Angelo und machte mit einer kecken Kopfbewegung das Grinsen der Grinsekatze aus *Alice im Wunderland* nach. Mit erfrischender Nebensächlichkeit trat er die Arbeitsschuhe von den Füßen und zog gleichzeitig das Shirt aus. Sein Oberkörper war unbehaart, kompakt und athletisch. Zwei Sekunden später stand er im Kleiderhaufen und zog an seinem Schwanz, hob die Hand zur Nase, roch und kicherte: »Oh du Scheiße, ich brauch echt ne Dusche!« Er bückte sich und zog die Frotteesocken aus, roch an ihnen und knurrte, »Geht noch!«

Elias schnupperte einem Impuls folgend ebenfalls, roch aber nichts anderes als die tröstliche Anwesenheit eines zweiten Menschen.

Angelo ging ins Bad, hantierte mit dem Wasserregler. Dann rauschte das Wasser und die Schiebetür der Dusche klapperte. Es dauerte fast fünfzehn Sekunden, bis Elias aufsprang, fünfzig Euro aus seiner Brieftasche nahm und sie in die Hosentasche von Angelos Arbeitshose steckte, sich im Handumdrehen auszog und ins Bad ging, die Duschwand aufschob und Angelo anfunkelte: »Mach Platz. Und sei rücksichtsvoll, ich bin nicht sehr erfahren.«

Angelo gab sich Duschgel auf die Hand, schob Elias unter den Strahl und shampoonierte seine Haare. Seine Berührungen waren maskulin und doch sanft. Ein Hauch lustvoller Grobheit war zu erahnen, in allem, was Angelo tat, selbst darin, wie selbstbewusst er lächelte, als Elias vor Erregung zitternd vor ihm stand. Als er ihn am Hinterkopf packte, zu sich zog und ihn in einen atemberaubenden Zungenkuss verwickelte. Trotz seiner jungmännlichen Unbekümmertheit schien er sehr genau zu spüren, was Elias verunsicherte, und warum. Das, was den Flow unterbrechen könnte, unterließ er. Er war nicht allzu fordernd, als er Elias mit Duschgel einseifte und ihn streichelte, und er unterließ es, ihn zu direkt anzupacken, obwohl Elias sehr intensiv spürte, wie sehr Angelo das tun wollte. So wie er selbst, vibrierte auch Angelo vor Kraft und Lust, zur Sache zu kommen, was auch immer diese Sache war. Elias war dankbar, dass Angelo sich beherrschte.

Später, noch feucht von der Dusche und bis in die Haarspitzen erregt, bewunderte Elias, wie sanft und doch zielgerichtet Angelo seine Rolle als aktiver Part einnahm und wie mühelos er es schaffte, ohne Schmerzen zu bereiten, in ihn einzudringen. Da war nur kurz ein Druck und danach eine Berührung tief in Inneren, die ihn seufzen ließ. Angelo gefiel sich in der Rolle der Naturgewalt, die einfach mitreißend war. Sein Blick, als Elias auf dem Rücken lag und ihn aufnahm, ganz und gar ihm gewidmet, aufmerksam und feinfühlig, und trotzdem, als er sein Tempo fand, versessen darauf, zu ficken und das nicht allein zu tun. Als es ihm schließlich in Elias kam,

(Und es war kein Gummi im Spiel, was Elias nur kurz irritierte)

stöhnte er mit einer Befriedigung, die so ungekünstelt und wahrhaftig war, und als Angelo mit einem sehr jungenhaften »Uff« in ihm blieb, kam Elias in Angelos Hand. Angelo hob die Hand und schlürfte Elias Samen von seinen Fingern, wie eine Katze Milch leckte.

Das Beste kam zum Schluss, als Angelo die Reste von Elias' Sperma aus dem stoppelkurzen Schamhaar und vom Unterbauch leckte, sich neben ihn legte, eine rollende Bewegung wie ein Boot bei hoher See, und sich an ihn kuschelte und umarmte. Elias' Körper pochte im Takt des Blutdrucks, er war fassungslos vor Befriedigung. Er bebte.

»Mann«, sagte Angelo atemlos. »Du bist ja der Wahnsinn!«

Elias keuchte, der ganze Körper und der Geschmack im Mund – bittersüß vor Befriedigung und Küssen: »Wer *bist* du?«

Grinsend stemmte sich Angelo auf den rechten Ellbogen, küsste Elias auf den Mundwinkel und antwortete: »Nur ein kleiner geiler Bauarbeiter. Ich hoffe, das genügt!«

»Oh ja«, antwortete Elias lächelnd. Und fügte hinzu: »Niemand, wirklich niemand, ist *nur*!«

Angelo erwiderte nichts, und das war vielleicht das Beste. Stattdessen kuschelte er sich noch enger an Elias und flüsterte nach einer Weile: »Bisschen schlafen?«

Elias seufzte leise und schloss die Augen.

Er dachte, er würde hier und jetzt vor Glück und Befriedigung nicht einschlafen können, und während er das dachte, glitt er hinüber. Er bekam mit, dass er schläfriger wurde und ruhiger und er genoss dieses Dahingleiten auf dem nächtlichen Fluss. Durch die Behaglichkeit des nahen Traums (da war eine Kerze, die stand auf einer Sanddüne, und dahinter war das leise Seufzen einer sanften Brandung) spürte er, wie Angelo sich bewegte. Vorsichtig, minimal. Es tat so gut, nicht allein zu sein. Ihm fiel ein kubanischer Spruch ein: *Ein Vogel und ein zweiter zittern nicht mehr.*

Wie wahr, dachte Elias, schon fast im Traum. Wie wahr.

Irgendwann spürte er eine weitere Bewegung, aber das war so, als läge er auf einem Sandstrand und der Sand würde unter seinen Bewegungen verrutschen. Ein angenehmes, einlullendes Gefühl, das weit über reine Behaglichkeit hinausging.

Im ersten Licht des neuen Tages öffnete Elias die Augen und fand sich allein im Bett. Müßig rieb er sich den Sand von den Augenlidern, zupfte an seinen Wimpern und blinzelte. Draußen schien rot goldenes Morgenlicht, gefiltert durch die naturfarbenen Gardinen des Hotelzimmers. Elias lauschte. Vielleicht war Angelo im Bad? Nochmal duschen? Oder auf dem Klo? Er hörte nichts. Jetzt spürte Elias den ersten Anflug von Unruhe, setzte sich im Bett auf und gähnte. Der Raum roch noch immer nach Adrenalin und Sex, die Luft war noch geladen von ihrer Elektrizität.

»Angelo?«

Nichts.

Jetzt wurde er nervös. Und den ersten, bitteren Hauch Enttäuschung. »Angelo?«, rief Elias und stand mit einer schnellen, fließenden Bewegung auf. Arbeitsschuhe, Latzhose, Unterhemd, alles war weg. Sogar die Frotteesocken (geht noch). Auf dem Nachtkästchen auf der Seite, wo Angelo gelegen hatte, sah er Geldscheine und ein gefaltetes Blatt Papier. Elias zählte das Geld. Vierzig Euro. Dann setzte er sich auf die Bettkante, faltete das Blatt auf. Die Handschrift war schwungvoll und Elias hatte das Gefühl, dass nur jemand so schrieb, der Übung darin hatte, mit der Hand zu schreiben. Bevor er las, fragte er wieder in Gedanken: *Wer bist du?*

Guten Morgen, Süßer. Das kleine Abenteuer mit Dir war echt schön und ich habe es sehr genossen. Du hast so viele Geschichten in Dir, da bin ich sicher. Jetzt bin ich Teil Deiner Geschichte und das ist für mich irgendwie besonders. Es ist mir selten vergönnt, so ganz und gar einen Menschen genießen zu können, und ich habe Dich genossen. Jeden Blick, jeden Atemzug, wie Du einfach da bist. Ich habe mir einen Zehner genommen, um heute Abend im Viertel ein oder zwei Bier zu trinken und um an Dich zu denken. Du bist ziemlich speziell, weißt Du?

Nimm den Rest des Geldes, ich denke, Du hast eine viel weitere Reise vor Dir als ich.

Und falls Du mal wieder in Madrid aufschlägst, hier hast Du meine Mobilnummer. Würde mich voll freuen, wenn Du anrufst. Ich will den Klang Deiner Stimme nicht vergessen, Pilger!

Und merke Dir das: Erinnere Dich immer an das Leben und nie an den Tod! Ich bin sicher, wir sehen uns wieder. Auf die eine oder andere Weise!

Dein Angelo

Darunter stand die Mobilnummer, und Elias war für einen Moment so gerührt, dass ihm die Tränen in die Augen stiegen. Die Sehnsucht, einen Freund wie Angelo zu haben, erschütterte ihn.

Und dann auch noch: *Dein Angelo*. Dein Engel. Wenn das kein Zeichen am Himmel war … Er strich mit dem Zeigefinger über die Telefonnummer und flüsterte: »Keine Ahnung, wohin ich gehe, aber ich werde hierher zurückkehren.«

Da wusste Elias Mataanoui noch nichts von Kerzenlicht und Wüstensand und nächtlicher Brandung.

Der Sternendom

September 1985
Mit der Erschöpfung kam eine große Gelassenheit über Max Villeneuf. Es war Nacht, aber es war nicht dunkel. Der wolkenlose Himmel ließ ihn tief ins Universum blicken, und irritiert stellte er fest, dass er keine Sternbilder ausmachen konnte. Vielleicht war er auch nur zu müde dazu. Die Beine brannten. Die Fußsohlen waren aufgeschürft, er fühlte sich ausgetrocknet wie der Sand, auf dem er langsam dahin taumelte, immer wieder strauchelnd. Er dachte an den Tod seiner Eltern im Frühling 1983, er dachte an ihr Leben und Wirken und daran, mit welch einer verdrießlichen Gleichgültigkeit er die Nachricht aufgenommen hatte, dass sie bei der Taufe des jüngsten Frachters der Villeneuf-Flotte mit fünf anderen den Tod gefunden hatten. Die Leere des Hauses in Luxemburg schreckte ihn nicht und er empfand auch keine Leere, weil sie nicht mehr da waren. Dennoch zwang er sich, ihr Andenken in Ehren zu halten – wenn auch nur für die Öffentlichkeit. Seine Rede bei der Beerdigung am Friedhof Hamm in der 1, allée des Châtaigniers in Luxemburg hatte er bewusst kurz gehalten, dennoch war natürlich auch die Presse da und als Max Villeneuf mit dem begnadeten Talent eines geübten Redners seine Erinnerungen an die Verstorbenen offenbarte, flossen viele Tränen. Auch, wie man so hörte, bei den anwesenden Journalisten. Das war ihm gelungen, weil er eben *nicht* auf die Tränendrüse drückte und auch keine hochemotionale Rede hielt, sondern weil jedes Wort, ja, jede Silbe von Respekt und Liebe getragen wurde. Er erzählte, dass seine Mutter streng war und eine harte Hand bei der Führung des Haushaltspersonals hatte, dass sie es sich jedoch nicht nehmen ließ, am Krankenbett einer Angestellten im Haus auszuharren, bis sich ihre Genesung abzeichnete. Dass sie Stipendien für die Töchter und Söhne der Hausangestellten, der Gärtner und Chauffeure bereitstellte. Sein Gesicht zeigte seine Liebe und es war die Liebe eines jungen Mannes, dem man zumindest in diesem Moment glaubte, dass er vollkommen rein, freundlich und traurig war. Er erinnerte die Anwesenden an die Maxime seines Vaters, dass man nur Geld erwirtschaften konnte, wenn man es fließen ließ. Und im Geldfluss kleine Staudämme errichtete, für die Regentage, die man im Leben zu erwarten hatte. Er sprach darüber, mit welch einer Großzügigkeit sein Vater ihn in die Welt der Bücher eingeführt hatte. Wie er die wachsende Leidenschaft seines Sohnes, zu

reisen und zu lesen, förderte und ihn mehrere Male losgeschickt hatte, seltene Erstausgaben berühmter literarischer Werke zu finden. Wie ihn diese Suche in Antiquariate geführt hatte, in Klosterbibliotheken und zu zurückgezogen lebenden Sammlern in London, Paris und Havanna, um nur ein paar der Städte zu nennen, die er bereist hatte. Seine Eltern waren zuallererst seine Eltern, aber sie waren auch Förderer gewesen. Der Vater milder und humorvoller, seine Mutter geradezu streng wie eine Klosterschwester, adrett und dezent in ihrer Kleidung. Er sprach von den Förderprogrammen seiner Eltern, die den Städten Amsterdam, Zandvoort und Luxemburg zugutegekommen waren, und versprach, diese Aktivitäten ganz im Sinne des Stiftungsplans weiterzuführen.

Er mühte sich eine Düne hinauf, um eine Zeit lange auf ihrem Grat dahinzuwandern, als er erschöpft auf halbem Weg stürzte und überrascht war, wie kalt sich der Sand unter seinen Händen anfühlte. Wie hart und kalt. Ächzend rollte er sich auf den Rücken und betrachtete den Sternenhimmel. Ihm kam der Anblick künstlich vor, so, als würde er auf dem Boden eines Planetariums liegen. Mehr aus Zorn wegen seiner Erschöpfung, denn mit echter Kraft mühte er sich hoch und schaffte es, den Kamm der Düne zu erreichen. Sie lag vor ihm, scharf geformt wie eine Bügelfalte in einem endlosen Meer aus erstarrten Wellen. Wieder sackte er auf die Knie und spürte die vollendete Erschöpfung. *Ich sterbe hier*, dachte er. *Auf jeden Fall. Wie auch immer es endet, ich ende hier. Was ich war, findet hier ein Ende und was kommt, es wird mich hier finden.* Mit letzter Kraft stützte er sich auf die Ellbogen und ihm fielen mit der Wucht herabstürzender Sterne seine Vergehen ein, die er so gut vor aller Welt versteckt gehalten hatte. Als er in Berlin eine minderjährige Nutte, die wie ein Punk gekleidet war, mit Drogen abgefüllt und verprügelt hatte, um, wie er ihr immer wieder sagte, das Gefühl kennenzulernen, das Gesicht eines schönen Menschen mit bloßen Fäusten zu zerschlagen. Als er in Havanna bewusst das kleinkriminelle Geschäft zweier Brüder nachhaltig zerstört und dafür gesorgt hatte, dass sie der Polizei übergeben werden. Sie hatten Schweinerippen aus Kühlwagen gestohlen, die für die Hotels in Varadero bestimmt waren. Immer und immer wieder, und sie hatten das Fleisch zu Wucherpreisen in Havanna verkauft. Zwei hübsche Mulatten, die, wie er hoffte, im Gefängnis von Santiago de Cuba den Rest ihres Lebens in der Vorhölle verbrachten, verprügelt, vergewaltigt, geschunden, und, vielleicht, in den Selbstmord getrieben. Er hielt sich deshalb nicht für schlecht, oder für einen bösen Menschen. Ein wenig eigen vielleicht, aber das stand ihm auch zu, fand er. Die Arroganz und Freude an der Gemeinheit hatten in seiner Familie augenscheinlich seine Eltern übersprungen und ihn mit voller Wucht in Besitz genommen. Nicht vollends, denn trotz der Freude an der üblen Tat empfand er einen Hauch Reue, der für ihn das Wesen der Bosheit ganz besonders würzte.

Dort ging ein Mann auf der Düne. Vielleicht kein Mann, jedenfalls eine Gestalt und diese Gestalt trug ein Licht. Ein warmes, flackerndes Licht. »Hallo«, nuschelte er schwach. »Ich bin hier«, rief er und es war kaum mehr als das Säuseln des Windes, der über die Dünen strich.

»Hallo«, flüsterte er mit trockenen, rissigen Lippen und sank in den harten Sand, starrte in den Sternendom über sich und dann schloss er die Augen. Bereit zu sterben, oder das Monument zu sehen. Ihm war es einerlei.

Das Sterben und das Monument waren für ihn eins geworden.

Der Frieden, den du suchst

Mai 2026
Auf einmal war der Antrieb zu reisen weg. Elias stand am Bahnhof Atocha vor dem Dschungel in der Haupthalle und wünschte, er könne einfach hineingehen und darin verschwinden. Ein Zaubertrick, ein Spezialeffekt wie im Film *Jumanji*. Er fragte sich, warum er hier war und wohin er wollte. Welchen Sinn das alles hatte. Und zudem spürte er noch die Befriedigung, die ihm die raue und doch süße Aufmerksamkeit von Angelo verschafft hatte.

Er richtete die Träger des Rucksacks, packte den Trolley und nahm sich vor, ein oder zwei Runden, um den künstlichen Dschungel zu drehen, zumindest bis er das Gefühl loswurde, das zwischen Verwirrung und sexueller Befriedigung irrlichterte.

Als er halb durch die Halle war, gesellte sich das Gefühl dazu, erneut beobachtet zu werden. Es war ein nüchternes Gefühl, ohne emotionale Begleitmusik, aber es war deutlich. Sehr sogar.

Er blieb stehen und tat so, als ob er sich umsähe – *ach, da gibt es sogar einen Zeitschriftenladen, was es hier nicht alles gibt* – und da sah er zwei sehr schlanke, ältere Herren, die nun ihrerseits so taten, als würden sie die großartige Architektur des Bahnhofes bewundern und darüber ein angeregtes Gespräch führen.

Also Jungs, dachte Elias erheitert. *Was wollt ihr? Mich nach meinem Preis fragen? Eine andere Auskunft, sehen, ob ihr mich rupfen könnt wie ein Suppenhuhn*? Der eine stieß den anderen an, hob zaghaft die Hand und raunte seinem Begleiter etwas zu. Er winkte Elias mit einer fast königlichen und doch verhaltenen Handbewegung und Elias, der noch immer keine weitere Etappe im Auge hatte, dachte: *Ich bleibe einfach stehen und höre mir an, was die beiden alten Zauseln von mir wollen.*

»Guten Tag«, sagte der eine. Ein hagerer Mann, der Elias um einen halben Kopf überragte. Er hatte Altersflecken unter dem schütteren, grauen Haar, dichte, drahtige Augenbrauen und eine Geiernase, aus der dichtes Haar spross; fast genauso dicht wie die aus seinen Ohren wachsenden Härchen. Der Anzug schlotterte an ihm, aber er schien aus einem wertvollen Stoff gefertigt zu sein, denn das Schlottern hatte etwas Dandyhaftes. Sein Begleiter war ebenso schlank, fast ausgemergelt, hatte eine Stoppelglatze und für einen alten Mann wunderschöne, ausdrucksvoll schimmernde Augen. Sie waren hellbraun und leuchteten warm in seinem dunklen Gesicht. Der größere Mann hob abermals die Hand, als sie nur noch zwei Meter von Elias entfernt waren, und sagte ein wenig außer Atem: »Sie sind Elias Mataanoui? Sie *sind* doch Elias Mataanoui, hoffe ich sehr?«

Elias nickte und reichte dem Mann die Hand, der sie eine Sekunde lang betrachtete, als ob sie glühen würde. Dann griff er zu und schüttelte sie sachte. Mit ungelenker Würde verbeugte er und stellte sich vor:

»Mein Name ist Enrique Vargas Grau. Und dieser Herr hier ist mein bester Freund, Senor Francesco Moreno La Mar. Wir sind aus Kolumbien, aus der Stadt Turbaco, die südöstlich von Cartagena liegt.«

Nun reichte ihm der kleinere der beiden Herren die Hand und Elias musste sich bemühen, sich aus dem warmen, freundlichen Blick des Mannes zu lösen. Er spürte keine Gefahr, zumindest nicht unmittelbar. Er war hier in einer belebten Halle und die beiden sahen nicht gefährlich aus. Genau genommen, fand Elias, sahen sie eher aus, als könnten sie Hilfe brauchen.

Elias räusperte sich und fragte: »Was kann ich für Sie tun, meine Herren?«

Und in diesem Moment wurde ihm bewusst, dass er sie schon in Paris gesehen hatte, und wenn er ganz scharf nachdachte, sogar am Wiener Hauptbahnhof. Sie waren stets in seiner Nähe. Flüchtige Schatten, im Hintergrund, Wahrnehmungen im Augenwinkel.

»Wir begleiten Sie nun schon seit einiger Zeit, lieber Herr Mataanoui. Und wir beobachten, wohin die Reise Sie führt. Wir wollten sehen, ob Sie selbst den Weg einschlagen, und nun haben Senor Grau und ich beschlossen, Sie anzusprechen, um Sie – wie sagt man – aufs richtige Gleis zu stellen. Denn wissen Sie, es ist so: Wir haben einen gemeinsamen Bekannten.«

Elias fühlte sich, als ob sein Herz aussetzte und sein Atem sich zu einem kleinen, heißen Stein in der Brust verdichtete. Augenscheinlich wurde er blass oder riss die Augen auf, denn der stämmigere Mann beeilte sich, zu sagen: »Bekannter – das ist nicht das richtige Wort. *Todfeind* trifft es eher. Dieser Mann hat uns bestohlen, er hat uns und unseren Frauen das Wertvollste genommen.«

»Was?«, hauchte Elias und fühlte sich schwach und gleichzeitig wütend wie ein Axthieb.

Vargas Grau griff zaghaft nach Elias Oberarm und zog ihn sanft in Richtung Hauptausgang: »Lassen sie uns doch bitte vielleicht hinausgehen an die Luft. Was wir zu berichten haben, und der Grund, warum wir sie ansprechen, ist nichts für eine Bahnhofshalle. Die vielen Menschen und Stimmen, der Hall …«

Elias zeigte auf das Restaurant *Mahoudrid*. Von dort wehte der Geruch von frischem Kaffee und noch frischeren Croissants herüber. Sie gingen gemeinsam hinüber und bestellten schwarzen Kaffee mit viel Zucker und Zimtcroissants. Die Sachen wurden auf Kartons gepackt, die Vertiefungen für die Kaffeebecher hatten, und damit schlenderten sie hinaus ins Freie und setzten sich rechts vor der Halle auf eine halbhohe Mauer, die ein wilde Wiese im Zaum hielt. Neben ihnen raschelte eine Palme im Wind.

»Er hat uns unsere Söhne genommen. Ihre Namen waren Jhonier Moreno und Ricardo Vargas. Er hat sie in Cartagena dazu überredet, bei windigen Geschäften mitzumachen, Sachen zu schmuggeln, und er hat sie davon überzeugt, auf Gran Canaria einen jungen Mann zu ermorden, der ihnen nichts getan hat. Diese elende Last liegt schwer auf unseren Schultern, müssen Sie verstehen. Unsere Söhne waren nie kriminell, nicht einmal bösartig oder ungehorsam. Er hat sie genommen und verformt, er hat sie … gehäutet, könnte man sagen. Das Menschliche abgeschält. Unsere Söhne haben einen jungen Rumänen getötet und dann haben sie gemeinsam im Gefängnis von Las Palmas in ihrer furchtbaren Verzweiflung Selbstmord begangen. Wir konnten mit dem Chef der Kriminalpolizei reden. Ein guter Mann namens Armas Ramos. Sie kennen ihn, das wissen wir.«

Elias nickte und holte Luft, um etwas zu sagen, aber Vargas Grau fuhr fort: »Wir waren Ende Oktober auf Gran Canaria, um unsere Söhne zu identifizieren und nach Hause zu holen. Wissen Sie, wie sie es getan haben, ihren Selbstmord?«

Starr vor Trauer und Mitleid, schüttelte Elias den Kopf. Er stellte den Becher mit Kaffee auf den Boden und wischte sich mit den Handballen über die Augen. Señor Vargas Grau rauchte eine schmale Zigarre und blies den Rauch in die Luft, darauf achtend, dass Elias dadurch nicht belästigt wurde. »Sie haben sich mit ihren Unterhemden erdrosselt. Mein Sohn Ricardo hat … er hat Jhonier mit seinem Unterhemd erwürgt, dann hat er beide Unterhemden ineinander verflochten und sich an der Metallverstrebung der Wasserspülung … er hat sich erhängt. Man hat es uns nicht gesagt, aber ich glaube, mein Sohn ist sehr langsam und qualvoll gestorben. So sehr wollte er sterben.«

Jetzt begriff Elias erst, dass das Fundament ihrer Würde die gemeinsame Trauer war. Gebrochene Väter, deren Söhne zuerst zu Kriminellen gemacht worden waren, so, als ob man sie besudelte, und dann in den Selbstmord getrieben. Jeder Schritt, dachte Elias, jeder Atemzug muss für diese Väter eine schier unerträgliche Belastung sein. Verstohlen wischte er sich eine Träne aus dem linken Auge und blinzelte, versuchte ein kleines, tapferes Lächeln. Ihm kam die Frage in den Sinn, wie sehr es seinen Vater belasten würde, wenn er wüsste, dass sein stolzer schöner Sohn auf Gran Canaria gefoltert und vergewaltigt wurde – über Stunden hinweg.

»Wir wissen, was er Ihnen angetan hat. Le Fantom. Ein Konstrukteur der Vernichtung. *Das* ist er!« Vargas Grau nickte, wie um seine Worte zu bekräftigen.

Nachdem das gesagt war, saßen sie etwas ratlos nebeneinander auf der Mauer und nippten am Kaffee. Elias spürte, dass sie noch etwas loswerden wollten, dass sie ihm nicht nur gefolgt waren, um ihm vom Tod ihrer Söhne zu berichten.

Er behielt recht.

»Wir alten Kolumbianer – wissen Sie, wir haben unsere Kanäle. Nachrichten und Informationen, Geld und Aufträge. Uralte Informationslinien, wenn man so will, durch die man sehr vieles an der Aufmerksamkeit der öffentlichen Meinung und an Regierungen vorbeimanövrieren kann. Wir können mit großer Bestimmtheit sagen, wo sich Le Fantom aktuell aufhält. Und ich vermute, lieber Herr Mataanoui, dass es nur eine Möglichkeit gibt, dass Sie Ihren inneren Frieden finden.«

»Woher wollen Sie wissen, dass ich nicht mit mir im Reinen bin?«, fragte Elias ziemlich kraftlos und hatte auf einmal unglaubliche Lust auf eine Zigarette. *Schon wieder*, dachte er bitter.

»Wie gesagt«, raunte Moreno La Mar, »wir wissen, was er Ihnen angetan hat, was er Ihnen antun *ließ* und was er Ihrem Freund angetan hat. Stefan Talha Kareem hat noch schlimmere Wunden als Sie davongetragen. Die Schienbeine, die Hüfte, die entzündeten Kratzspuren von der Ratte – ja, wir sind informiert. Lieber Elias, ich will dich nun duzen. Das, was getan werden muss, können wir beiden alten Hunde nicht mehr tun und wir kennen niemanden, der mehr Grund hat, dafür zu sorgen, dass getan wird, was getan werden muss. Es geht bei Weitem nicht nur um den Frieden, den Sie selbst suchen. Es geht auch darum, das Werkzeug unserer … Verzweiflung zu sein, wenn ich das so sagen darf.«

Elias wurde schlagartig klar, was sie von ihm erwarteten, was sie forderten, und trotzdem fragte er. Vielleicht würden sie ja etwas anderes sagen. Du könntest in ein Kloster gehen. Oder du könntest dich Hare Krishna anschließen und mit ihnen singen, bis dir die Zunge aus dem Mund fällt: »Was?«

»Das weißt du«, antwortete Vargas Grau und nippte an seinem inzwischen lauwarmen Kaffee. Er wischte die Krümel des Zimtcroissants vom Hemd und sagte: »Selbstverständlich gibt es nur eine Lösung, mein junger Freund.«

Kraftlos nickte Elias und fühlte sich eigenartig ruhig. So, als hätte er nach einer Zeit der Verwirrung den Schlüssel gefunden, den Irrsinn des Lebens zu entschlüsseln. Es war dabei nicht nötig, dass ihm die Lösung gefiel. Wichtig war, dass es sie gab. Er sammelte die leeren Becher ein und ging zum Mülleimer, der im Schatten der Palme stand, und warf sie hinein. Er kam zurück und sagte: »Vielleicht bin ich bereit, ihn zu suchen, zu finden, und vielleicht schaffe ich es auch, einen Menschen zu töten, doch …«

»So viel uns bekannt ist, hast du in Estland, als du unterwegs warst, um deinen Freund zu retten, drei Männer getötet! Eine reife Leistung«, sagte Vargas Grau und lächelte anerkennend.

»Ja-ha«, sagte Elias zögerlich. »Doch das war etwas anderes. Das war ein Kampf. Ich habe in Notwehr gehandelt und ehrlich, ich weiß nicht, wie mir das gelungen ist. Aber jemand zu suchen, aus dem einzigen Grund, ihn zu töten … das ist ein ganz anderes Brett, oder?«

Vargas Grau stand auf und ging ein paar Schritte weg und breitete die Arme aus: »Ja, was dann, Elias? Soll er noch Jahrzehnte so weiter machen?«

»Nein«, antwortete er und fügte hinzu: »Ich wüsste ja nicht einmal, wo ich meine Suche beginnen sollte. Was sagen ihre alten Kanäle dazu, meine verehrten Freunde aus Kolumbien?«

Vargas Grau und Moreno La Mar kicherten wie unartige Schuljungen und das sah ebenso traurig wie rührend aus und brachte Elias zum Lächeln. Als sie sich gefangen hatten, antwortete Vargas Grau:

»Unseren Quellen nach ist er im Südwesten von Namibia. Es scheint, als fühlt er sich dem Land sehr verbunden, denn er besuchte es im Laufe der letzten zwanzig Jahre immer wieder.«

Der Schatten des Totems

September 1985

Kurz vor Mitternacht hatten sich die angeheuerten Burschen vor der Lodge der beiden Guides Botho und Nikandor getroffen. Eher zufällig und nicht ausgemacht. Vor dem kleinen Gebäude brannte in einem Steinring ein hohes Feuer und Funken stiegen hoch. Die beiden jungen Männer hielten Spieße mit Ziegenfleisch in die Glut. Das Licht des Feuers hatte zuerst den Fahrer Henriques angelockt, der versucht hatte, bei offener Tür in seinem Bungalow zu schlafen, und deswegen das Knacken des Feuers hörte und den Schein sah, und eine halbe Stunde später schlenderten die beiden Sicherheitsleute aus Ägypten betont zufällig vorbei, umrundeten das Feuer und setzten sich wortlos auf den Boden, etwa einen Meter vom Steinring entfernt. Das Feuer war hell und heiß, die Nacht war kühl, fast kalt. Eine Weile saßen die fünf Männer schweigend im Kreis und sahen in die Flammen, dann holte Nikandor aus dem Schatten hinter sich einen Teller mit Fleisch, das sie mit Salz und Gewürzen eingerieben hatten, und eine Handvoll Spieße. Er stand auf und verteilte Spieße und Fleisch, lächelte freundlich und als er alles verteilt hatte, streichelte er Henriques Kopf und fragte auf Englisch:

»Was denkst du über den Mann? Wollen wir über ihn reden? Ich finde ihn merkwürdig und er erinnert mich an einen … ich weiß nicht, an einen General. Was meinst du?«

Henriques spießte sein Fleischstück auf, sah kurz zu Botho, wie der sein Fleisch in die Glut hielt und tat es ihm gleich. »Na ja«, antwortete er. »Ich bin noch nie jemand wie ihm begegnet und ich habe schon einige weiße Touristen mit wenig Hirn und viel Geld durch die Gegend gefahren. Der hier hat noch viel mehr Geld und er hat Hirn, aber er ist auch, wie kann man sagen, er ist fatalistisch! Und ich sage euch noch was. Villeneuf ist sicher nicht sein echter Name. Es würde nicht zu ihm passen, mit seinem echten Namen zu reisen und fragt mich nicht, wieso ich das glaube. Ich glaube nicht, dass er so heißt.«

»Fatal- was?«, fragte Nikandor und kicherte, was ihn einerseits einfältig wirken ließ, aber auch sympathisch.

»Er ordnet alles einer Anschauung unter, weißt du? Er ist von einer Idee besessen und er formt alles, was er macht, in Bezug auf seine Überzeugung.«

»Und er ist *schwul*«, sagte Botho breit grinsend.

»Das glaube ich nicht mal«, gab Nikandor zurück, holte seinen Spieß aus dem Feuer und betrachtete das Fleisch.

Henriques betrachtete ihn genauer: »Wieso glaubst du das?«

Nikandor: »Schwule sind vom Schwulsein besessen, ja?«

Die anderen nickten. Nur Nafi, der Maghrebiner, mit fünfundzwanzig Jahren der älteste von ihnen, schaute den Funken nach, die in die Nacht stoben. Entweder interessierte ihn das Thema nicht oder es war ihm unangenehm. Betont desinteressiert drückte er den Handballen der rechten Hand seitlich gegen sein Kinn und ließ die Nackenwirbel krachen.

»Er ist nicht vom Schwulsein besessen. Er ist von seiner *Mission* besessen. Sex ist für den etwas anderes, und ich glaube, es ist ihm egal, ob er ein Mädchen oder einen Jungen nimmt. Er ist hungrig nach Schönheit. Aber ihn treibt es nicht an. Ihn treibt seine Suche an, und ich finde nicht, dass das schlecht ist!«

»Was meinst du damit, Nikandor?«, fragte ihn sein Freund Botho. Vermutlich fühlte er sich angesprochen, weil er unzweifelhaft von geradezu überirdischer Schönheit war. Auf sehr graziöse und edle Weise.

»In unserer Zeit scheint es keine besonders gefragte Qualität mehr zu sein, einer Sache anzuhängen, ihr das Leben zu widmen. Du weißt, wie ich sofort dafür war, ihn zu begleiten, als du noch Zweifel hattest. Ich habe das gespürt und ich bilde mir nichts darauf ein. Wenn ich einem Mann folgen will, dann einem mit einer Mission, einem Ziel, egal, was es ist. Und ehrlich, bis jetzt war die Reise eigentlich eine Vergnügungsfahrt. Leicht verdientes Geld, wenn man weiß, wie man Stammesfehden, Milizen und Straßensperren umgeht.« Er grinste, spuckte ins Feuer und zupfte das Fleisch vom Spieß.

Botho nickte: »Er ist ein Anführer, aber …«

»Aber was?«, fragte Henriques, der fand, dass sein Fleisch nun gut aussah und aus der Glut holte. Er schnupperte am Spieß und nickte zufrieden.

»Aber ich glaube auch, dass er kein Anführer ist, der danach strebt, andere zu führen. Er weiß, was er will, und er tut es. Fatalistisch eben. Und ich glaube, dass er, wenn er gefunden hat, was er sucht, auf alles verzichten kann, auf die ganze Welt, wenn es sein muss.«

»Hört, hört!«, lachte Nikandor und nickte ihm freundlich zu. »Das hast du klug gesagt, mein Freund.«

Botho schaute mit einem müden Lächeln in die Runde und streckte sich, fragte in die Runde: »Und Leute? Was macht ihr, wenn die Sache hier zu Ende ist? Was habt ihr vor?«

Ramses legte seine Hand in den Nacken seines Begleiters und sagte leise: »Von Luanda aus gehen wir nach Norden. Nicht direkt nach Ägypten, aber nach Norden. In unruhigen Zeiten wie diesen, gibt es für Söldner wie uns immer etwas zu tun – nicht wahr, Nafi?« Nafi nickte und schmiegte seinen Nacken in Ramses Hand. Die zwischen ihnen spürbare Vertrautheit hatte in den letzten Tagen einen zärtlichen Unterton angenommen, der derart unbekümmert war, dass man ihn nur als unschuldig bezeichnen konnte.

Botho hob die Hand und sagte: »Jetzt ich!« und grinste übermütig. »Ich bleibe vielleicht hier. Sieht so aus, als ob es hier viel Arbeit gäbe und der Ort ist gut, ich bin ja aus Namibia und … was wirst du machen, Nikandor?«

Der lächelte sanft, sah zuerst in die Glut und dann in die Runde seiner Kameraden: »Ich gehe zurück zu Rovos Rail, wo ich bis Anfang dieses Jahres gearbeitet habe. Mein Vater ist dort Werkmeister in einer der Remisen an der Grenze zu Südafrika. Ich will auf den Zug und als Maschinist arbeiten. Ich muss noch zwei Prüfungen machen, und dann fahre ich all die bleichen Reichen durch unser edles Land!« Er drehte den Ring an seinem kleinen Finger der rechten Hand. »Den hat mir mein Vater gegeben. Und er hat ihn von Rovos Rail als Anerkennung für seine Arbeit bekommen. Er soll mir Glück bringen, und wenn ich zurück bin, gebe ich ihn meinem Paps zurück!«

»Hört, hört!«, sagte Henriques und imitierte gekonnt einen weißen Edelmann. »Ich werde mich in Luanda nach Arbeit als Fahrer umsehen. Ich kann alles fahren, solange es Achsen und Räder hat, und jeden Motor richten, verdammt nochmal!« Er lachte hell und ließ sich nach hinten fallen und stützte sich auf die Ellbogen.

Sie aßen und tranken reihum aus der eiskalten Doppelliterflasche südafrikanischen Weißwein. Sahen in die klare Sternennacht. Als Henriques auch ein zweites Stück Fleisch gegessen hatte, dachte er, er würde ein paar Minuten die Augen schließen. Einfach so. Nicht schlafen. Fünf Minuten für die Augen, wie einmal ein Tourist zu ihm gesagt hatte. Er streckte sich auf dem Boden aus, wie eine Katze, das Gesicht dem Feuer zugewandt und starrte in die Flammen, bis ihm die Augen zufielen. Er hörte die anderen flüstern wie aus weiter Ferne, aber sie hatten das Thema gewechselt, redeten über ihre Heimat, über das Laufen im Gras und über das Leben in Kairo, über das Leben und alles …

Was ihn später weckte, war eine Änderung in der Stille, in der nur das glühende Holz knackte und knarzte. Irgendetwas hatte sich verändert, und diese Änderung machte ihn schlagartig wach. Er setzte sich auf, rieb mit den Fingern über die Augen und sah, dass im Osten des Morgens erstes Zwielicht. Die anderen schliefen, so wie er eben noch geschlafen hatte, zusammengerollt, der letzten Glut des Feuers zugewandt. Henriques lächelte, als er sah, dass Nafi seinen Arm auf Ramses von Peitschenhieben vernarbten Rücken liegen hatte. Mit einer einzigen, fließenden Bewegung stand Henriques auf und wischte sich mit den Händen den Staub und die Erde von der Armeehose und klopfte die Hände am schmutzig weißen Nike-Unterhemd ab. Drehte sich im Kreis und sah die Geister.

Verwirrt schloss er die Augen, öffnete sie wieder und sah sie noch immer: Sieben Schatten im Zwielicht des Morgens. Wenn es Geister waren, dann waren es die Geister von Himbas, dem Nomadenvolk, das sich vom ursprünglichen Stamm der Hereros abgespalten hatte und an ihrer Kultur des Nomadentums festhielt. Henriques erkannte sie an ihrem Haarschmuck, dem Lendenschurz und dem Halsschmuck. Von früheren Begegnungen hatte er sie als freundlich und hilfsbereit in Erinnerung. Bantu war ihre Sprache und Henriques beherrschte die grundlegenden Redewendungen. Er begrüßte sie mit einer angedeuteten Verbeugung, um zu zeigen, dass er sich nicht fürchtete und er ihnen wohl gesonnen war. Hinter sich nahm er Bewegung wahr; die anderen wachten auf und setzten sich. Standen auf und grüßten die schweigenden Schatten. Als sie alle nun standen und die Fremden begrüßt hatten, trat einer der sieben vor, verbeugte sich ebenfalls und sagte in akzentfreiem Englisch: »Euer Freund Maximilian, schickt uns zu euch, mit der frohen Nachricht, dass er gefunden hat, wonach er suchte. Er hat sich als würdig erwiesen, und das Monument hat ihm erlaubt, es zu finden. Nun bittet er uns, euch zu holen, denn er möchte euch bei der Zeremonie der Anerkennung dabeihaben. Er sagte, ihr seid seine Freunde und wert, Teil der Anerkennung zu sein. Es ist an euch, ihm bei der Zeremonie beizustehen und zu unterstützen, Teil der Legende des Monuments zu werden. Auf euch wartet eine große Ehre. Folgt ihr uns?«

Henriques spürte durch die Freundlichkeit eine schwer zu fassende Bedrohung. Den anderen schien es ebenso zu gehen, denn sie wirkten unsicher, murmelten, rieben sich unausgeschlafen die Augen und wichen kaum merklich vor den Fremden zurück. Als Henriques wieder zum alten Mann sah, der in würdevoller Gelassenheit vor ihm stand, sah er, wie er die Hand hob, die Faust vor dem Mund öffnete und auf die Handfläche blies. *Oh, das war schön*, lächelte Henriques und wollte sich zu den anderen umdrehen, ob sie auch das silbrige und goldene Gefunkel sahen, das zu den Sternen emporstieg. Doch mitten in der Bewegung glaubte er, im Augenwinkel ein abscheuliches Monster zu sehen, ein Blick voll finsterer Ideen, gepackt in eine leuchtende Wolke wie ein Hirn unter Strom. Er hatte keine Kontrolle mehr über seine Muskulatur und sank ohne jede Anmut zu Boden, spürte noch, dass Urin über seinen linken Oberschenkel lief. Er war wach, aber bewegungsunfähig. Ein junger Himba mit kräftigen Muskeln trat vor, sah hinab auf Henriques, öffnete mit beiden Händen sanft seinen Mund und griff verkehrt herum mit vier Fingern in die Mundhöhle, packte ihn so und zerrte ihn hinter sich her über den staubigen Boden zur Ausfahrt der Lodge.

Links von sich sah Henriques, der nun vollkommen vom Grauen gepackt war, die bluttriefenden Leichen der Leute, die die Hammerstein-Farm betrieben hatten. Sie waren tot, ganz ohne Zweifel. Nirgendwo kann es Leben geben, wo so viel Blut ist. Dann sah Henriques noch einmal zu seinen Füßen und dahinter, im Dunkel, sah er, wie Botho und Nikandor an den Haaren gepackt, und so wie er, davon geschliffen wurden, während über ihnen die eisigen Sterne kreisten und vom Morgengrauen gegessen wurden. Erst jetzt hörte er den Choral aus dem Raum zwischen den Sternen. Ein millionenfaches Schreien von Seelen in höchster Not. Henriques weinte vor Angst und wusste nicht, dass ihm die Tränen über die schwarzen Wangen liefen, denn er spürte weder seinen Körper noch sein Gesicht, er fühlte nichts mehr. Nur Entsetzen und eine allumfassende, panische Angst, aus der er nicht fliehen konnte.

Das Ende vom Lied

Mai 2026
Am Freitag in den frühen Abendstunden saß ein reifer, schlanker Mann draußen in der Parkanlage an einem massiven Holztisch. Vor sich hatte er ein Laptop, rechts davon ein aufgeschlagenes Notizbuch und einen Füller der Marke Waterman. Noch weiter rechts lag die Armbanduhr, die er abgelegt hatte. Links vom Laptop standen eine entkorkte Flasche Rotwein und ein halb volles Rotweinglas.

Die Gäste, die in einigem Abstand auf den Kieswegen der Luxuslodge Hammerstein im weichen Licht der Laternen spazierten, zu ihren Bungalows oder in die andere Richtung, zum Haupthaus, nickten dem Mann zu, wenn er gedankenverloren über den Rand des aufgeklappten Notebooks blickte, und wenn sie Glück hatten, ernteten sie ein abwesendes Lächeln. Maximilian Villeneuf war eine Legende im Nordwesten von Namibia. Ein herausragender Gastgeber, der seine Lodge, die er vor vierzig Jahren erstanden hatte, vorbildlich in Schuss hielt und der von seinen Angestellten verehrt wurde wie ein ebenso gütiger wie strenger Vater. Wie der Kapitän eines Schiffs war er nicht oft zu sehen, aber man spürte, dass er da war und die Zügel in der Hand hielt.

Vor etwa einer Stunde hatte er sich mit Kiki, seiner Nummer eins, unterhalten. Kiki war in den Augen der anderen Angestellten zu jung, um der Geschäftsführer der Lodge zu sein, aber so genau man ihn auch beobachtete, er leistete sich keinen Fehltritt, keinen Schnitzer, nicht die geringste Nachlässigkeit. Umso erstaunlicher war, wie der junge Abkömmling eines Nomadenstamms, der zwischen Angola und Namibia hin und her wanderte, mit dem Papst der Wüste umging. Die Respektlosigkeiten, die er sich dem Chef gegenüber herausnahm, waren zum Teil anzüglich und despektierlich, aber Maximilian Villeneuf lächelte nur, ließ ihn gewähren und nur manchmal, wenn sich der Bursche vergaloppierte und übermütig wurde, sagte er Sachen wie: »Vielleicht sollte ich dich doch bestrafen, mein junger Freund.« Oder: »Wenn du weiter so frech bist, werde ich dich in die Wüste schicken, mein dunkler junger Padawan.«

Solche Neckereien fanden nie vor den Gästen statt, aber die Angestellten, die selten, aber doch, Zeugen dieser Unterhaltungen wurden, gestanden, dass es ihnen eiskalt über den Rücken lief, wenn

Maximilian Villeneuf so sprach wie ein Küchenchef von einem neuen Rezept. Der Effekt war jedenfalls, dass der schöne junge Kiki nach einer solchen Ermahnung tatsächlich sehr kleinlaut wurde und spurte. Zumindest eine kurze Zeit lange. Dann fand er wieder zu seiner alten, rotzfrechen Form.

Kiki hieß in Wirklichkeit Meron Cunha, und sein Spitzname lehnte sich an den Namen des Geliebten von W. S. Burroughs aus dem Buch *Naked Lunch* an. Das Gerücht, Meron hätte ein Verhältnis mit dem alten Chef, hielt sich hartnäckig, und machte nur den Neid einiger anderer Angestellter deutlich, die länger in der Lodge arbeiteten und sich übergangen fühlten. Da man aber Kiki nichts Schlechtes nachsagen konnte und niemand es auch nur ansatzweise wagte, so mit dem Chef zu reden, wie Kiki es tat, blieb zwar das Gerücht, aber niemand nahm es ernst. Den Großteil des Jahres war Maximilian Villeneuf in der Welt unterwegs, weil sein Leben, so wie er es nannte, nur durch das Reisen die nötige Stabilität erhielt. Und Meron Cunha war ein umsichtiger Geschäftsführer, trotz seiner jugendlichen fünfundzwanzig Jahre.

Und deshalb schlenderte er in seinem überaus lockeren Arbeitsgewand, eine dünne Leinenhose, Ledersandalen und einem weiten, weißen Leinenhemd, über die weitläufige Parkanlage, verließ den Kiesweg und ging über den kurzen und gepflegten Rasen zu dem Holztisch, an dem sein Chef saß und grüblerisch in den Abendhimmel schaute. Ohne ihn anzusehen, sagte der Mann mit der gebräunten Haut und den silberweißen Haaren und dem attraktiven Sechstagebart: »Kiki, mein erleuchteter Stellvertreter. Du hast die Bestellungen alle aufgegeben und priorisiert?«

»Ja, Massa!«, gluckste Kiki und stellte sich vor den Tisch, verschränkte die Hände auf dem Rücken und ließ sich von seinem Chef betrachten.

»Sehr gut. Habt ihr den Schaden der Klimaanlage von B3 richten können?«

»Ja, Sir!«

»Ich habe gute Lust, dich auszupeitschen, Kiki! Du bist *frech*!«

»Ich weiß, Massa. Aber tu es nicht. Bitte. Das macht einfach keinen *Spaß*, Sir!«

Villeneuf lachte heiser, deutete auf den Platz neben sich und sagte glucksend: »Setz dich, Meron. Danke für deine gute Arbeit. Ich bin sehr zufrieden. Wie immer.«

Er klappte das Notebook zu, auf dem Meron Cunha nur ein paar Überschriften hatte erkennen können. Irgendetwas mit National Board. Und EU Council.

»Aber du kommst nicht nur zu mir, um dir dein verdientes Lob abzuholen, oder? Was liegt dir auf dem Herzen?«

Kiki rutschte einen Zentimeter näher an seinen Chef heran, noch immer verwirrt davon, wie schnell der Mann ihn durchschaute. Die Art, wie Villeneuf dachte und handelte, war so exotisch und anders als alles, was er hier in seinem Heimatland erlebt hatte.

»Ich müsste für zehn Tage fort, Chef. Ab kommenden Sonntag. Ich käme Ende Mai zurück. Robert K ist gut eingearbeitet, es stehen keine großen Gruppen an, das ist im Mai immer so. Die Warenwirtschaft läuft wie geschmiert und …«

»Wieso, was ist los? Gibt es Ärger?«

»Nein, das ist es nicht. Na ja, so halb. Es ist so: Rachel, mein Mädchen, ja? Also die ist jetzt in Francistown in Botswana und hilft dort ihrer Tante in einem echt beschissenen – sorry – Erbstreit. Es geht um Anteile, und um den Versuch, sie billig abzuspeisen, und ja, Rachel, die Rechtswissenschaften in Windhoek studiert, ist jetzt eben dort und versucht, das Beste rauszuholen. Ihre Tante hat das Unternehmen gemeinsam mit dem verstorbenen Scheißkerl aufgebaut und die Familie des Toten ist auf einmal da und echt, die waren noch *nie* da und jetzt kriechen sie raus, wie verdammte Kakerlaken und kommen mit Anwälten und ja, es ist ein gottverdammtes Chaos. Jedenfalls ist Rachel jetzt fertig in Francistown und kann den Rest remote am Notebook machen. Die Sache ist die: Auf der Strecke von Francistown nach Windhoek gab es in letzter Zeit immer wieder Übergriffe auf alleinreisende Frauen. Betäubungsmittel, Vergewaltigung. Die Täter verschwinden während der Fahrt in die Nacht und werden nie wieder gesehen. Ich möchte nach Francistown und sie begleiten. Robert kann den Tagesbetrieb managen und …«

»Hör auf zu quatschen! Kiki, Schluss, ich krieg ja Kopfschmerzen. Sei nicht so laut und sei nicht so quengelig. Du weißt, was ich dir gesagt habe, über deinen quengeligen Ton?«

»Ja, ich klinge wie Justin Bieber mit eingeklemmten Eiern. Was sagst du, Massa?«

Das *Massa* kam reichlich frech und mit einem schiefen Grinsen.

»Wir müssen Robert gar nicht mit dem Thema befassen. Der soll normal in seinem Rad bleiben. Ich gebe dir fünftausend Rand mit. Damit kannst du hier zahlen und in Botswana auch. Schau mich nicht so an, als ob du zurückgeblieben wärst. Ich mache das gern für dich. Voraussetzung Nummer eins: Kein Wort zu niemand. Voraussetzung Nummer zwei: Bevor du Rachel heiratest, gehört dein Arsch mir.

Jetzt schau nicht so. Nummer zwei. Das war ein Scherz. Ich bin dein Arbeitgeber und nicht auf der Welt, um dir sexuelle Lust zu bereiten …«

»Aber Chef, ich steh doch gar nicht auf …«

»Werde nicht vorlaut. *Natürlich* stehst du nicht auf Männer. Das wäre ja *noch* schöner, wenn du Spaß daran hättest. Pass auf. Nimm meinen Range Rover und stelle ihn im Hotel Kiri beim Bahnhof von Windhoek in der Tiefgarage ab. Sag dem Kerl an der Rezeption, wer du bist und wessen Wagen du unten geparkt hast. Dann nimmst du den Zug und fährst nach Francistown, holst dein Püppchen und bringst sie direkt bis dorthin, wo sie wohnt. Wir sind zwar so halb mit einer Arschbacke in der Wüste, aber wir sind zivilisiert und keine Barbaren. Ist das für dich in Ordnung?«

Kiki sah Villeneuf mit einem aufrichtig dankbaren Lächeln und großen Augen an und stammelte: »Sie sind echt der beste Chef auf der Welt. Echt, ich werde immer für Sie da sein und ich werde für immer alles tun, was Sie wollen.«

Villeneuf lächelte ein Lächeln, das Elias Mataanoui gekannt hätte, und nickte: »Ich weiß, das wirst du. Deshalb fällt es mir so leicht, dir zu vertrauen.«

»Ich könnte aber auch mit dem Range Rover direkt nach …«

»Na, na, na. Nicht übermütig werden, mein junger Wolf.«

»Na, ja. Den Versuch war es wert, oder?«

»Du reist am Sonntag ab?«

»Ja Chef. Gleich im Morgengrauen. Der Zug geht zu Mittag. Das geht sich schön aus.«

Villeneuf schenkte das Weinglas voll, hielt es Kiki hin und sagte: »Robert müssen wir deshalb nicht mit deinen Aufgaben belasten, weil ich hierbleibe. Ich denke, ich habe meine Reisen gemacht, ich habe damit abgeschlossen, ein Nomade dieser Welt zu sein. Es ist das Ende vom Lied und ich bleibe hier.«

»Das sind wunderbare Neuigkeiten, Chef, ich freue mich, echt und voll, ohne Scheiß!«

Villeneuf lächelte, als Kiki das Glas auf den Tisch stellte, um ihn zu umarmen. Der Junge roch gut und er fühlte sich gut an. Er war zierlicher als der letzte Schwarze, mit dem er es zu tun gehabt hatte. Stefan Talha Kareem, der eigentlich unter einer brennenden Zeltplane hätte sterben sollen, verrückt vor Grauen und Schmerzen. Stattdessen hatte ihn Elias gerettet, der sich langsam zu Villeneufs persönliche Nemesis entwickelte – aber egal. Stefan Talha war weit weg, Elias Mataanoui war entwurzelt und allein. Beide waren nur das amüsante Beiwerk seiner größeren Pläne, die sich nach und nach entfalteten und so entwickelten, wie er es vorausgesehen hatte. Manchmal dachte Max Villeneuf ein wenig eitel, der Imperator aus *Krieg der Sterne* sei ein echter Stümper gegen ihn. Ein hoffnungslos überforderter Azubi.

Doch seit seiner ungeplant zügigen Abreise aus Estland, den weiten Weg durch Russland, um über St. Petersburg schließlich nach Namibia zu reisen, hatte sich etwas geändert. Nein, es war kein kitschiges Postkartengefühl von Frieden und Harmonie. Er war einfach satt. Er sah dem schmalhüftigen, jungen Geschäftsführer gedankenverloren nach, der aufgestanden war und langsam davon schlenderte.

Kann es sein, dass die Weisheit stimmt? Nach dem Fressen kommt die Moral? Villeneuf überlegte, ob es ihm leidtat. All die Qualen, die Schmerzen und die Tode, die er so bereitwillig verschleudert hatte. Er dachte an die Berichte über die in Vergessenheit geratene, arbeitslose Dame des Stadttheaters von Chișinău, die ihr Leben im Alkohol ertränkte, als das Video vom Tod ihres hübschen Sohnes Rey Asenju in Umlauf kam. Für sie hegte er einen Hauch Mitleid. Ebenso für den Architekten und Bergsteiger Florin Agca, dessen Sohn in derselben Nacht und in derselben Stadt starb wie Rey Asenju. Beide Jungs hingeschlachtet zur Unterhaltung finanzstarker Krimineller und über den Tod hinaus noch vorgeführt und für immer entehrt. Der Vater von Sorin Agca hatte sich bei einer Wanderung in den Karpaten in eine Schlucht gestürzt. Villeneuf war überzeugt, dass es Selbstmord war, denn Sorins Vater war ein geübter und überaus geschätzter Bergsteiger. Auch wegen der Trauer dieses Mannes empfand er ansatzweise Mitleid. Dachte er zumindest. Das Leid dieser Menschen war der zu erwartende Kollateralschaden seines Plans und während der ebenso öffentliche wie auch elende Tod der beiden jungen Influencer aus Rumänien und Moldawien durchaus vergnüglich war, vermittelte der Freitod der Mutter von Rey und des Vaters von Sorin eine bittersüße Schwere. Was ihn überraschend hart traf, war der Doppelselbstmord der beiden kolumbianischen Jungs, Ricardo und Jhonier. Villeneuf hatte sich über das weitere Leben der beiden jungen Männer keine großen Gedanken gemacht. Er sah ihre Aufgabe als erfüllt, nachdem sie Sorin Agca ermordet hatten. Er hatte sie zwar noch in die Wohnung des ermordeten Otto Feinberg geschickt, um die Computerhardware zu sichern, aber dabei waren sie von der Polizei verhaftet worden, was ihm nicht ganz ungelegen kam; so musste er nicht selbst die verschlüsselten Scripte starten und eine mögliche Spur zu sich selbst legen, sondern konnte das der IT-Forensik der Kriminalpolizei von Las Palmas überlassen, die mit Anlauf in seine improvisierte Falle hüpfte. Die darauffolgenden Ereignisse und Verwerfungen auf Gran Canaria warn zwar nicht eingeplant; hier war nur ein Bruchteil der Gewalt aus Mexiko und Kolumbien auf die Inselgruppe auf der anderen Seite des Atlantiks übergeschwappt.

Ricardo und Jhonier. Schade um die beiden Kolumbianer.

Über Villeneuf drehte sich der Sternenhimmel in göttlicher Langsamkeit. Etwas am Tod der Jungs irritierte ihn. Nicht, dass sie so konsequent waren, und gemeinsam Selbstmord verübten, der an Dramatik nichts zu wünschen übrigließ. Dazu noch in Polizeigewahrsam. Es war etwas, das vielleicht durch den Tod der Jungs ausgelöst werden könnte, und Max Villeneuf ließ es bleiben, darüber nachzudenken. Ihm fiel nur das erste Buch der Könige ein: *Gott spricht in einem sanften Säuseln.* Und vielleicht hat mit dem Selbstmord der beiden Kolumbianer ein hauchfeines Murmeln begonnen, das biblische sanfte Säuseln Gottes? Kein Erdbeben, kein brüllendes Feuer. Der sanfte Wind, der aus der Wüste herüberweht.

Und dann war da noch Elias. Dem er viel über sich mitgeteilt hatte, als er sich in der Finca auf Gran Canaria dessen Vertrauen erschlich. Das Wesentlichste aber hatte er ausgespart, weil er nicht genau wusste, wie er den Umstand verarbeiten sollte, dass ihn die Realität von Elias Mataanoui zutiefst erschüttert hatte, und ebendiese Erschütterung noch immer nachwirkte. Bevor er Elias mehr oder weniger durch Zufall im Internet gefunden und sofort gewusst hatte, dass er das ideale Opfer für den Plan war, Mittelamerika zu destabilisieren, hatte er von ihm geträumt. Mehr als das. Er hatte eine Vision von ihm gehabt, die ihn bewegt hatte. Angst, Begehren, vielleicht sogar ein pastellfarbener Hauch Liebe.

Villeneuf verschränkte die Finger ineinander und ließ sie knacken, beugte sich vor, klappte das Notebook auf und las seine Notizen: »Nun, was haben wir denn hier? Es wird Zeit, Europa zu härten.«

Dritter Brief

Hi Stefan!
Sie haben mir noch mehr erzählt, Alter. Sie sprachen schnell und leise auf mich ein, von links und rechts wie Souffleure, als sie mich zuerst zur Fahrauskunft, dann zum Ticketschalter und am Ende zum Bahnsteig begleiteten. Als ob sie sichergehen wollten, dass ich auch wirklich einsteige und diese verrückte Reise fortsetze.

Die Männer gehen mir nicht aus dem Kopf, und nur, wenn ich es mir erlaube, an Angelo zu denken, verblassen sie wie Figuren im Nebel.

Wir haben den Nebel gemocht, Du und ich, ja, das haben wir – erinnerst Du Dich? Herbst war mehr unser Ding als der Sommer. Vielleicht, weil uns damals schon das Training wichtiger war als das Posen im Sommer in den Bädern und dort, wo sich die angesagten Kids aufhielten. Wir im Schafbergbad – ha!

Die Männer gehen mir nicht aus dem Kopf, weil sie so viel Würde ausstrahlten. Mein Vater sagte einmal zu mir: Würde ist die Fähigkeit, im Schmerz immer leichter zu werden. Würde hat, wer andere nicht mit seinem Kummer belastet. Manche Menschen, meinte Paps, hören bis ins hohe Alter nicht auf, quengelige Kinder zu sein. Sie werden immer schwerer.

Okay, ja. Sie haben mich mit ihrem Schmerz konfrontiert, aber nicht belastet; sie haben ihn nicht auf mich abgeladen. Und doch denke ich, ja fix, sie haben einen Teil auf mich abgeladen, in dem sie mir mehr als deutlich machten, wie meine Reise weitergehen soll. Sie haben mir gesagt, ich soll in Tanger in die große Stadtbibliothek gehen und dort im Archiv nach Vorfällen vom Oktober 1985 suchen und nach einem Vorfall vom April dieses Jahres. Also vor knapp einem Monat muss in Namibia irgendetwas vorgefallen sein, das vielleicht mit Le Fantom zu tun hat. Ich erinnere mich an irgendetwas in den Nachrichten, bin aber nicht sicher …

Ich sitze jetzt im Zug nach Tarifa, das südlichste Kaff Spaniens – und ein ziemlich wichtiger Hafen.

Bist Du schon in Nigeria? Wahrscheinlich nicht. Ich habe das Gefühl für Zeit verloren, weißt Du? Momentan befinde ich mich in einer Art von … Gleichzeitigkeit, die ich nicht unangenehm finde. Gleichzeitigkeit trifft es nicht so, wie ich es meine. Scheint mir eher so, als ob sich mein Zeitkorridor verengt, was war, und was ist, rückt immer näher zusammen. So wie alles bei immer höherer Geschwindigkeit enger zusammenrückt – bis auf einen Punkt.

Kurz bevor ich begonnen habe, diesen Brief an Dich in mein Notizbuch zu schreiben, wachte ich aus einem Traum auf, der schrecklich war. Es war mehr eine Erinnerung als ein Traum. Oder es fühlte sich wie eine Erinnerung in einem Traum an – ganz komisch. Ich träumte von der Vergewaltigung in der Finca. Ich spürte, dass ich schreckliche Angst hatte, aber mir schien, als sei es die Angst von jemand anderem. Von jemandem, der mir nahesteht, aber doch nicht so nahe, dass sich seine Angst auf mich ausdehnt. Dann lag ich auf dem Bauch auf dem Tisch und spürte, wie etwas Lauwarmes auf meinen Rücken und Hinterkopf pritschelte und ich dachte zuerst, oh Gott, die pissen mich an, aber dann roch ich, was es war, und … Alter, Pisse war es definitiv nicht.

Rey hatte dauernd davon geredet, sie würden mich schlachten wie ein Vieh, wenn sie genug von mir haben, und ich glaubte ihm das, weil er so besessen war von dieser Idee und weil sein Kiefer so mahlte, weil er komplett dicht war vom Kokain und Alkohol. Auch Otto flüsterte dauernd in mein Ohr, als er mich … er flüsterte dauernd davon, welche Szenarien ihnen vorschwebten und er raunte, als er sich aus mir zurückzog und mit tropfendem Schwanz zurück zur Couch ging: »Warum zünden wir das fette Schwein nicht einfach an?«

Das war die Erinnerung, verstehst Du? Die Flüssigkeit auf meinem Rücken, die meine Haare nässte und mir über den Rücken und über den Arsch lief … Im Traum war ich so zweigeteilt. Der eine Teil, der Todesangst hatte, weil das einfach nur so gewesen sein konnte, und ich, der Träumer außerhalb dieser schrecklichen Vision, als Empfänger dieser Angst. Es ist schwer zu beschreiben.

Sie konnten mich nicht mit Benzin übergossen haben, weißt Du? Denn als ich wie eine irre Katze entwischte, hatte ich keine Erinnerungen mehr an das Benzin und als Max mich rettete (ja hahaha – witzig!), war da auch nichts von wegen Benzin oder Petroleum. Ich hatte die Brandwunde auf dem Rücken, weil einer (ich denke, Otto) seine Zigarette ausgedrückt hatte, und ich hatte die Hämatome und die Brandwunden auf den Brustwarzen, aber kein Benzin, kein Petroleum oder sonst irgendetwas auf der Haut und in den Haaren.

Ich fahre nach Tarifa, um von dort nach Marokko überzusetzen. Ich werde eine Fähre nehmen und wenn ich drüben bin, werde ich entscheiden, ob und wie ich weitermachen will. Wahrscheinlich werde ich weiterreisen, weil ich meine Träume bereinigen muss. Weil ich das mit Dir verdauen muss, Bro.

Das tut noch immer weh. Ich habe unsagbare Angst davor, dass Du auf Deine Art eine größere Wunde in mich geschlagen hast als Max und seine Folterfreunde. Liebe kann das, denke ich. Ich weiß, dass Du mich liebst und ich weiß, dass ich Dich liebe, Stef. Ohne Netz und doppelten Boden.

Das Rad der Zeit ein Stück zurückdrehen. Dürfen wir so? September 2025 würde voll genügen. Wir am Kahlenberg, auf dem 100-Tage-Sommer-Event. Da gab es diesen Moment, als wir mit unseren Gläsern zur unteren Terrasse gingen und über die Weinberge hinunterschauten auf Wien, das vor uns lag wie ein glänzendes, strahlendes Juwel und wo wir schwiegen, und uns verblüfft von der Seite ansahen und dann einfach nur lächelten, weil alles gut war.

Alles und jedes war gut. Solche Momente sind kurz, aber sie haben Kraft, Du weißt das.

Die beiden Männer von Atocha sind Väter von Jungs, die zuerst zu Verbrechern gemacht wurden – und ich denke, man kann Menschen zu Verbrechern machen. Dann nahmen sich die Jungs das Leben im Gefängnis, weil sie mit der Schande und Last nicht leben konnten und wollten. Und nun irren ihre Väter herum und suchen nach dem Täter oder nach einem, der ihnen die Suche abnimmt. Sie haben mich gefunden. Ich möchte Dir die Wahrheit sagen, Stefan – weil ich Dich liebe. Ich habe keine Angst mehr. Mein Universum scheint erfüllt mit Gleichgültigkeit, und nur am Horizont sehe ich tiefhängende Wolken voller Blitze. Ich fühle keine Schande mehr, weil ich gefickt wurde, wie ein Mädchen, und dabei vor Todesangst weinte – und vor Schmerzen und Beschämung. Ich empfinde keinen verletzten Stolz mehr. Was ich fühle, ist fast Stoizismus. Und das Fundament dieses Gefühls ist weiß glühende Wut.

Ich werde Dir wieder schreiben, meine Bestie. Das werde ich.

Eli

PS: Das Netz der alten Leute

Das erzählten sie mir, als sie mich in die Mitte nahmen, wie einen Gefangenen und zum Bahnsteig begleiteten: Sie sagten: Es gibt überall auf der Welt diese kleinen Gruppen alter Leute, Frauen und Männer, die weit unterhalb von Politik oder Ideologie so etwas wie *Altvordere* sind. Leute, deren Autorität unzweifelhaft, aber auch schwer zu fassen ist. Sie schlichten Streit, hören zu, nicken und kochen nebenher Tee. So Typen wie die alte Frau, das Orakel in *Matrix*. Es gibt sie überall, wahrscheinlich auch in Wien und am Land und in Salzburg, überall in Europa und in der ganzen Welt.

Und frei nach der Maxime, dass jeder Mensch jeden über drei Personen kennt, dürfte es ein locker geflochtenes Netz geben, das die ganze Welt umspannt. Es sind kleine Gruppen von alltäglichen Leuten, die einfach schon immer da waren, verstehst Du? Die vor allen anderen da waren und die geografisch und gesellschaftlich so etwas wie einen Ankerplatz in der Gemeinschaft geschaffen haben; Leute, denen man alles erzählt, in stürmischen, trunkenen Nächten. All das, was man keinem Bürgermeister, Gemeinderat, Pfarrer oder Polizisten erzählt – warum?

Weil man weiß, dass die Geschichten vielleicht genügend Substanz für eine Nacht haben, genug, um darüber zu reden. Aber auch nicht mehr.

Es sind nur Geschichten. Aber sie machen die Runde und auf den Fäden der Netze zwischen diesen Altherrenrunden gelangen diese Legenden von Ort zu Ort und werden angereichert, bestätigt, verworfen, was auch immer.

Diese alten Leute, die überall in der Welt für ihre Gemeinschaften, weit unterhalb der offiziellen Wahrnehmung einen Ankerplatz geschaffen haben, die funktionieren als Filter und Verstärker. Und sie wissen von Le Fantom. Sie kennen sein Wirken und sie vermuten, dass Le Fantom nicht nur eine Person ist, sondern eine Institution. Vielleicht sogar seit Jahrhunderten, oder länger.

Sie wissen, sagten mir die kolumbianischen Männer, als sie mich beim Zug verabschiedeten, dass er die Welt brennen sehen will und sich seine Lust zur bösen Tat und die Wirkung dessen, was er anrichtet, gegenseitig bedingen. Offenbar geht es nicht nur um reine Zerstörung. Hinter dem Zertrümmern von Leben und Gesellschaften, Hoffnungen und Träume, liegt ein unbekanntes Land, das darauf wartet, freigelegt zu werden. Sie bezeichnen es als *Resiliencia.* Widerstand. Darüber werde ich noch nachdenken müssen, denn ganz geheuer ist mir das nicht.

Weißt Du, was so arg ist? Diese Netzwerke der alten Leute, ich weiß nicht, wie ich sie sonst nennen soll, die wissen zum Beispiel, dass der Vater von Sorin Agca zwei Wochen, nachdem die Ermordung seines Sohnes ins Internet gestreamt wurde, bei einer Wanderung in eine Schlucht gestürzt, und dabei ums Leben gekommen ist. Dass die alleinstehende Mutter von Rey Asenju, eine abgetakelte Schauspielerin des Stadttheaters von Chişinău, in ihrer großen Wohnung, wo sie mit ihrem Sohn gelebt hatte, sich zu Tode getrunken hatte, nachdem sie das Video gesehen hatte, auf dem zu sehen ist, wie Rey mit Säure ermordet wurde, draußen auf diesen Wellenbrecher in Las Palmas.

Sie wissen davon. Sie wissen so viel. Und sie teilen ihr Wissen. Und jetzt kommts, das ist etwas, das ich erst verarbeiten muss. Sie meinen, dass im Laufe der vielen Jahre, in denen Le Fantom wirkt, überall auf der Welt Kämpfe ausgelöst wurden, Revolutionen, Aufbegehren, finanzieller Ruin. Im Auge des Sturms liegt ein afrikanisches Land: Namibia. Dort ist es still und deshalb meinen sie, dass dort das Nest ist. Wohin sich Le Fantom zurückzieht, wenn er neue Vernichtungen ausbrütet. Es ist alles so irre, es ist alles *too much*. Sie wissen nicht, wo in Namibia er sich herumtreiben könnte, aber sie haben irgendwie zu der Erkenntnis gefunden, dass es dort – was sein Wirken betrifft – windstill ist.

Und deswegen gehe ich da jetzt hin. Als der Zug sich in Bewegung setzte, stand ich am Gang und schob das Fenster nach unten und rief ihnen zu: »Und wie soll ich ihn finden? Er kann sich überall verstecken, einfach überall! Sie wissen, was er ist!«

Und der eine antwortete mir: »Er versteckt sich, indem er sich *nicht* versteckt. Er wird so öffentlich leben wie möglich. Um von der Welt nicht gesehen zu werden als das, was er ist. Du hast einen Vorteil, junger Freund!«

»Welchen?«, rief ich.

»Du hast ihn überlebt und weißt, wie er ist, wenn er anders ist. Ohne Maske!«

Ein Ärgernis am Wegesrand

Mai 2026

Sex, dachte Max Villeneuf. *Es ist immer der Sex, es sind immer die Drogen, es ist immer das geheime Leben. Damit kriegt man sie alle, alle, alle. Die Moralisten, die Staatsmänner. Die Braven und Ordentlichen, die Keuschen und die Prediger. Nahezu ausnahmslos alle bekommt man in seine Gewalt, in dem man ihnen in Aussicht stellt, ihre Sucht nach dem Unmöglichen stillen zu können – absolut diskret. Drogen, die auf ihrem Weg keine Spuren hinterlassen, Geldflüsse, die, nachdem sie ihr Ziel erreicht haben, spurlos versanden? Kein Problem. Ein hübsches balinesisches Mädchen, dem man die Brustwarzen abschneiden kann und die nach dem Vergnügen entsorgt wird? Ich bitte Sie, kein Problem. Einen drogensüchtigen, kolumbianischen Strichjungen, ganz sicher nicht älter als sechzehn Jahre, der vor keiner Perversion zurückschreckt, in den Vatikan bringen? Schon erledigt. Lukullische Partys in Brüssel mit hochrangigen Politikern aus ganz Europa und Mädchen und Jungen im tagelangen Sex- und Drogenrausch? Natürlich garantieren wir absolute Diskretion.*

Villeneuf lächelte.

Ja klar. Zumindest so lange, bis der Vorhang gelüftet, und die Ernte eingefahren wird. Das ist das Schicksal des Bühnenvorhangs. Er ist da, um aufgezogen zu werden.

All diese Dienstleistungen hatte er in den letzten zwanzig Jahren überall in Europa angeboten, während er die Coups in Kanada, Schweden, Frankreich, Kolumbien, Mexiko und Estland geplant hatte. Manche davon waren bis jetzt nicht … explodiert. Estland hatte sich wie gewünscht entwickelt und die sozial-bürgerliche Brandwunde vom nördlichen Kolumbien bis an die Südgrenze der USA heilte auch so, wie geplant. Selbstverständlich hatte er sich an das Diskretionsgebot gehalten und war auch nicht zimperlich gewesen, es durchzusetzen. Zum Beispiel gegen freiberufliche Mitarbeiter, die sich unerlaubt ein Stück des Kuchens sichern wollten. Für solche Zwecke hatte er ein bewährtes Zweimann-Team aus den USA, das er gelegentlich mit Bereinigungen beauftragte. Ehemalige Verhörspezialisten, die unehrenhaft entlassen worden waren, nachdem ihren Vorgesetzten allzu deutlich vor Augen geführt worden war, mit wie viel Freude sie ihre Verhöre verfeinerten, zelebrierten und durchführten. Sie waren nicht nur ausgezeichnet darin, jeden alles gestehen zu lassen, sondern auch darin, Spuren zu suchen, Menschen aufzustöbern und sie wirklich vollkommen spurlos verschwinden zu lassen. Überdies stammten beide aus uralten, englischen Adelsgeschlechtern und hatten ihre überaus teure Schulbildung in privaten Internaten Englands erhalten, wo sie sich eine überaus gestelzte Art angewöhnt hatten, die im krassen Widerspruch zu ihrer Blutgier stand.

Villeneuf saß am Tisch vor seinem kleinen Bungalow im Schatten der schief stehenden, dicht wachsenden Palmen am nördlichen Ende der Hammerstein-Lodge und betrachtete erneut das Diagramm, das zeigte, in welcher Reihenfolge welche Informationen an wen geleitet werden würden, sobald er den Knopf drückte. Cloud-Services, KI und digitale Signaturen waren etwas Wundervolles.

Kiki kam über den Rasen auf ihn zu. Diesmal ohne sein typisches schiefes Lächeln, sondern mit einer fast ernsten Miene: »Chef«, sagte er etwas atemlos. »Beim Empfang sind zwei Herrschaften, die wollen zu Ihnen. Und mit Verlaub, mir sind die unheimlich.«

»Groß, muskulös, gepflegt gekleidet?«

»Ja Chef, genau so.«

»Begleite sie bitte zu mir. Das sind Spezialisten für internationale Geschäfte. Die sehen nur so wild aus. Sind liebe Leute. Liebe, gute Freunde. Keine Sorge, die beißen nicht.«

Das *sagte* er zu Kiki. Als sein junger Geschäftsführer zum Haupthaus zurücklief, dachte er: *Oh, sie würden dich beißen, mein hübscher Kiki. Und sie würden jeden deiner Schmerzensschreie genießen wie dunklen, süßen Honig.*

Villeneuf betrachtete das Diagramm auf seinem aufgeklappten Notebook. Es war fertig, alle offenen Aufgaben waren abgearbeitet, alle Informationen positioniert. Alle Verbindungsleute in Stellung gebracht. Der erste Juni 2026 würde den Freitag, den Dreizehnten, als Unglückstag ablösen.

Am Tag, bevor sich Kiki an ihn gewandt hatte, weil er zehn Tage frei brauchte, um sein Mädchen auf der Reise von Francistown nach Windhoek zu begleiten, hatte er herausgefunden, dass Elias Mataanoui sich in Tarifa aufhielt. Zuvor war er in Paris und in Madrid gewesen; für Villeneuf war es eine Fingerübung, der Spur von Kartenzahlungen zu folgen. Mataanoui müsste das wissen, und dennoch zahlte er mit Kreditkarte. Das war seltsam. Wenn nicht sogar neckisch.

Obwohl er für ihn keine strategische Rolle mehr spielte und sein Interesse an dem attraktiven Burschen rein privater Natur war, hielt er sich über dessen Reisen und Bewegungen gern auf dem neuesten Stand. Villeneuf wusste durch bezahlte Beobachter in Wien, dass Mataanoui und Talha Kareem nach den Ereignissen in Estland ein Paar geworden waren. Sie hatten, seitdem sie sich kannten, ihre latente Homosexualität und gegenseitige Gravitation als *Bromance* verklärt, um nicht darüber nachdenken zu müssen. Gut, vielleicht waren beide bisexuell, das änderte jedoch nichts an der Tatsache, dass die Art und Weise, wie Villeneuf sein Wirken plante und auslegte, auch bis in die Beziehungen zwischen zwei Menschen hinein funktionierte.

Wenn Villeneuf sich die Route vergegenwärtigte, die Mataanoui genommen hatte, um nach Tarifa zu kommen, wurde deutlich, was sein Ziel war. Und in dieser Phase seines letzten Coups konnte Le Fantom keine Irritation brauchen.

Da kam Kiki mit den beiden Herrschaften. Sie waren nicht wirklich groß, aber sie wirkten so. Es lag an ihrer Haltung und an der absoluten Selbstsicherheit, mit der die beiden Männer auftraten. Sie waren gepflegt, gut rasiert, rochen nach teuren Parfums. Die Kleidung saß tadellos und ließ erkennen, dass die Masse darunter nicht Fett war, sondern Muskeln über Muskeln. Sie nahmen mit einer angedeuteten Verbeugung ihm gegenüber auf der Holzbank Platz und falteten die Hände auf dem Tisch. So saßen sie da wie brave, lernwillige Schüler. Kiki blinzelte ein wenig beunruhigt Villeneuf zu, der das aus dem Augenwinkel sah und ihm mit einer Handbewegung erlaubte, sich zu entfernen. »Sag doch bitte Lizbet, sie soll schwarzen Eistee mit Honig und Minze bringen. Drei große Gläser. Und du sorgst bitte für die Einbuchungen der Gefrierware.«

»Jawohl, Massa!«, sagte Kiki, der sich diese kleine Frechheit wieder nicht verkneifen konnte, drehte am Stand um und eilte davon.

Villeneuf wandte seine Aufmerksamkeit nun seinen Gästen zu: »Meine Herren, ich hoffe, sie hatten nach ihrem Auftrag auf Gran Canaria vergnügliche Tage?«

Der größere der beiden Männer nickte nachdenklich und sagte versonnen: »Der Auftrag, ja, der war sehr interessant. Wie sagt man, das Angenehme mit dem Nützlichen verbinden. Da wird aus jeder schweren Arbeit ein Fest.«

Sein Begleiter nickte und ergänzte: »Wir wären gern noch ein paar Tage geblieben, um mitzuerleben, wie ihr Plan seine Wirkung entfaltete, aber leider hatten wir einen Folgeauftrag in Kapstadt. Wir blieben dann noch eine Weile als Reisende in der Gegend. Deshalb konnten wir erfreulicherweise so rasch ihrem Ruf folgen, verehrter Freund.«

»Kapstadt? Sollte ich etwas darüber wissen? Berührt es meine Pläne?«

Die beiden Männer schüttelten synchron die Köpfe und der Rechte sagte: »Einige Unstimmigkeiten bei einem Immobiliengeschäft. Ein Großauftrag über einen Gebäudekomplex am Stadtrand. Der eine Konkurrent wollte den anderen dazu bewegen, seine Bewerbung für das Projekt zurückzuziehen. Wir wurden damit betraut, dem Konkurrenten die Entscheidung so leicht wie möglich zu machen.«

»Wie haben Sie *das* nur wieder hinbekommen?« Er wusste genau, in welchem Metier die beiden Männer arbeiteten und wie sie Menschen davon überzeugten, sich so zu entscheiden, wie es verlangt wurde, und sie gingen stets mit dem Feuereifer bitterböser Kinder ans Werk. Er wusste, was und wie sie es taten, aber er wollte es von ihnen hören. Sie waren beide fast poetisch, wenn sie von ihrem grausigen Handwerk berichten durften.

»Der Bauherr, um den es geht, hat eine Frau und zwei Kinder, einen Jungen und ein Mädchen, zwölf und vierzehn Jahre alt. Wir haben uns eingehend mit den Kindern befasst. Sie werden die zweitägige Behandlung wohl überleben, aber nicht unversehrt. Das Mädchen wird keine Kinder gebären können und der Junge wird keine Kinder zeugen können, das steht schon mal fest. Der unliebsame Konkurrent hat heute Morgen das Video mit den Torturen erhalten und, wie wir erfahren konnten, hat er seine Bewerbung um das Projekt zurückgezogen. Seine arme Frau musste nach Sichtung des Videos ärztliche Hilfe in Anspruch nehmen.«

Er lächelte.

»Gut«, sagte Villeneuf. »Ich habe sie ersucht, meine verehrten Freunde, mich hier zu besuchen, weil sich ein kleines Ärgernis am Wegesrand ergeben hat. Ah, da kommt der Eistee!«

Lizbet, ein sehr junges, schwarzes Mädchen mit bunten Haaren und dem Gesicht eines Topmodels, stellte schüchtern lächelnd die Gläser ab und verschwand, so schnell sie konnte. Der Rechte der beiden sah ihr nach und murmelte: »Hier wird es wohl keinen Anlass geben, tätig zu werden?«

Villeneuf lächelte frostig. »Das Personal befindet sich außerhalb aller Begehrlichkeiten. Ich hoffe, ich habe das unmissverständlich klargemacht.«

Der Linke hob rasch beide Hände beschwichtigend und sagte sehr leise: »Selbstverständlich. Womit können wir behilflich sein?«

Villeneuf klappte eine schmale Mappe auf, die links neben seinem Notebook lag und nahm ein Foto heraus. Der Mann nickte und sagte: »Ach *der*. Erstaunlich, dass er noch lebt.«

Villeneuf erwiderte: »Meiner letzten Information nach befand er sich gestern noch in Tarifa. Ich bin sicher, dass er mit der Fähre nach Tanger fuhr und sich jetzt in der Stadt aufhält. Ich bin nicht hundertprozentig sicher, ob er weiß, wo ich bin, und ich bin auch nicht davon überzeugt, dass er in Afrika ist, um mich zu suchen. Für den Fall jedoch, dass er ein ungesundes Interesse entwickelt hat, sich mit mir anzulegen, möchte ich doch präventiv handeln. Darum ersuche ich sie, verehrte Freunde, nach Tanger zu fliegen, und zwar noch heute vom Flughafen *Hosea Kukato* in Windhoek. Mein Jet steht dort mit einem Piloten bereit, die Formalitäten habe ich soeben erledigt. Bitte finden Sie Mataanoui und erledigen Sie dieses Ärgernis. Und zwar ein für alle Mal. Ich beauftrage sie nicht, dies qualvoll zu tun, aber wenn sie Lust haben, sich mit ihm etwas länger zu befassen, werde ich keinen Einspruch erheben.«

Der rechte Mann lächelte seinen Partner freudig an, als ob sie erfahren hätten, dass der Weihnachtsmann genau die Geschenke bringt, die sie sich so sehnlich gewünscht hatten.

»Das ist ja ein famoser Auftrag, mein lieber, guter Freund. Ganz famos. Wie der Zufall es will, haben wir seit vielen Jahren am Stadtrand von Tanger eine kleine Lagerhalle, wo wir …«

»Keine Details. Genießen Sie den Eistee, meine Freunde. Und sobald das Ärgernis beseitigt ist, möchte ich einen Abschlussbericht. Wie immer. Das Honorar wird wie gewohnt überwiesen.«

Die Wüste und die Nacht

September 1985
Als Henriques für ein paar Atemzüge aus der Ohnmacht erwachte und sich vollkommen desorientiert fühlte, aber auch frei von Angst, sah er den Sternenhimmel in verschwenderischer Klarheit und Pracht. Schön, dachte er. So schön. Der Mond stand weiß und kalt über einer mächtigen Düne, die graublau und dunkelblau leuchtete. Ihr samtig glatter Rücken zeichnete sich vor dem Sternenhimmel deutlich ab. Er wollte den Kopf heben, um sich umzusehen, aber er war gelähmt. Er konnte nicht einmal die Augenlider bewegen, und sein Wachwerden war kein Augenöffnen. Seine Augen brannten, weil die Netzhaut trocken war. Das schmerzte.

War aber auch irgendwie unheimlich. Der Himmel ist auf und ab und auf und ab … Als Henriques bewusst wurde, dass nicht der Himmel auf und ab wippte, sondern er auf einem Gestell lag, und er getragen wurde, taumelte sein Bewusstsein schon wieder in das warme Dunkel hinter der letzten aller Dünen.

Nikandor ging es ähnlich. Er kam auf der seltsamen Reise durch die namibische Nacht zweimal zu sich, fühlte ebenso den brennenden Schmerz in und unter den Augen, die Verwirrung, Desorientiertheit, aber auch die seltsame Gleichgültigkeit. Seltsam, weil er ahnte, dass er und die anderen in einer wirklich beunruhigenden Situation waren. Auch er sah den prachtvollen Nachthimmel und die sanften Linien der Dünen vor dem Sternenglanz und auch er sank wieder in die Ohnmacht, in einen Schlaf, der ihn umarmte wie eine Geliebte. Er wachte noch einmal kurz auf, da das Augenjucken sehr schmerzte. Er glitt aus der Ohnmacht in einen Zustand, in dem er meinte, etwas wahrnehmen zu können, und er sah, wie er mit den Füßen voran von mehreren jungen Männern in ein Loch im Wüstenboden gesenkt wurde. Er gab ein Stöhnen von sich und ein junges, schwarzes Gesicht eines jungen Himba, der hellbraune Augen hatte, schob sich in sein Blickfeld und lächelte ihn beruhigend an. Er hatte bereits die Haartracht des jungen Erwachsenen, der auf der Suche nach einer Frau war; einen mit Öl und roter Erde geformten, hohen Irokesen. Dann verschwand das Gesicht wieder und er spürte, wie jemand (wahrscheinlich der junge Himba) ihm die Augenlider schloss. Sehr behutsam, sehr zärtlich. Kurz wurde das Brennen auf den Augäpfeln noch schlimmer, dann ließ es schnell nach, und Nikandor ließ den Schlaf erneut über sich kommen, ohne sich zu wehren.

»Nikandor, hey Mann, wach auf. Mach schon!« Das klang unangenehm, dringend und eindringlich. Die Worte drangen in seinen Schlaf ein, wie ein Stoß kalter Luft in einen heimelig warmen Raum. Nikandor grübelte eine Sekunde lange, wem die Stimme gehörte, und erkannte schließlich, dass es der heisere Singsang von Henriques war. Die Stimme war so nahe, dass er die Wärme der Worte an seinem Ohr spürte. Gegen menschliche Nähe hatte Nikandor normalerweise nichts einzuwenden, weil er sie als etwas völlig Normales sah. Aber jetzt war die Nähe mit einem Gefühl der Verbindlichkeit verbunden und wirkte dringlich. Und wenn etwas drängt, dann ist das nie gut. Nebenbei erinnerte er sich daran, dass er kurz einmal aus der Ohnmacht, oder aus dem tiefen Schlaf erwacht war, als sie durch die Wüste transportiert wurden, und er erinnerte sich daran, wie sehr seine Augen gebrannt hatten, weil die Lähmung des Körpers so vollkommen war, dass er nicht einmal Kontrolle über die Augenlider hatte. Erst, als einer der Begleiter seine Lider vorsichtig schloss, fand er Dunkelheit und echten Schlaf. Er war nicht sicher, ob er geschlafen hatte oder ohnmächtig gewesen war. »Botho, hey! Wo bist du?«

»Bin hier, Nik, bin hier, aber ich habe keine Ahnung, wo wir sind!«

Durch die geschlossenen Lider nahm Nikandor einen sanften, weichen Schein wahr, der sich träge bewegte. Was ist das?

Jetzt hörte er ein Rasseln und Stampfen, einen langsamen Rhythmus, aber doch stark genug, um das schemenhafte Leuchten zu tragen, das er durch seine geschlossenen Lider wahrnahm. Er wollte die Hände vors Gesicht halten, um sich die Augen zu reiben, aber er konnte nicht.

»Wir sind gefesselt«, raunte ihm Henriques ins Ohr. »Spürst du es nicht?«

Nikandor nickte langsam und fühlte Nervosität in sich aufsteigen. »Doch«, antwortete er. »Ich spüre es. Hände und Beine und … ich habe einen Strick um den Hals. Was ist hier los?«

Er unterdrückte ein zitterndes Seufzen und als er mit großer Anstrengung blinzeln wollte, spürte er ein feuchtes Tuch. Jemand wischte mit einem duftenden Tuch über sein Gesicht und reinigte es und säuberte behutsam die Augenlider vom Sand. »Jetzt kannst du«, raunte eine jugendliche Stimme.

Nikandor öffnete die Augen und wusste nicht, was er sah. Er verstand nicht, was er sah und er wusste: Verstünde er es, könnte er es niemandem beschreiben. Botho lag nun links neben Nikandor und berührte ihn mit seiner Schulter. »Wir müssen hier weg. Die haben irgendetwas vor, und ich will nicht wissen, was«, raunte er ihm ins Ohr.

Das Glitzern, das Nikandor über sich zuerst für den Nachthimmel gehalten hatte, erwies sich als Höhlendecke, in der Quarze oder andere, glitzernde Steine eingeschlossen waren. Sie schimmerten und funkelten im Schein der Fackeln, die von sieben jungen Männern getragen wurden, die durch ihre abgestimmten Tanzschritte den Rhythmus erzeugten, den Nikandor gehört hatte. Sie bewegten sich im Kreis um einen Körper und Botho flüsterte: »Dort liegt Villeneuf. Er ist hinüber, aber er war schon mal kurz wach und … Die haben ihm Funkelstaub ins Gesicht geblasen – so wie uns, als sie uns in der Lodge überwältigten.«

Das war das Wort, das in Nikandor die Alarmsirenen weckte: *Überwältigt.* Sie waren überwältigt worden, denn gewaltfrei hin oder her, keiner von ihnen war gefragt worden, ob er diese Reise wirklich mitmachen will, und selbst wenn es eine Frage an sie gegeben hätte – die Antwort hatten sie nicht abgewartet, oder? Funkelstaub, was für ein hübsches Wort, dachte er lächelnd. Dann wurde sein Gesicht wieder ernst und er reckte den Hals, um sich umzusehen. Er und die anderen Begleiter der seltsamen Expedition lagen in einer Reihe auf einer Erhöhung in einer Höhle, deren Größe schwer abzuschätzen war, da hinter dem Schein von Hunderten Fackeln bewegliche Dunkelheit herrschte. Etwa zehn Meter weiter entfernt und eineinhalb Meter tiefer lag Max Villeneuf auf dem Rücken. Seine Hände waren auf der Brust gefaltet und es sah so aus, als ob er blicklos ins Höhlengewölbe starrte.

Nikandor sah dem jungen Himba, der sein Gesicht mit dem feuchten Tuch gereinigt hatte, dankbar an und fühlte sich beruhigt, als der Junge sein Lächeln mit einem Grinsen erwiderte und neckisch zwinkerte.

Das änderte aber nichts an der Irritation, in einer Höhle gefesselt auf dem Boden zu liegen.

In einer Höhle.

Wo bitte, *waren* sie?

Im Sperrgebiet südlich der Hafenstadt Lüderitz? Das war zu weit weg. *Viel* zu weit weg, oder? Mit dem Auto wäre das in rund fünf Stunden, zu Fuß in etwa vier Tagen zu machen, wenn man ein gutes Tempo einhalten konnte. Nein, das Küstengebiet mit den stillgelegten Diamantenminen zwischen Lüderitz und Affenrücken war zu weit weg, um sie alle in gefühlt kurzer Zeit dorthin zu bringen. Und dann erinnerte sich Nikandor an die blutüberströmten Leichen der Männer, die die

Farm betrieben hatten. Der Besitzer, die zwei Arbeiter und ein vierter Mann … Alle tot. Abgeschlachtet und wie Vieh auf einen Haufen geworfen, der blutgetränkt war.

Vielleicht hatte man sie mit Jeeps oder Pritschenwagen transportiert, aber Nikandor hatte nicht das Gefühl, dass so viel Zeit vergangen war. Für diese Annahme hatte er keine Anhaltspunkte, nicht mehr als sein Zeitgefühl, sein Gefühl dafür, wie lange etwas dauern konnte oder durfte. Er war davon überzeugt, dass draußen, außerhalb der Höhle, jetzt der Morgen dämmerte.

Henriques raunte ihm ins Ohr: »Villeneuf wacht auf.«

Der junge Himba, der eben noch Nikandors Gesicht mit einem duftenden Tuch gereinigt hatte, war jetzt bei den Männern, die um Villeneuf im Kreis standen, drängte sich zwischen zwei von ihnen durch zu dem auf dem Boden liegenden Mann, hockte sich auf die Knie und reinigte Villeneufs Gesicht und streichelte seine Haare. Die Zärtlichkeit hatte nichts Erotisches, sondern war rituell und zielstrebig wie eine Waschung. Nikandor schien, dass es heller wurde. Ja, da. Rechts von der Stelle, wo Villeneuf im Kreis der Männer lag, war ein Steinsockel, auf dem etwas lag. Und dieser Steinsockel wurde von oben indirekt beleuchtet. Nikandor konnte keine Lichtquelle ausmachen und murmelte fassungslos: »Hat er es gefunden? Sein Monument?«

Hinter ihm raunte eine unbekannte Stimme, die klang, als ob Sand über Stein wehte: »Das hat er. Und ihr habt die Ehre, seine Bürgen zu sein, wenn er dem Totem gegenübertritt.«

Nikandor verdrehte den Nacken und sah hinter sich. Da war ein Mann, der älter aussah als die Wüste, älter als die Zeit. Sein Lächeln war in dem Netz aus Furchen und Falten kaum zu erkennen, doch Nikandor fand, dass es gütig war.

Und Mann, hatte der alte Kerl gute Zähne! Er streichelte Nikandors kurz geschnittenes, krauses Haar und murmelte: »Ja, ihr werdet gute Bürgen sein, das sehe ich! Ganz, ganz wunderbar.«

TEIL 2: AFRIKA

Wenn die Verzweiflung über die Welt in mir wächst
und ich in der Nacht beim geringsten Geräusch erwache
in der Angst, wie mein Leben sein wird
gehe ich und lege mich hin, wo der Erpel
in seiner Schönheit auf dem Wasser ruht und der große Reiher frisst.
Ich finde den Frieden der wilden Dinge
die ihr Leben nicht mit dem Gedanken an Kummer belasten
Ich ruhe in die Gegenwart des stillen Wassers
Und ich fühle über mir die tagblinden Sterne
die auf ihr Licht warten
Eine Zeit lang ruhe ich in der Gnade der Welt
und bin frei.

– *Wendell Berry*

Interzone

Mai 2026

Elias erwachte mit einem Sonntagsgefühl in einem Zimmer, das er nicht kannte und ohne zu wissen, in welchem Land er sich befand. Das Bettzeug war warm von seinem Schlaf und roch frisch nach Orangen und Minze. Durch die offene Glastür, die er vom Bett aus sah, als er die Augen öffnete und nach rechts blickte, dröhnte Straßenlärm, der von gurrenden Stimmen und Gelächter punktiert wurde. Möwen schrien in der Ferne. Für den Moment fühlte er sich so gut, wie schon seit Monaten nicht mehr. Ausgeschlafen, behaglich und mit sich selbst fast im Reinen. Als wäre die gestrige Fahrt mit der Fähre von Tarifa in Spanien nach Tanger in Marokko, ein Wendepunkt gewesen, der ihm einen Ausweg aus allem aufzeigte.

Da war er nämlich: In Tanger, Marokko, das er gestern Nacht gegen Viertel nach zehn Uhr erreichte, nach den Einreiseformalitäten am Hafen ein Taxi genommen hatte und sich in die Medina bringen ließ: »Irgendein kleines Hotel bitte. Sauber und preiswert, ich will nur noch schlafen«, hatte er müde lächelnd auf *Tamazight*[5] zum uralten und fröhlich kichernden Taxifahrer gesagt.

Noch war Elias zu sehr im Schlaf verfangen, um ernsthaft darüber nachzudenken, woraus er einen Ausweg suchte, wenn es überhaupt ein Ausweg war und nicht vielmehr eine Richtungsentscheidung.

Egal. Es fühlte sich gut an, nicht nur auf Reisen zu sein, sondern sich auch mit einem vagen Ziel vorwärtszubewegen. Dazu kam, dass ihm die Stadt gefiel, zumindest nach dem, was sie ihm bislang offenbart hatte. Die nächtliche Fahrt in dem kleinen blauen Taxi vom Hafen in die Medina war anregend gewesen, das pulsierende Leben rundherum holte ihn zumindest für die Dauer der recht kurzen Fahrt aus seiner Schläfrigkeit: Autoverkehr, Straßenhändler, offene Geschäfte im Neonlicht, die Schatten alter Gebäude vor dem Nachthimmel, der wie Rost leuchtete, die mit bunten Mosaiken verzierten Moscheen, Seitengassen, die von der Hauptstraße abgingen und sich in Dunkelheit auflösten.

Noch einmal streckte er sich im Bett aus, dann stand er mit einer einzigen, fließenden Bewegung auf und ging ins Bad, wo er seinen

---

[5] Berbersprache, die in Marokko als Amtssprache gesprochen wird

Toilettenbeutel deponiert hatte.

Jetzt erinnerte er sich, dass er nachts in einem kleinen Lokal essen war und an einem der Blechtische im Freien Pfefferminztee getrunken hatte, nachdem er im kleinen Hotel eingecheckt hatte. Das *Djaj Mhamer* war hervorragend und das Hähnchen war mit Koriander und Safran perfekt gewürzt.

Elias duschte und putzte sich die Zähne, machte eine Abfolge von Dehnungsübungen, bis er sich beweglich genug fühlte. Mit einem Handtuch um die Hüften setzte er sich an den kleinen Tisch neben der offenen Glastür, nahm das Notizbuch aus dem Rucksack, schlug es auf und dachte nach. Dann schrieb er:

Alles fühlt sich gut an, alles fühlt sich richtig an. So, als hätte ich nicht nur eine Richtung gefunden, in die ich gehen kann, sondern auch so, als hätte ich einen Ort gefunden, der sich einfach richtig anfühlt. Tanger ist Interzone, wie der Schriftsteller W. S. Burroughs anmerkte. Und als Interzone ist die Stadt ein Startpunkt oder ein Ziel, beides zugleich.

Was muss ich erledigen? Ich mache eine Liste, –

- *Bibliothek suchen*
- *Bahnhof suchen*
- *Noch Kleidung kaufen*
- *Strecke nach Süden planen*

Nach einer Minute schrieb er dazu:

- *Tanzen*

Er betrachtete das letzte Wort und lächelte. Er überlegte, wann er zum letzten Mal getanzt hatte, und als es ihm einfiel, verschwand sein Lächeln aus dem Gesicht wie die Sonne hinter einer Wolke. Zum letzten Mal hatte er auf der Party in der Finca auf Gran Canaria getanzt, kurz bevor die Droge wirkte und er bewegungsunfähig vor ihnen stand, und sie anfingen, ihn zu verprügeln.

Er hätte sich gern an eine andere Gelegenheit erinnert, zum Beispiel an den wilden Tanz mit Stefan vor zwei Jahren auf der Party auf der Donauinsel – *Hoch die Hände, Wochenende*! Das war an jenem Samstag, an dem sie den Werbevertrag für Nivea Men unterschrieben hatten.

Unter die Liste schrieb er:

Dann muss ich mir eine neue Erinnerung schaffen. Wenn ich das nächste Mal

dran denken will, wann ich zum letzten Mal getanzt habe, dann soll das eine Erinnerung an Bass und Licht und Glück sein.
Glück.

Das Wort schmiegte sich an ihn wie kühle Seide auf sommerheißer Haut. Am Tisch sitzend, halb im Licht, das durch die Balkontür fiel und halb im Schatten, schloss Elias die Augen und erinnerte sich daran, was Glück war. Es war das Wissen, dass Stefan da war. Seine Aufmerksamkeit, seine Umsicht, seine Fähigkeit, genau zu wissen, wann er Elias in die Arme nehmen musste, und wann Elias auch nur einen Hauch Bewegungsfreiheit brauchte. Glück, das war, wenn sie miteinander im Bett lagen und Stefan sich auf den rechten Ellbogen stützte und ihn mit einer Zärtlichkeit ansah, die irritierend war. Glück, das war, wenn sie beide spürten, dass ihre inneren und äußeren Wunden synchron heilten, dass sie die Medizin waren, die der andere brauchte. Die Rückkehr in einen heilsamen Alltag. Gemeinsam zu laufen. Im April hatten sie sich im FitInn angemeldet, um zu den Anfängen zurückzukehren – das war ein Grund. Nicht den anderen Influencern, die sie kannten, über den Weg zu laufen, war der andere.

Die Aufmerksamkeitsspanne der Social-Media-Welt war kurz. Niemand erkannte sie, doch erkannten viele in den beiden jungen Männern das Potenzial; die vollkommen natürliche Freude am Training. Nicht, um Muskeln aufzubauen oder um Kondition zu gewinnen, sondern allein wegen des sinnlichen Vergnügens, zu trainieren. Elias und Stefan hatten sich aus dem Automatismus befreit, zu jeder Sekunde *instagramable* sein zu müssen, und das war nicht nur eine Erleichterung, sondern intensivierte ihre Attraktivität auf andere, auf Männer und Frauen. Wohlwollende, abschätzende Blicke von Fremden, wie Hände auf der Haut. Damit konnte Elias seit Oktober nicht mehr umgehen. Deswegen wirkte er wohl arrogant auf die anderen im Fitness-Center; er kapselte sich ab und konzentrierte sich nur auf sein Training – und auf Stefan.

Müßig und wehmütig dachte Elias an die beiden kolumbianischen Männer, deren Söhne im Gefängnis von Las Palmas in Untersuchungshaft Selbstmord begangen hatten, und er erinnerte sich an die letzten Momente mit den gebrochenen, doch würdevollen Vätern. Als sie ihm sagten, er solle seine Suche nach Le Fantom auf Namibia konzentrieren, hatte er eine Erinnerung an Stefan, eine Erinnerung an einen kurzen, unglaublich glücklichen, sinnlichen Moment. Das war am sechsundzwanzigsten April gewesen. Ein Sonntag. Sie hatten zwei Stunden trainiert, danach im FitInn geduscht und Stefan hatte ohne besondere Hinterlist für einen jungen Afghanen, der ihn mit großen Augen unter der Dusche beobachtete, eine kleine, fast erotische Show abgezogen. Anschließend waren sie zu Elias gefahren, hatten im Restaurant seiner Eltern chinesische Teigtaschen gegessen und Tee getrunken. Satt und müde waren sie in die Wohnung gegangen, hatten sich bis auf die Unterwäsche ausgezogen. Stefan drehte den Fernseher auf und dann saßen sie nebeneinander auf der neuen Couch, die Elias gekauft hatte, schauten Nachrichten und suchten die Nähe des anderen. Nicht übermäßig, nicht erotisch, sondern mit größtem Selbstverständnis.

Und jetzt erinnerte sich Elias daran, warum ihn der Hinweis auf kürzliche Ereignisse in Namibia nicht besonders überrascht hatte.

Stefan beugte sich über Elias, um nach der Schüssel mit den Reiswaffeln zu greifen, als der Nachrichtensprecher von einem seltsamen Vorfall in der Wüste von Namibia berichtete. Und zwar zwischen den beiden Touristenhotspots Sossusvlei und Deadvlei. Dort war der vollkommen ebene Wüstenboden um gut vierzig bis fünfzig Meter abgesunken oder eingestürzt – so genau wusste man das bislang nicht. In der Nacht vom fünfundzwanzigsten auf den sechsundzwanzigsten April. Man könne bislang noch nichts darüber sagen, warum es zu diesem Naturereignis gekommen sei, aber man ging davon aus, dass sich irgendwann einmal ein Höhlensystem unter dem Wüstensand gebildet hatte. Niemand hatte etwas gehört oder gesehen. Als zwei Scouts im Zwielicht des frühen Morgens die ersten Fototouristen nach Deadvlei karrten, fanden sie statt der vertrauten Ebene zwischen zwei sehr hohen Dünen diesen weich gezeichneten Krater. Die Touristen zeigten sich davon wenig beeindruckt und beharrten darauf, nach Deadvlei gebracht zu werden. Die Scouts umfuhren mit den Jeeps das etwa vierhundert Meter durchmessende Loch, brachten die Gäste zum gewünschten Ziel, und während die dort ihre pittoresken Fotos schossen, informierten sie die Polizei und die Naturwacht.

Das war ihm in Erinnerung geblieben. Weil der Kern der Nachricht ungefähr so lange gedauert hat, wie die Bewegung von Stefan, der sich über ihn gebeugt hatte, um nach der Schüssel mit Reiswaffeln zu greifen.

Die warme Dunkelheit seiner Haut, das Selbstverständnis seiner Bewegung. Diese vollendete Vertrautheit. Der Hauch einer Berührung; gedankenlose Zärtlichkeit.

Elias spürte die Tränen auf seinen Wangen und lächelte. Er blinzelte, rieb mit den Handballen die Augen und Wangen trocken und beschloss, die Liste, die er in sein Notizbuch geschrieben hatte, abzuarbeiten. Mit einem neuen Punkt und einer neuen Reihenfolge. Zunächst wollte er ein Frühstück, dann in einen Shop, um eine Badehose und ein Badetuch zu kaufen. Ein Einkaufszentrum würde er sicher in der Nähe des Strandes beim Hotel Kenzi Solazur finden. Der Strand von Tanger lag etwa zwei Kilometer nördlich seines Hotels, das am Rande der Medina auf einer Hauptstraße lag.

Das war also der Plan für heute: Frühstück, einkaufen gehen, am Strand faulenzen und nachdenken. Am Abend zurück ins Hotel, duschen, dann Abendessen und dann, noch später, wenn Tanger in der Nacht strahlte wie ein muslimisches Juwel, tanzen gehen.

Müßig am Strand liegend, erinnerte sich Elias an Stefans zwölften Geburtstag. Zwei Mitschüler und die gleichaltrigen Töchter von Arbeitskollegen seines Vaters waren eingeladen worden, es gab Hamburger und Kuchen und Pepsi Cola bis zum Abwinken. Elias war nicht zum ersten Mal in der Wohnung seines neuen, besten Freundes und bis zu dieser Geburtstagsfeier, wusste er noch nicht, dass Stefan sein bester Freund war, aber als die Party sich leerte und die ersten Gäste von ihren Eltern abgeholt wurden, zogen sich Stefan und Elias in das Kinderzimmer zurück und fummelten mit den Fernbedienungen der Xbox herum. Beide wussten, dass sie das nur taten, weil sie eigentlich etwas anderes wollten – vielleicht reden oder vielleicht sich vergewissern, dass sie sich wirklich mochten und ihre Freundschaft nicht das Ergebnis irgendeines erwachsenen guten Willens war. Die Eltern von Stefan plauderten mit den Eltern eines der Mädchen, die schon ungeduldig zappelnd im Vorzimmer wartete, nach Hause gehen zu dürfen. Sie hatte sich augenscheinlich nicht besonders wohlgefühlt, weil sie nicht verstand, warum jetzt der pummelige Neger aus der Klasse im Mittelpunkt stand, und nicht der hübsche Tobias, der auch hier gewesen war und den sie heimlich anschmachtete, weil er so schöne Augen hatte. Und so lange Wimpern und weil er sich beim Fußballspielen so lässig gab.

Doch das geschah in einer anderen Welt, in einem anderen Zimmer, ganz weit weg. Elias und Stefan saßen Schulter an Schulter auf Stefans Bett, ihre Füße steckten in bunten Socken und die bunten Socken steckten in Hausschuhen von Ikea. Elias bewegte seine Füße im Takt der Musik aus dem Spiel und stupste dabei immer wieder Stefans Fuß an.

Und Stefan so: »Hey, Mann, was machst du?«

Und Elias so: »Ich lebe das Spiel, Massa, zieh dir das rein!« Dabei riss er an der Konsole herum und steuerte seine Figur durch ein Minenfeld und grinste.

Und Stefan konterte: »Ey Alter, was grinst du jetzt? Suchst du Streit, Mann? Ja? Du hast ihn gefunden!«

Und Elias krächzte, schon ganz rot vom Kichern: »Na, mega! Du schau auf deinen Trottel, der rennt voll neben der Spur.«

»*Du* bist daneben!«

»Ja eh. Aber das ist echt lustig!«

Elias ließ seine Spielfigur rechts in eine Felswand rennen und Stefan machte es ihm mit einem überaus breiten und wunderschönen Grinsen gleich. Das Geräusch, als die Spielfiguren zuerst an der Wand zerschellten und dann als Engel in den Himmel stiegen, brachte sie zum Lachen und das Lachen wurde zu einem rein weißen, hysterischen, kindlichen Geschrei, voller Lebensfreude und Glück und der Gewissheit, dass in diesem einfachen Moment zwei Freunde zu besten Freunden geworden waren. Gerade so, als würde sich die dissonante Musik der bereits erwachenden Adoleszenz in einem gewaltigen, harmonischen Orgelpunkt aus dem Himmel auflösen.

Stefans Vater steckte den Kopf durch die Tür und zog die Augenbrauen hoch und fragte: »Zu viel Pepsi getrunken, Jungs, oder was?«

Das war zu viel für Elias. Er sprang auf, presste die Hände auf den Schoß und quetschte sich an Stefans Vater vorbei und kicherte wie irre: »Ich muss Pipi, Hilfe!«

Stefan und sein Vater sahen sich an und Stefan hatte vor Lachen Tränen in den Augen und sein Vater sagte: »Lustiger Kerl, was?«

Stefan nickte und schnaufte: »Na, und wie!«

Eine Stunde später kamen Elias' Eltern, um ihn abzuholen, und später stellten sie fest, dass es noch nie so schwer war, ihren folgsamen Sohn irgendwo loszueisen.

Jetzt war die Erinnerung wieder da, warum er nach Afrika gereist war.

Noch am Beginn seiner weiten Reise, im Norden des Kontinents, versuchte er einzuordnen, was er wollte und warum. Nach Le Fantom zu suchen und ihn töten. Jetzt war es heraus. Zum ersten Mal hatte er den Gedanken wirklich ausformuliert. Das war heftig, widersprach seinem Wesen, das bislang darauf ausgerichtet war, problemlos und ohne Reibung durch Tag und Nacht zu gleiten. Doch seit Oktober war sein Leben eine einzige Verwerfung, und er ahnte, dass es für ihn nicht allzu viele Optionen gab. Obwohl er sich bemüht hatte, keine Spuren zu hinterlassen, und obwohl er wusste, dass sich Stefan seinem Beispiel folgend, aus allen Social-Media-Accounts zurückgezogen hatte, blieb das Gefühl einer umfassenden, bösartigen Bedrohung. Mit diesem Gefühl wollte er nicht leben und er wollte nicht, dass Stefan oder gar seine Familie in Gefahr waren, weil er nicht die Art von Opfer war, die sich Le Fantom vielleicht gewünscht hatte.

I am hard to kill, dachte er bitter.

Elias erinnerte sich an die Nachrichten im Januar dieses Jahres, als einerseits darüber berichtet wurde, dass der Pakt der baltischen Staaten trotz der terroristischen Bemühungen von Le Fantom ratifiziert worden war. Und andererseits, nur als Randnotiz in der Nachrichtensendung *Zeit im Bild*, als von einem schrecklichen Unfall auf einer Autobahn in England berichtet wurde. Ein im September verschwundener junger Kerl, der Computerwissenschaften studiert hatte und in seiner Freizeit Fußball spielte und bei einer Model-Agentur unter Vertrag stand, lief nackt und voll mit Drogen auf die Autobahn und fand einen schrecklichen Tod. Kurz, bevor er zerbrochen im Straßengraben starb, hörte eine Autofahrerin, die ihren Wagen auf dem Pannenstreifen angehalten hatte, um zu helfen, wie er im Sterben raunte: »Ich bin nicht Boy Beltham, ich bin nicht Boy Beltham!« [6]

Der junge Kerl starb an seinen Verletzungen noch vor Ort, auf dem verwilderten Grünstreifen am Rande der Autobahn neben der Zufahrt zum Parkplatz einer Raststation.

Elias dachte nach. Warum kam die Erinnerung an diese kurze Nachricht hoch? Boy Beltham – das sagte ihm etwas. Er wusste nur nicht, was. Müßig nestelte er das Smartphone aus dem Rucksack, der neben der Liege im Schatten stand, rückte sich so zurecht, dass er nun im Schatten lag, um besser lesen zu können, und öffnete Wikipedia. Gab den Namen

---

[6] Siehe: Auf dieser Frequenz

ein: Beltham. Und er erstarrte.

Es gab keinen eigenen Wikipedia-Eintrag zu dem Namen, aber eine Liste von Einträgen, in denen er vorkam. Lady Beltham. Elias flüsterte: »Du gottverdammter Hurensohn.« Es gab keinen Boy Beltham in Wikipedia, aber eine Lady Beltham, und die war die Geliebte von Fantomas aus der Buchreihe der beiden französischen Schriftsteller Pierre Souvestre und Marcel Allain. Und natürlich aus den Filmkomödien mit Louis de Funès und Jean Marais. Boy Beltham war Le Fantoms grausam-ironische Verdrehung der Literaturvorlage und Elias wusste, so wahr er hier am Strand von Marokko lag, dass Le Fantom diesen Jungen entführt, misshandelt und ihn zu seinem Sklaven gemacht hatte. Weiß Gott, was dieser Dreckskerl ihm alles angetan hatte, bevor er ihn auf der Autobahn aussetzte und in den Tod stolpern ließ!

In Österreich, seinem alten Leben in Wien, war Elias kaum zur Moschee gegangen, weil er die Einstellung von seinem Vater übernommen hatte, dass man keinen verwalteten Glauben brauchte, um mit sich und Gott ins Reine zu kommen. Tiefgläubig war Elias nie gewesen, aber er hatte die Rituale gelernt, die formellen Ansprüche des Islam, die Richtlinien für das Betreten einer Moschee, und sei sie noch so klein, die Vorgaben des Gebets. Und er hatte die nützlichen Vorschläge für ein glückliches Leben von *Abd ar-Rahmān as-Saʿdī* gelesen. Sein Vater hatte sie ihm ausgedruckt auf den Schreibtisch gelegt. Wann war das? Vor fünf oder sechs Jahren, als sich Elias vom molligen Jungen zum Schwan entwickelte und nicht verhindern konnte, dass ihm die Eitelkeit aus allen Poren strömte.

Nein, religiös war er nie gewesen, aber durchaus empfänglich für sakrale Stimmung. Das hatte er niemandem anvertraut. Nicht einmal Stefan. Ein paarmal hatte er eine Moschee besucht. Besonders dann, wenn er sich verkatert fühlte vom Erfolg, von den begehrlichen Blicken und vom Alkohol auf *Place to be* Partys. Meistens die große Moschee im einundzwanzigsten Bezirk am Bruckhaufen. Andererseits hatte er sich auch zwei oder dreimal, so genau wusste er das nicht mehr, in die Weihrauchstille des Stephansdoms zurückgezogen, um runterzukommen. Er erinnerte sich, dass er auf dem Weg zum Stephansdom so nervös gewesen war wie ein Liebhaber auf dem Weg zu seinem ersten Treffen mit einer neuen Flamme. Spiritualität hatte in seinem Leben bislang wenig Platz gehabt, und Elias dachte, das hätte mit seinem

Training zu tun. Eine Stunde auf dem Crosstrainer war für ihn auch eine Form der Spiritualität. Oder im Wald zu laufen, oder am Donaukanal mit … ja, mit Stefan.

Aber gelegentlich reizte es ihn, eine Moschee zu besuchen. Die Schuhe auszuziehen und sich den Traditionen zu unterwerfen. Etwas anzunehmen, das größer ist als man selbst.

Als er am Nachmittag den Strand verließ, und über die sechsspurige Straße zur Stadtseite wechselte, besuchte er halb legal die Duschen des Hotels Kenzi Solazur, vor dem er den Tag auf einer Hotelliege verbracht hatte, und schlenderte danach erfrischt zurück zum Hotel. In Tanger erschien ihm alles weitläufiger, flacher und größer als zum Beispiel in Marrakesch, woher seine Mutter stammte. Das mochte auch daran liegen, dass er in Marrakesch hauptsächlich die Souks kannte, die Innenstadt, die engen Gassen und natürlich die Sehenswürdigkeiten wie den Platz der Gaukler oder die schöne Koranschule Medersa Ben Youssef.

Auch Tanger hatte eine Medina und Elias hatte vor, diese heute Nacht zu besuchen. Sich verlieren, sich finden und …

Tanzen.

Er grinste breit, als er das Hotel betrat, und schenkte der jungen Frau am Empfang ein aufrichtiges Strahlen – das sie umstandslos erwiderte. Mehr als das. Sie zwinkerte ihm zu – ein Hauch mehr als professionelle Koketterie. Er entsperrte die Tür seines Zimmers mit der Magnetkarte, warf den Rucksack aufs Bett und räumte ihn aus, hing Badetuch und Badehose auf dem Balkon zum Trocknen auf. Danach ging er noch einmal ordentlich duschen, zog eine neue, modisch lockere Jeans, Socken, Sneakers und ein weißes Leinenhemd an, das er auch am Strand gekauft hatte. Dann trug er einen Hauch Parfum auf, zupfte an seinen Haaren herum. Irgendwo zwischen Eitelkeit und Sarkasmus dachte er, wenn man schon für Männer und Frauen attraktiv ist und dies auch sein will, dann kann man auch für seinen Gott schön sein. Zumindest für sein Bodenpersonal. Eine ganze Weile blieb er vor dem Spiegel stehen, mit dem Lärm der Straße im Hintergrund. Betrachtete sich und dachte beruhigt, dass er nicht mehr aussah wie ein junger Kerl, der vergewaltigt worden war und dem es gelungen war, in Todesangst zu fliehen. Sein Gesicht verriet nichts mehr. Seine Augen schwiegen bis auf ein leichtes, vielleicht sogar irritierendes Lächeln.

Irritierend?

Ja, dachte er. *Ja. Es ist etwas Neues in meinem Blick, das vorher noch abwesend war. Die Bereitschaft zu töten, ein Leben auszulöschen. Das ist eine neue, eisenharte Qualität in meinem Blick.* Elias dachte daran, dass er irgendwann am Ende seiner Reise Le Fantom gegenüberstehen würde und er hoffte, dass das Monster diese neue Qualität in Elias' Blick erkannte. Grund genug, um Angst zu haben.

Ja, das wollte Elias, wenn er sich dazu aufraffte, ehrlich zu sich zu sein. Er wollte, dass Le Fantom vor ihm stand und vor Angst schlotterte, wenn er das Eis in Elias' Augen sah.

Ein paar Minuten später verließ er das Zimmer und schlenderte mit den Händen in den Hosentaschen in Richtung Medina. Das Spätnachmittagslicht war friedvoll und still. Vorsichtig tastete Elias nach Erinnerungen, denn das umfassende Gefühl von Zufriedenheit und Glück erinnerte ihn an etwas, und er fand nicht auf Anhieb heraus, wann er sich schon einmal so gefühlt hatte. Sicher war es nicht das erste Mal, denn das Gefühl von stiller Behaglichkeit, von ausbalancierter Zufriedenheit, war ihm vertraut. Er erinnerte sich an Licht und Schatten, er dachte an federleichte Schritte im Schnee, und wieder Licht und Schatten. Stefan neben ihm. Das war es. Als er nach links zu einer weißen Moschee über die Straße wechselte, den Vorraum betrat und die Schuhe auszog, erinnerte er sich, wie er mit Stefan im schneebedeckten Park des Krankenhauses in Tallinn joggte. Im Licht, im Schatten, im Licht, im Schatten, immer darauf bedacht, Stefan in Bewegung zu halten und gleichzeitig, ihn nicht zu überfordern. Als Elias im Gebetsraum auf die Knie sank und die Handflächen vor sein Gesicht hielt, um zu beten, dachte er aufrichtig, dass er sich vermutlich an diesem Spätnachmittag im Winter im Park des Landeskrankenhauses in Stefan verliebt hatte. Nicht später, als sie miteinander schliefen. Nicht vorher, als er ihn aus dem brennenden Zelt befreite – da war keine Zeit für Liebe, da war nur Zeit, zu kämpfen und zu leben. Als er Stefan im Krankenhaus in guten Händen wusste und auf diesem unbequemen Sessel am Bett eingeschlafen war, mit der Wange auf der Matratze, auf der Stefan schlief, da hatte die Liebe ein Augenlid geöffnet. Doch als sie ein paar Tage später im verschneiten Park nebeneinander liefen, da sah ihn die Liebe aus beiden Augen an und er erwiderte den Blick ohne Scheu, ohne Angst und aus ganzem Herzen.

Das war sein Gebet, als er den Kopf senkte, der Stille lauschte und auf seine Handflächen sah: *Danke, dass ich wissen darf, was Liebe ist.* Elias legte die Stirn auf den Boden. Einerseits, um den spirituellen Vorschriften zu folgen, andererseits, um sich die Stirn zu kühlen. Der Boden war kalt und draußen war es heiß. Das Steinmosaik aus dunkelgrauen und hellgrauen Steinen war kühl, und Elias blieb ein paar Atemzüge länger in der Haltung des Betenden, als es das Gebet erfordert hätte. Er beschloss das Gebet mit einem arabisch hingehauchten »Allah ist groß« und fügte dann in der Sprache seiner Kindheit, in Tamazight, hinzu: »Mögen alle geliebten Menschen friedlich im Schatten ihrer Flügel schlafen.«

Ein älterer Mann in langen, weiten Hosen und einem knielangen Hemd ging an Elias vorbei, strich über sein Haar und flüsterte mit sanfter und freundlicher Miene: »Du auch. Möge ihr Schatten auch dich behüten.«

Elias lächelte den Mann verwundert an, stand auf und verließ den Gebetsraum, sah sich um, doch der Mann war weg. Das Lächeln blieb in seinem Gesicht, als er die Sneakers anzog und zurück ins Nachmittagslicht ging.

In den Träumen seiner Kindheit waren die vier wichtigsten Engel des Islam, Dschibril, Mikail, Izrafil und Azrael überlebensgroße Statuen aus Alabaster oder aus weißem Marmor, über fünf Meter groß, mit gewaltigen Schwingen. Seine Mutter hatte ihm als Gutenachtgeschichte erzählt, dass der gute, friedliche Mensch Nacht für Nacht von ihnen bewacht wird. Sie schützen den Schläfer vor Dämonen und bösen Träumen, indem sie ihre gewaltigen Flügel spreizen, bis sie einander berühren und einen Baldachin über dem Schläfer bilden.

Er hatte sie vergessen. Bis eben. Und jetzt, da er sie wieder in Erinnerung hatte, waren sie stärker präsent denn je. Die vier muslimischen Engel, überlebensgroß, wunderschön, sorgsame und stille Beschützer der Schlafenden.

Als Elias die Moschee verließ und sich nach links wandte, um in die Altstadt zu gehen, fühlte er sich rein wie nach einem erfrischenden Bad, und als ob seine erhitzte Haut mit Eukalyptus gesalbt worden wäre. Mädchen sahen ihn an, Frauen sahen ihn an und auch junge und ältere Männer blickten ihm nach, denn er war nicht nur schön. Er explodierte vor Leben und der Liebe zu allem, was lebte.

Er tanzt

Mai 2026
Nur noch einmal den Finger bewegen, und ich habe alles getan. Ich bin fertig. Aber warum freut mich das, grübelte Le Fantom, nachdem er Kiki die Schlüssel zu seinem Wagen und ihm ein paar freundliche Ratschläge mit auf den Weg gegeben hatte: Fahr vorsichtig, lass dich nicht von fremden Frauen und fremden Männern anreden, und wenn ein Wagen am Rand der Piste liegt und Leute winken, ruf die Polizei, winke zurück und fahr weiter. Es gibt überall böse Menschen, die Befremdliches im Sinne haben. Behalte dein Ziel im Blick und lass dich nicht verwirren und ablenken. Kiki nickte und nickte und lächelte und wusste, wie er auf seinen Chef wirkte, obwohl er sich über dessen Sexualität nicht ganz im Klaren war. Worüber er genau Bescheid wusste: Max Villeneuf war flexibel, unglaublich schnell, er dachte mit der Geschwindigkeit eines einschlagenden Blitzes.

Die Aussicht, dass ihm dieser letzte Streich das Genick brechen könnte, war groß, aber war das nicht das Risiko, das seit jeher über ihm schwebte?

Als Kiki den Wagen vom kiesbedeckten Parkplatz des Anwesens lenkte, umsichtig und elegant, schlenderte Villeneuf zurück zu seinem kleinen Haus hinten auf dem Grundstück, setzte sich an den Tisch und sah in den Himmel, der die Welt dunkelblau überspannte.

Er stand auf, ging ins Haus, dessen Tür immer offenstand, holte vom Wohnzimmertisch sein ledergebundenes Notizbuch und eine Flasche Weißwein aus dem Kühlschrank, und setzte sich draußen wieder an den Tisch. Er entkorkte die Flasche mit den Zähnen, nahm einen Schluck und schlug das Buch auf, blätterte zur letzten beschriebenen Seite.

Der Grund, warum ihm alles um die Ohren fliegen könnte, lag nicht in seiner letzten Tat, die noch bevorstand. Auch nicht in einem der Verbrechen begründet, die er in den letzten vierzig Jahren begangen hatte. Nein, der Grund, warum alles zusammenbrechen könnte, war, weil er das Höhlensystem gesprengt hatte, um unter unzähligen Kubikmetern Sand und Stein das Monument auf ewig zu begraben. Er vermutete, dass die Wächter, Männer und Frauen aus den Stämmen der Herero und Himba, wussten, wer für die Zerstörung des Monuments verantwortlich war. Sie standen ihm schon seit seiner Anerkennung kritisch gegenüber. Nicht, weil er der Falsche gewesen sein könnte, sondern weil er in vielen Aspekten seines Wesens zu sehr der einzig *Richtige* gewesen war. Einer, der nicht nur zerstörte und tötete, sondern einer, dem es Vergnügen bereitete. Der besessen davon war, durch Gassen voller Leichen zu wandeln und den Sterbenden die letzte Würde zu nehmen. Dabei gesehen zu werden – als Dämon, als überlebensgroßes Fantom des Schreckens.

Diese Gedanken hatte er in seinem Notizbuch festgehalten und er vertraute zu Recht darauf, dass niemand, absolut niemand es jemals wagen würde, trotz der offenen Tür in sein Haus zu gehen, das Buch zu nehmen und darin zu lesen. In den Jahren, in denen er die Hammerstein-Lodge übernommen und die meiste Zeit über aus der Ferne geleitet hatte, erarbeitete er sich den Nimbus eines Mannes, den man nicht betrügt, nicht hintergeht. Zu sagen, niemand betritt mein Haus, außer er wird von mir dazu eingeladen, war wirkungsvoller als jedes Schloss, sicherer als jede Tresortür. Er schrieb etwa eine halbe Stunde in seinem Buch, dann holte er das Notebook, klappte es auf und begann, sich aus dem Internet zu löschen. Aus dem Darknet. Er blies KI-Instanzen ins Nirwana, Webseiten, Suchindexe, Datenbanken. Dazu hatte er in den letzten Monaten, kurz bevor er Gregory McCallum entführte, unzählige Scripte und Routinen geschrieben, die ihm die Handarbeit abnahmen. Am Ende blieb nur er, der zurückgezogen lebende Inhaber der beliebten Hammerstein-Lodge in Namibia, wohlhabend und anerkannt, aber nicht reich. Ein anständiger, einsiedlerischer Geschäftsmann. Das Blut und Leid, das an ihm klebte wie eine Patina, würde er nie abwaschen können, vermutlich nicht einmal mit seinem Tod. Aber er konnte seinen überschüssigen Reichtum verteilen. Das, was über den Kamm, den er bei seinen Finanzen angelegt hatte, oben drüberschaute.

Leise rezitierte er die letzte Strophe aus Goethes Gedicht: selige Sehnsucht:

Und solang du das nicht hast,
Dieses: Stirb und werde!
Bist du nur ein trüber Gast
Auf der dunklen Erde.

Europa wird brennen. Ohne Flammen, ohne Feuer, dachte er, als er das Notebook zuklappte. Und dann soll es auferstehen wie Phoenix aus der Asche. Die Stolzesten sollen in Sack und Asche gehen und die Gläubigsten auf Scheiterhaufen brennen, die Anständigen sollen sich wie

Huren gebärden und in Sperma und Blut getauft werden und bitter weinen.

Er erinnerte sich an den biblischen Propheten Nahum und flüsterte: »Ich werfe Unrat auf dich, schände dich und mache ein Spektakel aus Dir.«

Sein Smartphone summte in der Hosentasche. Er zog es heraus, sah aufs Display und nahm das Gespräch entgegen: »Ja?«

»Wir sind es, Le Fantom. Ihre … Handwerker. Wir sind in Tanger angekommen und wir haben das Ziel bereits ausgemacht.«

»Und? Wie geht es ihm? Schleicht er gebrochen durch die Gassen, auf der Suche nach seinem verschütteten Leben?« Le Fantom war nicht sicher, was er nun hören wollte, und die Frage war mehr eine freundliche Geste an die beiden bezahlten Killer, als seine wahre Hoffnung. Vielleicht *mochte* er Elias Mataanoui sogar irgendwie. So wie er Kiki mochte. Was nichts daran änderte, dass sein Leben enden musste, sein Wirken und Sein – ein für alle Mal.

Er erkannte die heisere, lispelnde Stimme von Mr. Cuff. Aber er verstand nicht, was er sagte: »Er tut *was*?«

»Nun, lieber Le Fantom, äh, er … er *tanzt*!« Das Smartphone wechselte von Mr. Cuff zu Mr Clubb, der krächzend und ein wenig empört hinzufügte: »Und er tanzt hervorragend, anmutig gar, will ich meinen. Wie sollen wir vorgehen? Schnell und gnädig? Oder dürfen wir spielen? Wir haben hier einen Ort, an dem das geht und wir würden ihn gern hobeln.«

»Hobeln?«

»Nun ja, mit einem elektrischen Hobel bearbeiten.«

Le Fantom dachte kurz nach. Er wusste, dass diese Männer sich nie im Leben gegen ihn wenden würden. Er hatte ihnen zu viele gute Aufträge verschafft. Gut bezahlt und in ihrem sadistischen Interesse. Dennoch wollte er sie in dieser heiklen Phase seines letzten Vorhabens nicht enttäuschen. Also antwortete er: »Hobeln. Klingt gut. Ja, das ist gut. Häuten Sie ihn. Und dann lassen sie ihn sterben. Dieses blutend Stückchen Sterblichkeit!«

»Shakespeare, Julius Cäsar. Ich *verehre* Sie, Le Fantom!« Damit war das Gespräch zu Ende.

Max Villeneuf, der vierzig Jahre Le Fantom gewesen war und seinen Abgang von der Bühne vorbereitete, schüttelte den Kopf, weil ihm klar wurde, warum er den beiden Männern die Erlaubnis gegeben hatte, Elias

Mataanoui zu foltern. Würden sie ihn schnell töten, würden sie das aus dem Hinterhalt tun. Ein schallgedämpfter Schuss in den Hinterkopf vielleicht, oder eine Sarazenenklinge, die den Kehlkopf aufschnitt, so wie ein heißes Messer in Butter sinkt. Wenn sie aber mit ihm spielen wollten und würden, dann … Er dachte daran, wie behände Elias die drei Söldner in der estnischen Wildnis überrumpelt und besiegt hatte. Wie eine fuchsteufelswilde Katze. Die Chancen standen denkbar schlecht, dass Mataanoui ihnen entkam, aber sie war *da.* Eindeutig da. Der Bursche verstand es, zu überleben und dabei nicht zu zerbrechen. *Hard to kill, der Kleine*, dachte er amüsiert und ein wenig bewundernd.

»Er tanzt«, lächelte er säuerlich und trank aus der Flasche. »Na, mal sehen!«

Das Monument

September 1985
Als Villeneuf erwachte, hörte er Trommeln schlagen. Dumpfe, dröhnende Schläge, ein einfacher, rollender Rhythmus, der die Höhle erfüllte. Darüber lag ein vielstimmiges Gemurmel, das Unheil verkündend klang.

Nikandor schüttelte die Hand des Alten ab, der noch immer seine Haare streichelte, und mühte sich auf, um besser sehen zu können. Die Höhle füllte sich mit Himbas und Hereros. Er erkannte die Zugehörigkeit an der Haartracht der jungen Männer und Frauen und am handgefertigten Schmuck, der Handgelenke, Fußgelenke und den Hals schmückten. Als er nach links und rechts blickte, konnte er erkennen, dass seine Gefährten ebenfalls wach waren. Henriques blinzelte ihm mit großer Furcht im Blick zu und hob die Schultern, wie um zu sagen: *Was ist denn hier nur los?*

Das war die Frage. Das war die Mutter aller Fragen, dachte er und sah wieder zu der Gruppe von Frauen und Männern, die bei Villeneuf standen. Inzwischen hatte sich der Expeditionsleiter aufgesetzt, ergriff eine ihm hingestreckte Hand und stand auf. Ein junger Krieger der Himba, vielleicht fünfundzwanzig Jahre alt und muskulös, trat in die Mitte der Höhle, legte seinen Stab auf den Boden und verbeugte sich mit einer ruckartigen Bewegung vor Villeneuf, der aus dem Kreis der Himbas und Hereros trat und zu ihm ging.

»Du bist da«, sagte der Krieger auf Afrikaans, und als er sprach, verstummten das Geraune und die Trommelschläge wie abgeschnitten. Kurz noch dröhnte und zischelte es in der Höhle vom Nachhall, dann war es bis auf die Stimme des jungen Kriegers still. Er drehte sich langsam im Kreis und breitete die Arme aus: »Wir haben da einen, der den Weg zu uns gefunden hat. Und wir haben seine Bürgen. Das Monument ruft nicht und doch kann sein Ruf gehört werden. Wir alle wissen, dass es nur gefunden werden kann, wenn man bereit ist, alles aufzugeben und bis an den Rand der Erschöpfung weitergeht. Er hat das getan, also scheint er würdig zu sein.« Er wandte sich Max Villeneuf zu und fragte leise: »*Bist* du würdig?«

Villeneuf zögerte mit seiner Antwort zwei Atemzüge lang, dann antwortete er leise: »Ich bin würdig!«

Der Krieger nahm seinen Stab vom Boden und ließ ihn in der linken

Hand wirbeln. Dabei sprach er, als würde er ein Gedicht rezitieren:

»Vor tausend Jahren oder mehr, fanden unsere Ahnen am Strand, dort, wo die Flut den Sand bedeckt, sieben Steine. Sie standen im Abstand mehrere hundert Meter voneinander entfernt auf einem Strandabschnitt, den man heute *Sandwich – Hafen* nennt, und strahlten im Licht der Sonne. Für unsere Ahnen war klar, dass diese Steine Reliquien sind, die gefunden werden wollten, von *uns* gefunden werden wollten. Es dauerte Jahre, um die auf den Steinen benutzte Schrift zu entziffern. Man brachte die Steine hierher in diese Höhlen, wo sie sicher sind. Die Sprache, in der der Text verfasst und in den Stein graviert worden war, ist eine alte, nicht mehr gesprochene, eine Ur-Sprache, eine Proto-Welt-Sprache, die sich noch am ehesten durch die Theorie der Monogenese erklären lässt. Was entziffert wurde, haben unsere Ahnen auf Leder geschrieben und die Häute hier gesammelt. Die Tinte ist eine Mischung aus Blut und Erde und Öl. Das, was auf den Steinen graviert war und auf diese Lagen aus Leder transkribiert wurde, ist nicht mehr oder weniger, als die Anleitung dazu, wie die menschliche Gesellschaft an Widerstandskraft gegen alle Formen der Schwäche gewinnen kann. Es verlangt Einfluss von außen. Es verlangt Tatkraft und die Bereitschaft, Brände und Fieber auszulösen, um die Menschheit an sich selbst wachsen zu lassen.«

Nikandor, der gut genug Afrikaans konnte, um zu verstehen, dass sie tatsächlich einer Zeremonie beiwohnten, wenn auch unfreiwillig, spürte die Blicke seiner Begleiter auf sich. Sie wussten um seine Sprachkenntnisse und ihre Blicke löcherten ihn mit Fragen. Er sah immer wieder links und rechts von sich. Henriques war von allen am unruhigsten. Kein Wunder, er war kein Spurenleser, kein Soldat, er war nur ein Fahrer, ein windiger Kleinganove, der ohne Zweifel einen ausgezeichneten Job machte, aber Situationen wie dieser hier keinesfalls gewachsen war.

Bin ich das etwa?, fragte sich Nikandor zornig, denn auch er fühlte sich überlastet und überrumpelt. Henriques kämpfte mit den Tränen. Er hatte Angst, und Nikandor konnte das verstehen. Sie waren nicht freiwillig hier. Sie waren unter Drogen gesetzt, gefesselt und verschleppt worden. Irgendwohin in der namibischen Wüste in eine Höhle.

Er wandte seine Aufmerksamkeit der Höhle zu, ließ den Blick schweifen. Die Form hatte etwas von einem Nest, sie wirkte weich und rund. Es gab kaum gerade Linien und Kanten, alle Bögen, Winkel und

Kurven waren sanft und geschwungen. Die Haupthöhle, in der sie sich augenscheinlich befanden, hatte sieben Zugänge, und aus seiner Position sah er, dass links von jedem dreiviertel runden Zugang eine hüfthohe Steinsäule stand, die von einem indirekten Licht beleuchtet wurde. Diese eckigen Steinsäulen waren mit Schriftzeichen übersät und Nikandor schloss, dass dies die Monumente waren, die die Vorgänger der Hüter am Strand von Namibia gefunden hatten. Er zischte Henriques zu, der ihm am nächsten lag und mit angstvollem Gesichtsausdruck die Feierlichkeit verfolgte: »Das Monument. Es ist kein Gegenstand. Es ist das, was auf den Steinsäulen steht. Das *Wissen*!« Ein junger Himba beugte sich über ihn und legte ihm die Hand auf den Mund und raunte: »Still!«

Der Anführer der Wächter des Monuments stand vor Max Villeneuf und sprach weiter: »Den ersten Schritt, der neue Vollstrecker des Monuments zu werden, hast du getan, Wanderer. Doch du musst dich noch zwei weiteren Prüfungen stellen, mit denen du unter Beweis stellst, der Richtige zu sein. Wir verlangen dir viel ab, aber du bist nicht bis hierhergekommen, um zu scheitern.«

Villeneuf nickte langsam, aber nachdrücklich. Dann forderte er leise: »Dann prüft mich. Sagt mir, was ihr erwartet.«

Der Anführer legte den Kopf schief, drehte sich zu einem jungen Gefolgsmann um und nickte. Der Junge gab ihm ein langes Messer, das im fahlen Licht der indirekten Beleuchtung magisch funkelte. Der Anführer wandte sich wieder Villeneuf zu und sagte: »Der Tod ist deine erste Prüfung. Jetzt kannst du noch eine Entscheidung treffen. Wenn du dich dagegen entscheidest, bringen dich die Begleiter zurück in die Wüste, wo du sterben wirst. Und wir töten deine Gefolgsleute. Oder du tötest sie hier vor uns und wir bereiten dir den Weg zur zweiten Prüfung.«

»Was ist die zweite Prüfung?«

»Du musst dich deinem eigenen Totem stellen.«

Nikandor stöhnte entsetzt auf und zerrte wütend an seinen Fesseln, die sich unter seinen Bemühungen nur noch enger zusammenzogen. Wild vor Angst wandte er sich an seine Gefährten, riss wieder an den Fesseln und zischte auf Englisch, das sie alle verstanden:

»Die wollen uns töten. Die wollen unseren Tod, wir müssen …«

Henriques brach lautlos in Tränen aus. Botho starrte zu Boden und bewegte die Lippen, als ob er redete, aber er schwieg, und die beiden Ägypter Ramses und Nafi starrten wutentbrannt zu der Gruppe von

Himbas und Hereros, die um Villeneuf standen und ihre Hände nach ihm ausstreckten.

Villeneuf hielt den Kopf gesenkt und schien zu zögern, unsicher zu sein. Dann hob er den Kopf und nickte: »Ich werde sie töten. Wie?«

Der Anführer gab ihm das Messer mit einer angedeuteten Verbeugung: »Der letzte Vollstrecker starb vor dreißig Jahren in Europa. Er hat viel bewirkt. Es wird Zeit für einen neuen Vollstrecker, denn die Widerstandskraft lässt nach. Zeig uns, von welchem Schlag du bist, Wanderer!«

Mit dem schimmernden Dolch in der Hand drängte sich Max Villeneuf aus der Mitte der Wächter und ging hinüber zu seinen Expeditionsbegleitern, die auf dem Boden lagen, die Hände auf dem Rücken gefesselt. Zwei Krieger eilten mit weit ausholenden Schritten Villeneuf nach und positionierten sich links und rechts von ihm, als er sich vor den Ägypter Nafi stellte, der ihn wild vor Angst und Wut anstarrte. Kurz schien er abzuwägen, wie er den Mann töten wollte, dann kniet er sich seitlich neben Nafi auf den Boden. Nafi schüttelte den Kopf und flüsterte: »Nein, nein, tus's nicht, bitte!«

Der junge Kerl mit den gebleichten Dreadlocks war der erste Mensch, den Max Villeneuf ermordete.

Er packte den Knauf des Dolchs mit beiden Händen und rammte die Klinge in Navis linke Brust. Der junge Mann bäumte sich kurz auf, verdrehte die Augen und starb schnell. Aus dem Augenwinkel sah er, wie Henriques in Todesangst versuchte, aus der flachen Grube zu kriechen, in der sie lagen wie Schlachtvieh. Einer der Krieger ging mit schnellen Schritten zu dem schlanken Jungen und zog ihn an den Haaren mit grausamer Leichtigkeit in die Vertiefung zurück. Villeneuf spürte den bitteren Geschmack der Erregung in seinem Mund. Die panische Todesangst, die Henriques gepackt hatte, gefiel ihm. Und damit legte er die Reihenfolge fest, in der er seine ehemaligen Begleiter töten wollte. Er bedeutete den Kriegern, Botho auf die Knie zu bringen. Er stellte sich hinter den knienden Mann, packte mit der linken Hand seine Haare, zog den Kopf nach hinten. Botho fluchte: »Du verdammter Hurensohn, brenn in der Hölle!«

Villeneuf schnitt ihm die Kehle durch, zog den Kopf noch weiter zurück, um den klaffenden Spalt im Hals noch weiter zu öffnen. Das dunkle Blut pumpte schwallartig aus der Halswunde. Die beiden Krieger ließen ihn los und Botho kippte zur Seite und starb. Danach schnitt er

Navis Begleiter Ramses die Kehle durch und blickte immer wieder zu Henriques und Nikandor. Nikandor schien tief in sich selbst zu ruhen und zu beten. Henriques weinte vor Angst und ein dunkler Fleck breitete sich auf seiner Hose aus.

Nikandor tötete er, indem er ihm die Dolchklinge ins rechte Auge stieß. Er achtete darauf, so zu stehen, dass Henriques den grausamen Mord sehen konnte. Das nasse Splittern, als er die Klinge in Nikandors Augenhöhle herumdrehte, ging ihm selbst durch Mark und Bein.

Zuletzt ging er zu seinem Fahrer, hockte sich neben ihn auf den Boden und wischte ihm die Tränen von den Wangen. Henriques wimmerte: »Ich tue alles, was du verlangst. Alles, ich bin dein Sklave, für immer, mach mit mir, was du willst, aber bitte, bitte, bitte, lass mich am Leben, *bitte*!«

Villeneuf beugte sich zu ihm und flüsterte ihm ins Ohr: »Ich weiß, dass du alles tun würdest, um nicht zu sterben. Bei den alten Stämmen der Azteken war man davon überzeugt, dass es Schmerzen gibt, die so schlimm sind, dass sie sogar den Tod überdauern. Du wirst erfahren, ob es wahr ist.«

Henriques starrte ihn fassungslos vor Grauen an, sein Atem ging stoßweise, als Villeneuf den Dolch packte und ihm die Klinge in den Unterbauch rammte und dann die scharfe Schneide mit sägenden Bewegungen nach oben führte. Henriques übergab sich und ein Schwall Erbrochenes und Blut quoll aus seinem Mund, der flache, zuckende Bauch klaffte auf und seine Eingeweide rutschten heraus. Ein paar Atemzüge lang sah Villeneuf dem Jungen beim Sterben zu.

Zuletzt ging er zu Botho und stieß ihm die Klinge in den Kehlkopf und zog sie wieder heraus. Blasiges Blut strömte aus der Wunde. Botho sah ihn traurig und vorwurfsvoll an. In seinem Blick war keine Angst, als er starb. Villeneuf warf noch einen Blick zu Henriques, der sich wie in einem Albtraum langsam bewegte. Sein Bauch war klaffend weit offen und sein Inneres schlängelte über den steinigen Boden. Sein Mund bewegte sich und noch immer quoll Erbrochenes und Blut hervor.

Der Anführer der Krieger stand auf einmal neben Max Villeneuf und sagte leise: »Du kannst nicht nur töten. Du genießt es. Das ist eine … interessante Kombination von Eigenschaften.«

»Wieso?«, erwiderte Villeneuf zitternd, durch und durch erregt von dem, was er soeben getan hatte. Ja, er hatte es genossen. Und es war ihm leichtgefallen.

»Wir genießen das Töten nicht. Wenn wir es tun, hat es allein praktische Gründe. Wir töten nicht aus Freude. Dir scheint das Vergnügen das Töten zu erleichtern. Doch bedenke: Das Töten ist nicht deine Aufgabe. Es wird gelegentlich notwendig sein, das bringt deine Mission als Vollstrecker mit sich. Doch was du wirklich tun musst, ist, die Dynamik der menschlichen Gesellschaft zu studieren und zu verstehen. Du musst die Konfliktherde finden und verstärken. Und wenn es keine gibt, musst du das Fundament für Konflikte bereiten. Du wirst ein Konstrukteur von Konflikten, Kriegen und Auseinandersetzungen sein.«

Ohne sich noch einmal umzudrehen, ging Villeneuf neben dem Anführer durch eine endlose Abfolge von unterirdischen Gängen, die alle in weiches, indirektes Licht getaucht waren. Die Wände schienen manchmal aus Stein zu sein, dann wieder aus gepresstem Sand, dann wieder aus Lehmziegeln.

»Wohin gehen wir?«, fragte er den anmutigen und großen Anführer der Hüter. Hüter, Krieger, sie waren beides, nahm er an. Bereit zu kämpfen und zu töten, wenn es dem Schutz des Monuments diente.

»Und wie ist dein Name?«

»Mein Name ist Josua Hamukoto. Ich bin der Anführer der Hüter des Monuments und das bin ich in einer Ahnenreihe seit sieben Generationen. Wir gehen in einen abgeschiedenen, ruhigen Raum, in dem ein Bett steht. Du wirst dort Lebensmittel und Wasser vorfinden, eine Decke und ein Transkript des Textes auf den Steinen des Monuments und eine Handvoll Notizen, die deine Vorgänger zu den Anweisungen gemacht haben und uns überließen. Die Texte sind in Afrikaans, Englisch und Deutsch verfasst. Du solltest kein Problem damit haben. Ruh dich aus, lies, schlafe. In vierundzwanzig Stunden wirst du abgeholt, um dich der zweiten Prüfung zu stellen.«

»Was wird von mir verlangt?«, fragte Villeneuf ein wenig nervös. Er erhoffte sich eine ausführlichere Antwort als zuvor, als Josua die zweite Prüfung erwähnte, während sie in der großen Höhle waren.

Josua blieb bei einer Pforte aus massivem Holz stehen, die offen stand und ließ Villeneuf in einen halbrunden Raum eintreten, der in angenehmes, weiches Licht getaucht war. In der Mitte stand ein breites, roh gezimmertes Bett mit Dutzenden Überwürfen, Decken und Polstern. An der Wand dem Eingang gegenüber lehnte eine alte, brüchige Kommode, und auf der stand eine Kerze, deren Flamme langsam tänzelte. Daneben lagen Notizbücher auf einem Stapel, leere Papierseiten und ein Stift. In der Stille hörte Villeneuf Schritte draußen und Stimmen, die miteinander flüsterten.

»Du wirst dich deinem Totem stellen – wie ich schon sagte. Die meisten Anwärter, die den ersten Teil der Prüfung bestanden, scheiterten an dieser Aufgabe. Seltsam, denn man kann bei dieser Prüfung nichts falsch machen. Man kann nur daran zerbrechen, was einem offenbart wird. Manche sehen die Zukunft, manche sehen sich selbst und erkennen sich, andere sehen Monster, die aus nichts als Träumen bestehen …

Es ist immer jemand in der Nähe. Ruf, wenn dir nach Unterhaltung ist, nach einem Gespräch, oder wenn du ein Mädchen oder einen Jungen magst. Wir sind hier diesbezüglich sehr aufgeschlossen.«

Mit diesen Worten drehte sich der Anführer um und ging aus dem Raum, und erst jetzt fiel Villeneuf auf, dass Josua nach Zitronen und Zimt gerochen hatte.

Elias, die Katze

Mai 2026

Tatsächlich. Elias tanzte.

Bevor er das tat, bevor es dunkel wurde in Tanger und die Lichter der Stadt angingen, kaufte er in einem Einkaufszentrum nahe der Innenstadt helle Leinenhosen und ein weites, weißes Hemd, ging mit den Einkäufen zurück ins Hotel und auf sein Zimmer, um den Sitz der Haare zu kontrollieren und die neu gekauften Sachen anzuziehen.

Zwei Stunden später hatte er zu Abend gegessen, flanierte durch die Medina, die engen Gassen der Innenstadt, er driftete durch die Duftwolken der Gewürzhändler. Da war eine Wolke Safran und dort Koriander. Da eine Brise Currypulver und da um die Ecke die safrangelbe Farbe von Kurkuma. Einen kurzen Moment befürchtete Elias, das Glück könnte ein ängstlicher Vogel sein, der flieht, sobald er kann. Aber dann schlenderte er um eine weitere Ecke und dort standen ein paar junge Musiker im Halbkreis in einer Art offenem Riad und spielten mit akustischen Instrumenten rhythmusbetonte marokkanische Popsongs. An den Wänden und Hauseingängen standen Holztische und Schemel, da saßen Alte und Junge und tranken Berberwhiskey. Etwas abseits stand eine elegante Frau. Ihre Bekleidung schien nur aus sorgfältig und kompliziert verschlungenen Tüchern zu bestehen: Grau, weiß, dunkelrot. Sie war vielleicht Mitte vierzig und sah gut aus. Sie war das, was Stefan und er in ihrer frühen Pubertät hysterisch lachend und gackernd als *Stiflers Mum*[7] bezeichneten. Ein Vollweib, das vornehmlich halbwüchsige Jungen in die hohe Kunst der körperlichen Liebe einführte. Zumindest war das die Vorstellung, die die beiden mit solchen Frauen verbanden.

Ja, dachte Elias. *So sieht sie aus, die Dame. Satt und doch hungrig.* Jedenfalls hatte sie als dunkelblonde Frau mit dunkelblauen Augen hier die freie Wahl. Er bestellte einen Pfefferminztee, setzte sich an einen freien Tisch, der gerade Platz genug für Tee und einen kleinen Teller bot. Neben ihm saßen vier Männer an einem größeren Tisch und spielten Domino. Der Sänger der kleinen, zusammengewürfelten Band war jung und dunkelhäutig, ein wenig dick um die Hüften, dafür aber mit der Stimme eines arabischen Engels gesegnet. Bei manchen Gesangspassagen spürte

[7] Aus dem Film: American Pie

Elias, wie ihm die Gänsehaut über den Nacken und die Unterarme kroch. Wie sich die Härchen an den Schläfen aufstellten. Er bewegte den Fuß im Takt der Musik und musste sich beherrschen, nicht gleich aufzuspringen und zu tanzen, tanzen, tanzen. Nein, er wollte zuerst anstandshalber die Tasse Tee halb leeren, und dann …

Träge dahinschlendernde Passanten querten den kleinen Platz, fast wie Tröpfchen, die eine Scheibe hinablaufen. Elias genoss den Geruch von Tee und Anis und anderen Gewürzen. Die Musiker machten eine Pause und Elias streckte sich im Sitzen, verdrehte den Kopf, bis die Halswirbel knackten und als die Jungs ihre Zigaretten in einem alten Plastikaschenbecher ausgedämpft hatten, und die Instrumente nahmen, Tablas, Bongos, eine Sitar und eine Harmonika, stand er auf, lockerte sich auf und begann, mit den ersten Takten zu tanzen.

Das konnte Elias, denn es war immer ein Bestandteil all seiner Bemühungen gewesen, sich wie eine Katze bewegen zu können. Er hatte nicht nur begonnen zu trainieren, weil ihn Stefan gepusht hatte, und auch nicht allein deshalb, um eine bessere Figur zu bekommen, und so größere Chancen bei den Mädchen zu haben, sondern weil er einer von denen sein wollte, die in der Disco, im Club, tanzten und auf denen alle Blicke ruhten. Nasse Blicke, hungrige Blicke, beziehungsvolle Blicke. Und deshalb hatte er nicht nur im Fitnesscenter trainiert, sondern auch mit Stefan zu Hause zu angesagter Musik. Sie hatten sich gemeinsam Tanzvideos angesehen und die Schritte einstudiert, und sie hatten sich gegenseitig geschworen, einander nie zu verraten. Nie sollte jemand erfahren, wo und wie sie es gelernt hatten, sich zu bewegen wie fleischgewordene, tanzende Orgasmen. Dazu gehörte ein gutes Rhythmusgefühl, und das hatten sich beide antrainiert. Später, als sie die Zugriffe der TikTok-Videos auswerteten, erkannten sie, dass die Videos mit Tanzszenen bei Weitem am häufigsten angeklickt wurden. Ganz besonders die, bei denen sie Passagen aus K-POP-Videos übernahmen – samt anzüglicher Mimik und Gestik.

Elias fand, dass Tanzen, ähnlich wie eine Jazzimprovisation, erst dann gut sein kann, wenn man das Handwerkzeug so gut beherrscht, dass man die Regeln brechen kann. Er beherrschte die Regeln und konnte improvisieren, sich gegen den Rhythmus bewegen, ihm davoneilen oder nachfolgen. Er konnte schweben, er konnte markieren, er konnte ein Engel sein und ein lasziver Dämon. Und all das zelebrierte er jetzt mit vollendeter Verliebtheit in die Bewegungen, die Musik, die

Nacht und die Gerüche. Nur am Rande bekam er mit, dass Leute stehen blieben, der Durchzug über den kleinen Platz ins Stocken geriet – und die elegante Dame sich mit kleinen, gezierten und sehr damenhaften Schritten auf ihn zubewegte. Auf einmal roch es auch nach Kiff. Sie tanzte um ihn herum, in einer gegenläufigen Bewegung, wie ein Mond um seinen Planeten. Im Tanzen krempelte Elias die Ärmel seines Hemdes nach oben und mischte einige griechisch anmutende Tanzbewegungen mit Flamenco-Elementen. Sie kam näher und strich mit den Fingerspitzen über Elias´ linken Unterarm und gurrte auf Englisch: »Es ist so schön, wenn Engel tanzen. Wie ein Traum!« Elias lächelte sie offen und freundlich an und beschloss, sich auf diesen kleinen, getanzten Flirt einzulassen.

Sie tanzten noch zwei Lieder lang, indem sie sich umkreisten. Leute klatschten im Takt und auch andere begannen, zu tanzen. Doch in all dieser Harmonie und Lebensfreude spürte Elias beim dritten Tanz eine seltsame Irritation, einen Juckreiz außerhalb seines Körpers. Eine unhörbare, obszöne Beleidigung vielleicht oder ein vollkommen unangemessenes Interesse, das aus der Dunkelheit einer Seitengasse heraus auf den kleinen Platz flutete. Verwirrt sah er sich um und machte im Schatten eines schmalen Durchgangs zwei dunkle, massive Gestalten aus. Das war bei Weitem nicht genug, um sich zu sorgen, aber es war eben doch ein Missklang in der arabisch anmutenden Harmonie der leichtfüßigen Musik. Sanft ergriff er die ausgestreckte Hand der Frau und deutete einen Handkuss an und bedankte sich mit einem bezaubernden Augenaufschlag bei ihr für die Freude, mit ihr getanzt zu haben. Ein paar Leute riefen, er solle dableiben und weitertanzen. Elias sah sich um und dort, wo er die Schatten in der Dunkelheit des Durchgangs gesehen hatte, war nichts mehr. Dennoch war die Magie verflogen, und als er auf seine Armbanduhr sah, wurde ihm bewusst, dass er fast eine Stunde lang getanzt hatte. Der Platz war gesteckt voll mit Menschen, und die Musiker winkten ihm, als er sich seinen Weg durch die Menge bahnte. Er winkte zurück, zahlte den Tee und verließ den Platz im Herzen der Medina. Er fühlte sich verschwitzt und wie eine verwilderte Katze und beides gefiel ihm, weil es sinnlich war, so lustvoll wie er sich nach Dehnungsübungen fühlte.

Nach dem Tanzen fühlte sich Elias immer so, als wäre die Bereitschaft, die Lust, zu tanzen, noch immer in allen Fasern, und so war sein Schritt leichtfüßig und elegant, als er flott durch die schmalen Gassen ging.

Während er dahinging, überlegte er, wohin er wollte, denn ins Hotel wollte er nicht. Kurzerhand beschloss er, wieder zum Strand zu gehen und im Hotel eine Dose Bier zu kaufen und diese auf einer der leeren Plastikliegen am Strand zu trinken. Auf den nächtlichen Horizont blicken. Das Leben spüren. Das war ihm auf einmal so wichtig, dass er an nichts mehr anderes denken konnte.

Eine gute halbe Stunde später saß er am Rand einer Liege, die er vom Stapel gezogen hatte. Hinter ihm auf der Liege waren zwei Dosen Bier, die dritte hielt er in der Hand, und ein Päckchen gerösteter Aschantinüsse. Er trank, sah aufs Meer und in den sternenklaren Himmel. Es war windstill. Vom Hotel wehte Musik zum Strand und die üblichen Geräusche einer Restaurant-Terrasse. Stimmen, Besteck– und Tellergeklapper, alles so leise, dass er sich auf das sanfte Säuseln der Wellen konzentrieren konnte, die am Strand ausliefen. Er zog die Schuhe und die Sneakersocken aus, steckte die Socken in die Schuhe und die Füße in den Sand.

Was mache ich wirklich hier? Bro, es wäre so gut, wenn du hier wärst und … wenn du einfach da wärst und mit deinem Grinsen den gordischen Knoten aufdröselst. Aber was anderes – es ist gar kein Knoten, eher das Gegenteil, oder? Ich laufe weg und auf ein Ziel zu, alles gleichzeitig. Ich komme mir vor wie eine kleine Katze, die in einem dunklen Karton eingesperrt war, und da kommt jemand und hebt den Deckel und ich flitze raus. Und dann erschlägt mich die Größe der Welt. Der Welt und die Größe des Lebens. Ich sitze hier im Norden Afrikas und mein Weg wird mich nach Namibia führen. Um den zu suchen, der mein Leben zertrümmert hat, der meine Seele kaut, wie Lakritze. Damn, bin ich poetisch, und das schon nach einer halben Dose Bier. Und wenn ich mein Ziel erreicht habe, Bro, was dann? Ich werde Le Fantom finden und ich werde tun, was mir mein Herz sagt, und momentan habe ich keinen Plan, was mein Herz wirklich sagt. Es murmelt wie ein verdammter Opernchor in einer russischen Oper und lach nicht, ich kenne diese misstönenden, schweren Opern aus Russland. Diese musikalische Gewalttätigkeit. Und ehrlich: Ich habe Angst davor, dass das Murmeln immer lauter wird und dauerhafter, wie Tinnitus in der Seele. Und ich habe Angst vor dem Moment, wenn alles zu Ende ist, egal, wie es ausgeht, weil ich dann vor einer großen Leere stehen werde.

Vor einer leeren Leinwand.

Angelo Cruz, könntest du verstehen, was ich so denke? Ich glaube schon. Du und Stefan, ihr würdet euch gut verstehen, weil ich euch beide irgendwie liebe. Bei dir, Angelo, ist das überhaupt irre, weil ich die Art und Weise, wie wir uns kennengelernt haben, so überhaupt nicht auf der Karte hatte. Ich meine, du bist ein Bauarbeiter und gehst auf den Strich und es gab mal eine Zeit, da hätte ich für Menschen wie dich nur Verachtung übriggehabt. Jetzt schäme ich mich dafür, dass ich jemals für jemand wie dich nur Geringschätzung übrig hatte. Was war ich für ein Mensch, bevor mich Le Fantom in die Falle lockte? Irgendwie verstehe ich das nicht, denn ich mag mich jetzt mehr als der, der ich war, bevor … Du weißt, was ich meine. Hat er mich wirklich zerstört? Oder hat er zerbrochen, was ich war, und mich neu geformt und wenn es so ist? Wie soll ich mich fühlen, was soll ich ihm gegenüber empfinden?

Oh nein, ich will keine Dankbarkeit empfinden, nicht ihm gegenüber und niemand anderem, der daran beteiligt war. Doch alle anderen sind tot. Hat er sie ermordet oder töten lassen, um sich ihrer zu entledigen oder um sie dafür zu bestrafen, dass sie getan haben, was sie getan haben? Und wenn ich gerade so fein darüber nachdenke ...

Er knackte die zweite Dose Bier und naschte Nüsse.

Was tut er? Was ist sein wirkliches Ziel? Denn mir kommt vor, dass er zwar irren Schaden anrichtet, überall, wo er hinfasst, aber dass er auch wie ein Waldbrand ist. Ich meine … die Krise von Kolumbien bis zur Nordgrenze Mexikos. Chaos, Blut, Gewalt und er, wie der Slenderman, in all dem Rauch und Gedröhn, wie er die Ernte einfährt. Und dann? Wird aus dem Chaos auf einmal Ordnung. Die ganze Region vom Norden Südamerikas bis zum Süden Nordamerikas, da herrscht auf einmal Frieden. Die Regierungen setzen sich durch. Mafiageschäfte sind ausgeblutet. Ja, es gibt noch Nachwehen, aber es ist so, als ob man eine Wunde ausbrennt. Eine Zeit lange tut es noch weh, oder? Dann die baltischen Staaten, sein Versuch, die Region zu destabilisieren, und wo Stefan nur ein Ablenkungsmanöver war, so wie ich auf Gran Canaria nur Mittel zum Zweck, denn so war es, nicht wahr? Was war das Ergebnis dort im Norden? Der Pakt wurde ratifiziert, die Zusammenarbeit der baltischen Staaten wurde intensiviert, der Wohlstand wächst. Es sieht fast so aus, als wäre all die Gewalt, die er bewirkt und die er ganz sicher genießt, nur ein Mittel zum Zweck, um … Ja, worum eigentlich?

Hörst du, Angelo? Hörst du meine Gedanken? Ich würde gern im

Schatten deiner Flügel sitzen, denn wahrhaftiger kann ein Name nicht zu einem Menschen passen, obwohl du dich verkaufst, aber du verkaufst dich nicht ganz, nur einen Teil von dir. Deinen Körper, deine Zuneigung, deine Zeit.

Le Fantom. Ist er wirklich ganz und gar böse? Kann, darf ich so denken, nachdem ich gefoltert und gefickt wurde und sie mit ihren Gemeinheiten Wunden in meine Seele gehackt haben? Stefan wurde nicht vernichtet, und obwohl es mir wehtut, dass er abwesend ist – er fehlt mir, er wurde nicht zerbrochen. Vielleicht nicht ganz, ein wenig nur, und er ist stärker als zuvor, so wie ein gebrochener Knochen, wenn er wieder zusammenwächst, stärker ist als zuvor. Die Krisen, die er ausgelöst hat, führten zur Stärke. Verdammte Scheiße, ich bin stärker als je zuvor. Lebendiger, noch gieriger auf all das Leben, das ich mir selbst versagt hatte, weil ich perfekt sein wollte. Ich bin noch lange nicht perfekt oder großartig und alles, aber dort, wo er in meiner Seele Knochen gebrochen hatte, dort bin ich stärker als je zuvor.

Ist es das, was Max tut? Dinge zerbrechen, Leben zerstören, Länder niederbrennen, um sie zu etwas Besseren und Stärkeren zu formen als sie zuvor waren?

Fuck, das Bier fährt ein.

Als er die dritte Dose trank und schon ein wenig im Mystischen war, dachte Elias, dass er eine der inneren Katzen ist, so wie W. S. Burroughs es in einem Buch mit Kurzgeschichten formuliert hatte. *Wir sind alle die inneren Katzen.* Das sind wir, oder? Eingesperrt in einen Schuhkarton. Und wenn jemand kommt und uns freilässt, flitzen wir in die ewige Nacht und sind verwirrt von der Freiheit, die sich vor uns ausbreitet.

Ich würde mich gern noch einmal von dir ficken lassen, Angelo. Du bist über mir und dringst in mich ein, nicht nur mit deinem Schwanz in meinen Arsch, sondern mit deinen liebevollen und aufmerksamen Blicken direkt in meine Seele. Schwul oder bi oder hetero sein hat für mich keine Bedeutung mehr. Ist das gut? Ich weiß es nicht. Aber es ist doch wirklich bedeutungslos. Vielleicht war ich schon immer so und habe es mir nur nicht erlaubt, so zu sein, weil es nicht … professionell war, aus damaliger Sicht. Oder nicht toxisch-männlich genug.

Elias sah sich um und stellte fest, dass er allein am Strand war. Zumindest hier. Weiter weg im Dunkel an der Brandung ging ein Pärchen. Er griff von oben in die Hose, fasste nach seinem Schwanz und war von der Geilheit, die ihn packte, überrascht. Er legte sich auf die Liege, schloss die Augen und erinnerte sich an Angelos zärtlichen Silberblick und ergoss sich nach nur wenigen Bewegungen seufzend in die Hand. Keuchend öffnete er die Augen und lächelte die Sterne an. Er keuchte grinsend: »Wow«. Langsam setzte er sich auf und nahm etwas Sand, reinigte die Hand. Dann schlenderte er nach vor zur Brandung und wusch den Sand von den Händen. Zurück bei der Liege verputzte er die restlichen Aschanti, sammelte die leeren Dosen ein und ging damit zu einem Mülleimer an der Promenade rechts vom Hotel.

Na, Elias. Du bist also hetero?

Nein.

Na, dann bist du bi, oder?

Öh, nein.

Also bist du schwul?

Bin ich auch nicht, nö.

Ja, aber was bist du dann?

Ich bin Elias, und ich bin am Leben.

Er lächelte die Sterne am Nachthimmel an, den Turm der nahen Moschee. Dann ging er mit den Schuhen in der Hand zurück zur Promenade, setzte sich auf eine Bank, säuberte die Füße vom Sand, zog Socken und Schuhe an und ging zurück zum Hotel. Als er die Promenade überquerte, lösten sich zwei massive Schatten aus dem Dunkel etwas weiter weg neben einem Stapel Liegen und folgten ihm.

Am nächsten Tag stand er um acht Uhr morgens auf, duschte ausgiebig, zog sich an und suchte den Speisesaal des Hotels auf und frühstückte: Kaffee, Orangensaft, Toast mit Käse. Danach ging er zurück aufs Zimmer, zog sich an, nahm das Notebook und das Smartphone, packte beides in den flachen Rucksack und ging zur Medina, um eine Bibliothek oder ein Antiquariat aufzusuchen.

Auf dem Weg dorthin war er nicht sicher, ob er die Bibliothek wirklich brauchte. Im Internet könnte er vermutlich dasselbe finden wie in der Bibliothek. Der Gedanke, alte Zeitungen auf Mikrofilmen durchzulesen, schreckte ihn ein wenig ab. Deshalb überlegte er, während er zur Medina schlenderte, Suchabfragen. Zentrales Element war jedenfalls Namibia. Dazu Begriffe, wie: Aufstand, Konflikt, Drama, Ereignis, Trauer. Ja, auch Trauer. Denn das ist es, was Le Fantom immer zuerst bewirkt. Zerstörung und Trauer. Es ist leichter, damit umzugehen, wenn man den Finger drauflegen kann und es benennt. Wonach würdest du suchen, Stefan? Und du, Angelo? Tod? Auch gut. Drama, Trauer und Tod. Wie weit zurück?

Dreißig Jahre? Oder weiter? Er beschloss, zur *Librairie Tanger* zu gehen und sich dort umzusehen. Sollte er dort nicht fündig werden, beschloss er, ein nahes Café aufzusuchen, Tee zu trinken, das Notebook aufzuklappen und im Internet zu recherchieren.

Eine halbe Stunde später, als er sich durch die engen Gänge der Bibliothek schlängelte und aufpasste, keinen Zeitungsstapel mit dem Rucksack umzustoßen, schlug er sich auf die Stirn. Noch ein Suchbegriff, natürlich. Max. Elias war sicher, dass Max der echte Vorname seines Peinigers war. Vielleicht in abgewandelter Form: Max, Maxi, Maximilian. Suchabfrage: Max, Kenia, Drama. Damit konnte er das Suchspiel eröffnen. Nachdem er sich ein wenig orientiert hatte, ging er zu der alten Frau, die wie eine Eule aussah, weise und gütig und fragte auf Tamazigh, ob es bei den Zeitungen irgendein Ablagesystem gab. Sie sah ihn über die rahmenlosen Gläser ihrer Lesebrille an, lachte kurz und antwortete: »Herzchen. Ich bin froh, dass die Ausgaben auf Stapeln liegen und nicht auf dem Boden. Was suchst du, Hübscher?« Elias dachte kurz nach, dann antwortete er: »Alles Mögliche über Namibia. Über Kriminalfälle, Dramen, Tragödien.«

»Oh«, seufzte sie. »Das ist schwer, weil ziemlich unspezifisch. Welchen Zeitraum?«

»Naja«, antwortete er einer Eingebung folgend. »Zunächst mal etwas vom März bis April dieses Jahres. Ich hörte, da sei etwas vorgefallen. Klingelts da bei ihnen?«

Sie kicherte, klopfte ihm über den Tresen, an dem sie lehnte, auf die Schulter und antwortete: »Ich glaube, ich erinnere mich da an etwas. Eine Naturkatastrophe oder so etwas in der Art, stimmts?«

Er nickte. »Denke schon!«

Sie kam um den Tresen herum gewatschelt, ganz Büchereule, die sie augenscheinlich war, drängte sich an ihm vorbei und steuerte einen Zeitungsstapel im dämmrigen Hintergrund des Ladens an. »Ich glaube, hier habe ich etwas. Warte mal, Junge, lass mich mal machen!«

Sie hob einen Stapel an, legte ihn zur Seite, wühlte ein wenig in den darunter liegenden Zeitungen und nach rund einer Minute triumphierte sie: »Aha! Da. Da ist etwas. Fünfzehnter April 2026. Warte mal.«

Sie schlug die Zeitung auf. Es war eine Ausgabe der *Aljamaa*.

»Ha, da. Schau mal.«

Sie gab ihm die Zeitung und musterte ihn mit dem Stolz einer alten Bibliothekarin. »Das?«

Er überflog die Überschrift des Artikels, den sie aufgeschlagen hatte, und spürte, wie sein Herz zu rasen begann. Ja, das war das Ereignis, von dem die beiden Kolumbianer am Bahnhof von Madrid gesprochen hatten. Was er im April in den Nachrichten gesehen hatte, woran er sich so gut erinnerte, weil Stefan bei ihm gewesen war. Die Erinnerung schmeckte nach Stefans Haut und Reiswaffeln. Der Einsturz eines alten Höhlensystems unter der Wüste von Namibia, etwa einen Kilometer westlich von Sossusvlei. Tausende Tonnen Sand stürzten dreißig bis vierzig Meter in die Tiefe und zum Zeitpunkt, als der Artikel verfasst worden war, konnte man noch nichts über die Ursache sagen. Am Ende des Artikels stand, dass man bei den ersten Untersuchungen vor Ort Leichen gefunden hatte. Mumifizierte Leichen, die man nach Windhoek gebracht hatte, um sie zu untersuchen. Warum? Die Leichen wiesen Verletzungen auf, die sich nicht allein durch den Einsturz der Höhlen erklären ließen. Neben den Quetschungen fand man Wunden, die von einem Messer herrühren könnten. Stich- und Schnittwunden. Eine der Leichen hatte einen Ring am kleinen Finger der rechten Hand. Ein Ehrenring der Rovos-Gesellschaft, der nur an verdiente, langjährige Mitarbeiter vergeben wurde. Die Leichen waren mumifiziert durch die stete Trockenheit.

Elias klappte das Notebook auf, öffnete sein Notizprogramm und notierte den Namen der Zeitung, das Datum der Ausgabe und die Angaben über die Leichen und das Detail über den Ring. Rovos. Da klingelte etwas. Er sah die Frau an und fragte: »Rovos. Sagt dir das was?«

Sie blinzelte ihn an und nickte: »Na gut, du darfst mich duzen, Junge. Aber nur, weil du so interessiert bist. Bist du Journalist oder so?«

Er dachte eine halbe Sekunde nach und beschloss, bei der Wahrheit zu bleiben: »Nein, bin ich nicht. Ich habe private Interessen.«

»Na, gut. Rovos ist eine Eisenbahngesellschaft in Südafrika, die durch Namibia bis Francistown in Botswana fährt. Die Strecken, die die Bahn befährt, waren bis in die frühen Neunziger nur für den Güterverkehr, das Kapspurnetz. Als man dann für den Gütertransport auf Flugzeuge umstellte, mietete sich die Rovos auf die Strecken ein und baute ein Eisenbahnnetz für den höherpreisigen Tourismus auf. Rovos ist jetzt eine reine Luxuslinie und fährt von, ach was, such im Internet, die haben eine Website. Pretoria, Kapstadt und rauf nach Windhoek. So irgendwie. Willst du ein Foto vom Artikel machen?«

Nickend zückte Elias sein Smartphone und machte ein paar Fotos der aufgeschlagenen Zeitung. Er fand, für den Beginn seiner Suche war die erste Ausbeute sehr zufriedenstellend. Der Einsturz der Höhlen, fünf mumifizierte Leichen, die man aus der eingestürzten Grube barg, der Ring der Rovos Rail an der Hand einer der Leichen – fast so, als ob es sein Schicksal sein sollte, genau hier in das Antiquariat zu kommen und diese alte Frau zu finden, die ihn mit der Nase auf die erste, wirklich brauchbare Spur stieß. Er bedankte sich und zückte die Brieftasche, um sich erkenntlich zu zeigen, aber sie winkte ab: »Lass stecken, Junge. Dein Besuch und dein Interesse sind mir Lohn genug. Ich bin hier fast immer allein. Dein Besuch war die Aufregung der Woche für mich. Und jetzt zu dir, Freund. Kannst du mich einweihen? Was suchst du? Ich meine: Was suchst du in *Wirklichkeit*?«

Einen Moment lang war Elias unschlüssig, was er antworten sollte, dann antwortete er leise: »Du hast von den Verbrechen in Süd- und Mittelamerika gehört oder gelesen?«

Sie nickte: »Weiter!«

»Und von dem verhinderten Attentat und der Entführung in Estland?«

»Auch!«

»Gut. All das hat mit einer Person zu tun, die mir etwas Schlimmes angetan hat. Und ich habe den Hinweis bekommen, dass diese Person sich irgendwo in Namibia aufhält. Ich suche ihn, um …«

»Pscht. Das will ich nicht wissen. Treibt dich Rache an oder die Suche nach Gerechtigkeit?«

Darüber dachte er kurz nach, dann holte er Luft und antwortete: »Ich suche Gewissheit.«

Die alte Frau sah ihn durchdringend an, dann senkte sie den Blick und flüsterte geheimnisvoll: »Lass dir deine Seele nicht aus falschen Gründen beschädigen, und auch nicht aus den vermeintlich richtigen. Wenn du wirklich nach der Wahrheit suchst, nach Gewissheit, dann ist das gut, aber belüge dich nicht selbst, hörst du?«

Elias nickte und lächelte: »Danke, liebe Frau!«

»Wie heißt du, Junge?«

»Mein Name ist Elias.«

»Hat mich gefreut, dich kennenzulernen, Elias.«

»Mich auch. Ganz ehrlich. Mich auch!«

Ein paar Minuten später saß er an einem runden Tisch eines Straßencafés, hatte das Notebook geöffnet und mit dem Smartphone verbunden, um das Funknetz zu nutzen. Mit den Begriffen und Informationen, die er notiert hatte, öffnete er eine wahre Schatzkiste an Informationen, deren Inhalt wie eine kunterbunte Silvesterrakete vor ihm explodierte.

Drei Tage nach dem Einsturz und nachdem man die fünf Leichen geborgen und nach Windhoek gebracht hatte, meldete sich ein fünfundachtzigjähriger Mann beim Team, das die Leichen untersuchte, und verlangte, den Leichnam mit dem Ring zu sehen. Man gewährte ihm Zugang. Der Arzt, der ihn zu den Leichen begleitete, sagte später einem Reporter einer lokalen Zeitung von Windhoek, dass der Mann sehr gefasst gewesen war, aber auch sehr bewegt, sehr seltsam. Als er den Ring sah, der noch immer am kleinen Finger der Leiche steckte, hätte er zu weinen begonnen und geschluchzt, dies sei sein Sohn, der vor vierzig Jahren spurlos verschwunden war. Natürlich erkannte er den Ring, denn auf der Innenseite war der Name des Mannes eingraviert: Für deine Treue und dein Vorbild, Gideon. Rovos 1984.

Der Name der Leiche mit dem Ring war Nikandor.

Elias notierte das in seiner App auf dem Notebook.

Nikandor. Verschwunden irgendwann zwischen 1984 und 1985. Er schränkte die weitere Suche auf Ereignisse zwischen Ende 1984 und Herbst 1985 ein, rein aus einem Bauchgefühl heraus. Er durchsuchte ein Onlinearchiv mit Schwerpunkt auf Nachrichten aus und um Namibia. Walfischbucht, Windhoek, Sossusvlei und Deadvlei. Und er wurde fündig. Im Herbst 1985 gab es ein Gemetzel an den Eigentümern und Angestellten der Steinhammer Farm. Das Verbrechen konnte nicht aufgeklärt werden, man beschuldigte, ohne dabei deutlich zu werden, namibische Nomadenstämme. Entweder die Hereros oder die Himbas. Zur selben Zeit wurden Gerüchte laut, dass der luxemburgische Erbe einer Reederei und Milliardär Maximilian Weyland wohl bei seiner Expedition, die ihn laut Angestellten der Weyland-Stiftung nach Namibia geführt hatte, verstorben sei. Das letzte Lebenszeichen von ihm war vom zwölften September 1985, als er mit Kreditkarte für sich und seine fünf Begleiter vier Zimmer in einem Hotel in der Stadt Luanda in Angola bezahlt hatte. Ab da gab es kein Lebenszeichen mehr von ihm oder den

Personen, die ihn begleiteten. Ein Hausangestellter, der das Anwesen der Familie Weyland betreute, sagte in einem Interview mit der luxemburgischen Tageszeitung *Tageblatt*, dass Maximilian Weyland großes Interesse an der Bibliothek seines Vaters gehabt hatte und dort vor allem philosophische Werke verschlang. Das letzte Buch, das er gelesen hatte, war das Tagebuch des portugiesischen Mönches und Denkers Abel Cartoso. Das könne er deshalb mit Gewissheit sagen, weil er das Buch aufgeschlagen in der Bibliothek auf dem Beistelltisch in der Leseecke gefunden hatte. Er konnte sich sogar an den Namen des Kapitels erinnern: *Resilienzismus*.

Elias klappte keuchend das Notebook zu und starrte ins Leere. Er musste erst gar nicht über die Etymologie des Fantasieworts nachdenken. Die Lehre der Resilienz. Ihm war, als würden gut geölte Mechanismen ineinandergreifen und ein immer deutlicheres Bild zutage treten lassen. Resilienz – darüber hatte sich Max auf der Jacht ausgelassen, als er Elias in geheuchelter Freundlichkeit eingeladen hatte, mit ihm eine Spritztour vor der Küste von Puerto de las Nieves zu machen. Alles lag vor ihm auf dem Tisch, er hatte es nur nicht gesehen, das Muster nicht erkannt. Nach ein paar Minuten, in denen er an seinem Pfefferminztee nippte, klappte er das Notebook wieder auf und suchte nach Namibia, Hammerstein Farm und Max und wurde wieder fündig. Es war zum Verrücktwerden, wie sich das Puzzle quasi von selbst zusammensetzte.

Es war gespenstisch.

Im Mai 1986 kaufte ein Mann namens Maximilian Villeneuf die Farm und investierte ein kleines Vermögen, um sie in eine Touristenlodge umzugestalten.

»Ich werd' wahnsinnig«, flüsterte Elias. Max Villeneuf war Maximilian Weyland, Erbe einer Reedereidynastie aus Luxemburg. Als Weyland war er verschwunden. Als Villeneuf wiederauferstanden und mit einem Fingerschnippen Eigentümer jener Farm, deren Inhaber und Angestellte ungefähr ein Jahr zuvor niedergemetzelt worden waren.

Warum war nie jemand aufgefallen, dass es diese Verbindungen gab? Er gab sich selbst die Antwort: Weil niemand nach diesen Verbindungen gesucht hatte. Bis jetzt.

Maximilian Weyland war Maximilian Villeneuf war Le Fantom. Das stand für ihn nun felsenfest. Und für ihn stand auch fest, dass Maximilian Villeneuf alias Le Fantom am Tod der Farmbesitzer verantwortlich war – irgendwie.

»Gottverfluchte Bestie«, zischte er wutentbrannt.

Er war so auf den Text auf dem Bildschirm seines Notebooks konzentriert, dass er die massigen Schatten zuerst gar nicht wahrnahm. Erst, als sich links und rechts von ihm zwei Männer auf die freien Stühle setzten, blickte er auf und sah verwirrt von links nach rechts. Er spürte etwas Hartes und Scharfes. Der Mann links von ihm fragte mit seidenweicher Stimme: »Herr Mataanoui, nehme ich an?«

Elias wollte aufspringen, da verstärkte sich der Druck links unter der untersten Rippe.

»Ich habe hier ein Stilett. Ein sehr scharfes Werkzeug, wenn ich so sagen darf, lieber Herr Mataanoui. Ich hätte kein Problem damit, diese wunderbare Waffe in Ihre Niere zu stoßen. Aber wir wollen uns wie gesittete Leute unterhalten. Das *wollen* wir doch, oder?«

»Was für Leute?«

»Oh, wir sind freiberufliche Mitarbeiter eines Freundes von ihnen. Mein Name ist Clubb. Mein ehrenwerter Begleiter hier ist Herr Cuff. Wir sind, nun, wie sagt man, Informationsbeschaffer, und unsere besondere Fähigkeit ist es, alle Arten von Informationen stets zu erhalten, wenn Sie verstehen, was ich meine.«

Elias nickte und unterdrückte die aufsteigende Panik. Statt in Angst und Schrecken zu verfallen, lehnte er sich ein wenig zu dem Mann auf seiner rechten Seite und schnupperte.

»Was tun Sie da?«

»Oh, Sie riechen hervorragend, wenn ich das so sagen darf. Ich nehme an, Sie benutzen Xerjoff Opera, nicht wahr?«

Der Mann rechts von ihm lächelte erfreut und nickte: »Gut erkannt, lieber Freund. Falls Sie Ihren Tee bisher nicht bezahlt haben, würde ich vorschlagen, Sie tun das jetzt. Falls Sie schon bezahlt haben, wäre es zu gütig, wenn Sie nun langsam aufstehen, so als ob wir liebe und gute Freunde wären, und begleiten uns zu einem etwas intimeren Ort, um unser Gespräch fortzusetzen.«

»Ich habe bereits bezahlt«, flüsterte Elias und seine Gedanken flatterten wie Sperlinge in seinem Kopf. Er wusste, dass die beiden kein freundliches Gespräch mit ihm führen wollten. Dazu hätte es die Drohung mit dem Stilett gar nicht gebraucht.

»Was wollen Sie wissen? Ich kann es Ihnen auch so sagen. *Bitte*!«

»Ach, es geht uns doch nicht darum, was Sie sagen, sondern darum, wie Ihre Stimme klingt, wenn Sie vor Schmerzen und Todesangst brüllen«, sagte Herr Cuff, als würde er einen belanglosen Sachverhalt klären.

Elias klappte das Notebook zu und verstaute es im Rucksack. Das Smartphone steckte er in die Hosentasche.

»Aber das alles brauchen Sie doch nicht«, sagte Herr Clubb amüsiert.

Elias zuckte mit den Schultern und antwortete leise: »Wie sieht denn das aus, wenn ich alles hier liegen und stehenlasse? So, als ob ich entführt würde?«

»Oh, er ist clever, der junge Freund«, sagte Herr Cuff erfreut.

»Und fügsam wie ein Lamm«, ergänzte Herr Clubb süffisant.

Sie standen ebenfalls auf und zwängten Elias zwischen sich ein. Herr Cuff legte seinen muskulösen Arm um Elias' Schultern und führte ihn vom Café weg nach Norden. Herr Clubb drückte weiter, gut versteckt unter seinem Sakko, das er über den Unterarm gelegt hatte, das Stilett in Elias linke Seite. Er wusste, dass er ihnen entkommen konnte und musste, und dass es nicht um eine Plauderei ging. Sie wollten ihn foltern und töten, es ging um sein Leben. Er fühlte sich durchströmt von Adrenalin, vielleicht genauso wie im Dezember in Estland, als er die drei Söldner überwältigt hatte. Er bemaß die Situation nüchtern und pragmatisch. Würde er jetzt wie eine Katze davon flitzen wollen, hätte der Mann zu seiner Linken noch immer Zeit genug, ihm die Klinge in den Körper zu rammen. Sie könnten im Gedränge ungesehen verschwinden und er würde hier verbluten. Er musste einen Moment abwarten, in dem sie unaufmerksam wurden. Musste sie in Sicherheit wiegen und das ängstliche Opfer spielen. Das fiel ihm in dieser Situation nicht schwer.

Er flüsterte: »Bitte tun Sie mir nichts. Bitte. Ich mache alles, was Sie wollen. Ich kann Ihnen zu Diensten sein, bitte, ich flehe Sie an. Ich kann Ihnen … Freude bereiten. Ich kann gut blasen, ich meine, ich kann es lernen, wenn Sie wollen. Sie könnten mich wie ein Mädchen nehmen, bitte, ich kann Ihr Sklave sein.«

»Oh, Sie werden uns viel Freude bereiten, lieber Herr Mataanoui, wenn wir Ihren bemerkenswert schönen Körper mit einem elektrischen Hobel häuten. Ihr qualvoller Tod steht auf der Speisekarte, sonst nichts. Aber wenn Sie gern möchten, können Sie halb gehäutet Herrn Cuff und mich mit dem Mund bedienen und wir überlegen uns vielleicht, Ihnen nach einer angemessenen Zeit der Qual einen raschen Tod zu gewähren. Alles andere ist nicht verhandelbar.«

Kiki reist nach Francistown

Mai 2026
Meron Cunha liebkoste den wuchtigen, metallic-mountain-grauen Range Rover, Baujahr 2025, mit seinen Blicken. Er hielt den Schlüssel in der rechten Hand, in der Linken hatte er eine Sporttasche mit den Sachen, die er für die rund zehntägige Reise brauchte. Wenn er, wie geplant, ein paar Tage in Francistown blieb, könnte er dort in der Wohnung von Rachels Tante seine Wäsche waschen. Mit ihr durch die Stadt schlendern, abends in Clubs gehen und nachts leicht angesäuselt mit ihr schlafen. Noch mal und noch mal und dann noch mal, bis der Morgen graute und sie keine Kraft mehr hatten.

Für die Fahrt hatte er eine ausgebleichte, lockere Jeans angezogen und ein weites, hellgraues Leinenhemd. Er trug den Lederschmuck, den Rachel für ihn angefertigt hatte, um den Hals und um die Handgelenke – dezente Hinweise auf seine Abstammung.

Der Wagen stand in der großen Garage, wo auch die anderen Angestellten ihre Fahrzeuge vor der Sonne geschützt abstellen durften. Maximilian war der beste Chef, den man sich für diese Arbeit hier vorstellen konnte.

Meron genoss die Freundlichkeit der jungen Frauen, die im Schatten der Garage ihre Rauchpause abhielten, und ihre Blicke. Er wusste, dass er unverschämt gut aussah, weil es ihm die Menschen um ihn herum oft genug gesagt und gezeigt hatten, indem sie ihn wie etwas besonders Wertvolles behandelten. Zu seinem Selbstverständnis gehörte es natürlich, mit allen zu flirten, die ihn länger ansahen, als es die Höflichkeit gebot. Und er hatte Rachel schon gesagt, man solle nicht glauben, wie viele verheiratete Frauen von überall her nach ein paar Drinks mehr als bereit seien, ihre Männer mit ihm zu betrügen.

Aber er hatte nur Augen für seine Prinzessin, die ebenso dunkel, verführerisch und lebensfroh war wie er. Wenn sie Hand in Hand durch Windhoek gingen, war das so, als würden zwei Rufzeichen hinter dem Wort *Lebensfreude* einhergehen.

Meron entriegelte den Wagen, warf die Tasche auf den Beifahrersitz, startete den Motor, und hantierte mit der Steuerung des Fahrersitzes, bis es passte. Dann richtete er den Spiegel, drehte die Klimaanlage auf zweiundzwanzig Grad und lächelte sein Spiegelbild mit blitzenden Zähnen an. Zwei junge Arbeiter, die das Gepäck der Gäste von den

Autos zu den Lodges brachten, machten ebenfalls eine Rauchpause, und als Meron langsam mit dem Wagen ins Licht rollte, veranstalteten sie einen spöttischen Regentanz und lachten schallend und winkten. Er lachte und winkte zurück, bog nach links ab und rollte im Schritttempo zur Ausfahrt, winkte Maximilian, der im Schatten des Haupteinganges stand und ihm ebenfalls winkte. Er lenkte den Wagen zum Haupteingang, blieb stehen und ließ das Fenster runter: »Danke nochmals für alles, Chef. Ihr Vertrauen bedeutet mir sehr viel!«

Maximilian Villeneuf kam zu ihm, legte seinen Arm auf Merons Unterarm und drückte ihn: »Bring mir die Kiste nur in einem Stück wieder und komm gesund nach Hause. Gute Fahrt, Nummer eins! Du hast meine Telefonnummer hoffentlich auf Kurzwahltaste, ja?«

Meron nickte und strahlte, als er das Fenster schloss, den Wagen zur Ausfahrt lenkte und hinausrollte auf die Sandpiste. Er schlug aufs Lenkrad und formte mit den Lippen: »Wow, wow, wow!«

Natürlich kannte er den Wagen, denn er hatte oft genug auf dem Beifahrersitz gesessen, wenn der Chef nach Windhoek fuhr, um einzukaufen. Dass er ihn nun fahren durfte, lag nicht zuletzt daran, dass er sich in Abwesenheit des Chefs um den Wagen gekümmert hatte. Ihn gewaschen und gereinigt, innen und außen, darauf geachtet hatte, dass der Tank mindestens halb voll war – das erledigte er auf der hauseigenen Tankstelle. Max Villeneuf hatte stets darauf geachtet, das Anwesen so weit wie möglich autonom zu halten. Lebensmittelvorräte in Kühlräumen, mehr als die empfohlene Menge an Notstromaggregaten, die eigene Tankstelle – dazu hatte er einen Vertrag mit einer großen Tankstelle in Windhoek. Meron war immer wieder überrascht, woran der Mann alles dachte, und er hatte es sich zur Maxime gemacht: *Lerne von den Besten.*

Als er die Sandpiste erreicht hatte, stellte Meron den Wagen ab, nahm sein Smartphone und schoss zwei Selfies von sich, wie er lässig auf dem Kühler saß. Die Fotos teilte er auf Instagram und dann schickte er sie noch an Rachel: *Bin unterwegs, Babe*! Eine halbe Minute später kamen ein Daumenhoch und ein Kussmund zurück. Meron grinste breit, schoss noch ein Selfie, stieg wieder in den Wagen und fuhr weiter. Er hatte beschlossen, die Fahrt zu genießen, und sich deshalb für die Route auf der D854-Bundesstraße entschieden. Sie führte von der Lodge im Nordosten in die Berge. Der Himmel war tiefblau, die Felsen der

Vorberge grau und rötlich, wie der Sand der namibischen Wüste. Im Wagen erlebte er sein eigenes Land neu. Alles war ihm vertraut, aber am Steuer zu sitzen und den tonnenschweren Range Rover zu lenken, ließ ihn alles durch andere Augen neu wahrnehmen.

Das Cockpit war staubig, fiel ihm auf, und er beugte sich nach rechts, um das Handschuhfach zu öffnen. In Namibia herrschte Linksfahrordnung und für Meron war es ungewohnt, dass in diesem Wagen der Platz des Fahrers links war.

Er öffnete das Handschuhfach, weil er davon ausging, dass der Staubwedel, den er benutzte, um den Wagen innen abzustauben, da drin war. War er auch. Und einige andere Sachen auch. Noch achtete Meron nicht darauf, nahm den Staubwedel und wischte über das Cockpit und die Armaturen.

Eine Stunde später, und schon halb durch das flache, ausgetrocknete Gebirge, bekam Meron Durst, lenkte den Wagen an den Straßenrand und stellte ihn ab. Er stieg aus, ging zur Heckklappe und öffnete sie, weil er dort die Thermosflasche mit Magnesium-Mineralwasser hatte. Auf der Fahrt hatte er bislang sieben Autos gesehen, davon waren vier Transportfahrzeuge von der Universität Windhoek, wie er am Emblem an den Seiten erkennen konnte. Zuerst war ihm kein Grund eingefallen, warum die in Richtung Sossusvlei fuhren, dann kam ihm wieder der Einsturz des Höhlensystems in den Sinn, der sich einen Tag, bevor Max Villeneuf wieder im Hotel angekommen war, ereignet hatte. Vermutlich wollten sie dort forschen, was zum Einsturz des bislang unbekannten Systems aus Höhlen und Gängen geführt hatte und ob es vielleicht in der Gegend noch andere, nicht kartografierte Höhlen gab, die einsturzgefährdet waren. Man hatte dort auch in der Trockenheit mumifizierte Leichen von vier Männern gefunden.

Die Flasche lag auf einer rauen Filzdecke, die einen angenehmen Geruch von Feuer und Eukalyptus verströmte. Er nahm die Flasche und trank, schraubte sie wieder zu und warf sie nach vorn auf den Beifahrersitz. Dabei beugte er sich vor, griff nach der Decke und hielt sie sich ans Gesicht. Der Geruch war stark und mehr als das. Er war umfassend, dreidimensional, als ob er beweglich wäre, fast ein lebendes Wesen. Ihm wurde kurz schwindlig. Der Geruch von Rauch und Eukalyptus. Brand und Frische. Er zuckte zurück und als er unter der offenen Heckklappe des Wagens stand, ein wenig abgeschirmt vor der tief hoch am Himmel stehenden Sonne, fuhr ein gewaltiger Schauder über ihn, der er ihn taumeln ließ. Er empfand knochentiefe Angst, ja, Panik. Licht und Schatten rasten über ihn, ohne dass sich der Himmel verdunkelte – es war ein Funkeln unterhalb des Himmels und doch vollkommen umfassend, so als ob das Universum hinter dem tiefblauen Himmel geblinzelt hätte. Stöhnend richtete er sich auf und griff nach oben, um sich an der Heckklappe festzuhalten. Er sah langsam von links nach rechts, drehte sich dann um und lehnte sich an den Wagen. Alles sah so aus wie immer und doch hatte er das Gefühl, nicht mehr in seinem Leben zu sein, in seiner Wirklichkeit, sondern für ein paar Atemzüge nur Gast in einem fremden Leben zu sein, das ihm gespenstisch und mysteriös vorkam. Er beugte sich vor, weil er dachte, sich übergeben zu müssen, aber er würgte nur trocken und schnappte nach Luft. Die Landschaft um ihn erschien ihm nicht mehr wirklich, weit und vollkommen, sondern wie die Dekoration eines Theaterstücks, das zu Ende war – oder bisher nicht begonnen hatte – eine Bühne ohne Leben im Arbeitslicht. Ernsthaft irritiert schlurfte er mit weichen Knien zurück zur Fahrerseite, setzte sich, schloss die Tür und legte den Kopf auf das Lenkrad, um ein paar Sekunden die Augen zu schließen. Ein weiterer kalter Schauder lief ihm über die Arme. Er flüsterte Worte, die er nicht verstand. Sie klangen gut und doch giftig. So, als hätte eine böse Kraft etwas Reines und Gutes mit Scheiße besudelt: »Me amarás« Er hob den Kopf, wischte sich die Feuchtigkeit von den Wangen und fragte leise: »Was bedeutet das?« Als er mit brennenden Augen durch die Windschutzscheibe blickte, sah er am Straßenrand einen kleinen Gepard, der unverwandt zum Wagen starrte und dann gelangweilt weiterlief.

»Eine Katze«, dachte er irritiert. Und dann: »Katzen auf dem Mars, ist ja irre!«

Ohne zu verstehen und zu hinterfragen, warum er das dachte, drehte er die Klimaanlage noch mehr auf, startete den Motor und fuhr weiter. Die verwirrende und scheinbar nur in der Luft liegende Veränderung hatte sich verzogen. Hier war nur er im Wagen seines Chefs und um ihn herum war das trockene, namibische Land so wie eh und je.

Eine lautlose Explosion

Mai 2026

Knapp eine Stunde, nachdem Kiki mit dem Range Rover vom Grundstück gerollt war, stieg Max Villeneuf in einen kleinen und unscheinbaren Lieferwagen. Er drehte die Klimaanlage auf, verband das Smartphone mit dem Computer und wählte Musik aus, die ihn begleiten sollte. Heute war ihm nach schwerer, atonaler Musik zumute und kurz war er unentschlossen, ob er Jerry Goldsmiths Soundtrack zu *Planet der Affen* anhören wollte, oder lieber doch *Lady MacBeth von Zmensk* von Dmitri Schostakowitsch. Er beschloss, die russische Oper zu hören, und fuhr los, winkte ein paar Angestellten, die einer neu angekommenen Familie das Gepäck abnahm, und rollte vom Grundstück. Erst dann drehte er die Musik auf.

Für sein letztes Vorhaben hatte er keine Timeline. Er hatte vor, dieselben Mechanismen zu nutzen, die er auch für die durch ihn ausgelösten Revolutionen und Aufstände in Süd-, Mittel- und Nordamerika genutzt hatte. Seine Anwesenheit war nicht vonnöten, um zu tun, was er geplant hatte. Der Sprengstoff in Form von Daten war schon lange platziert, gut versteckt und getarnt in unzähligen Cloudstrukturen. Er nannte das Vorhaben *Eine lautlose Explosion.* Das bezog sich auf die Zündung. Was danach folgen sollte, wenn alles richtig ablief, war nichts anderes als die Vernichtung eines politischen Konzepts. Asche zu Asche und Feuer gegen Feuer. Manchmal musste man mit der Axt wüten, um Neues entstehen zu lassen.

Er lenkte den Wagen mit einer Hand in Richtung Westen, zur Küste. Es gab keinen zwingenden Grund, dorthin zu fahren, er hatte nur die romantische Vorstellung, dass er das, was er vorhatte, an einem Ort erledigen wollte, der ihn seit jeher in seinen Bann zog. Die Walfischküste, weitab der Zivilisation. Dort, wo der rote Sand der steilen Dünen Namibias direkt in die Brandung des Südatlantiks auslief. Rot und blau. Blau, das Leben. Rot, die Wüste, der Tod.

Er erinnerte sich an seine erste Fahrt hier in dieser Wüste vor vierzig Jahren. Henriques, sein Chauffeur, den er so grausam in der Höhle geopfert hatte, halb verrückt vor Erregung und wirr vom Machtrausch. Nikandor, Botho, Ramses, Nafi. Unschuldige junge Männer. Indem er diese Männer getötet hatte, stellte er sich nicht nur der ersten Prüfung auf dem Weg zu seinem neuen Leben als Le Fantom, er lernte auch die Ekstase der Todesangst anderer kennen. Niemals lebt man intensiver als im Moment des Todes. Das hatte er in den brechenden Blicken von Nikandor gesehen, in den Tränen von Henriques. Manchmal träumte er noch von dem jungen Kerl. In diesen Nächten stand er in fast vollkommener Dunkelheit vor ihm, von einer unsichtbaren Lichtquelle beschienen, nackt und lächelte ihn an, raunte: »Küss mich.« Und Max Villeneuf träumte davon, zu ihm zu gehen und ihn zu umarmen, seine Hüften an den Hüften des jungen Schwarzen, der seinen zitternden, schlanken Körper an ihn drängte und nach Zimt roch. Dann der Kuss, langsam, unaufhaltsam, überwältigend süß – eine lautlose Explosion. Mehr als einmal war Max Villeneuf mit Tränen in den Augen aus diesem Traum erwacht und hatte lange gebraucht, um wieder zu sich zu finden.

Er umfuhr weitläufig den Ort, an dem die Höhlen eingestürzt waren. Nicht, dass ihm von dort Ungemach drohte. Die Hüter des Totem waren verschwunden und hatten keine Spuren hinterlassen, außer den vertrockneten Leichen, die seit vierzig Jahren dort lagen und darauf warteten, durch neue Bürgen ersetzt zu werden, als er im Frühjahr Nachschau gehalten hatte. Natürlich kannte er den Weg zum versteckten Eingang des Höhlensystems, der weitab der Touristenrouten lag, die sich von den Lodges am Rande des Nationalparks nach Deadvlei und Sossusvlei erstreckten. Anfang April hatte er den Ort aufgesucht, um mit den Hütern zu sprechen. Ihm war danach, denn er hatte das Gefühl, dass sich sein Zeitfenster schloss. Welches genau, wusste er nicht, aber er war davon überzeugt, dass seine Tage gezählt waren. Ob nun als Max Villeneuf, als Le Fantom oder was und wer auch immer er in seinem Leben je gewesen war. Vielleicht erwartete ihn der Tod, vielleicht auch nur der Ruhestand. Dass es nun bald enden würde, wusste er, seitdem er sich der zweiten Prüfung gestellt hatte, bei der er seinem Totem gegenüberstand.

Genau hier, wo die roten Dünen der Wüste in der Brandung des Atlantischen Ozeans endeten. Es hatte schon einen Grund, warum es ihn immer wieder hierherzog, wo nur Sand und Meer war. Es war der Ort, an dem er vor vierzig Jahren in einer aus Drogen geborenen Vision seinem Totem begegnete und …

Als er den Wagen vorsichtig über die Dünen zum Ozean steuerte, fragte er sich, wie lange es wohl dauern würde, bis die ermittelnden Behörden die Reste des Sprengstoffs finden würden, mit dem er das Höhlensystem zum Einsturz gebracht hatte. Das könnte noch eine Weile dauern, dachte er nicht ohne einen Anflug von Stolz. Er hatte Hypex Bio benutzt, einen biologisch abbaubaren Emulsionssprengstoff, der keine Rückstände zurückließ. Man würde Hitzerückstände finden, verglasten Sand, aber es würde eine Weile dauern, bis sich der Verdacht erhärtet, dass die Höhlen nicht einem Naturspektakel zum Opfer gefallen, sondern bewusst zerstört worden waren. Derzeit waren die Behörden und die Universität von Windhoek jedenfalls völlig aus dem Häuschen, dass es diese unentdeckten Höhlen überhaupt gegeben hatte, und derzeit konzentrierten sich die Ermittler auf die Rekonstruktion der Geschichte der fünf Leichen, die man dort geborgen hatte.

Nikandor, Henriques, Ramses, Nafi und Botho.

Er würde diese Namen nie vergessen.

Eine halbe Stunde später stellte er den Wagen auf einer schmalen, gelbroten Landzunge zwischen einem kleinen und flachen See und der Brandungslinie ab, stieg aus und streckte sich.

Er ging um den Transporter, öffnete die Heckklappe und sah ins Innere. Der Laderaum war futuristisch gestaltet, kalt beleuchtet und klimatisiert, verfügte über eine hoch verschlüsselte Satellitenverbindung und einige Notebooks, große Monitore, Tastaturen und sein ledergebundenes Notizbuch. In der Mitte war ein Drehhocker auf drei Rollbeinen. Links neben der Öffnung war ein Sensorfeld, auf das er nun tippte. Der Wagen bewegte sich ein wenig, bis er dank einer fein abgestimmten Hydraulikfederung vollkommen eben stand.

»Na dann«, sagte er leise, verschränkte die Finger ineinander und ließ die Gelenke knacken. »Auf los, geht's los.«

Er schwang sich ins Innere, schloss die Türen und startete sein Teufelswerk.

Der Anschlag war orchestriert und die Eröffnung fand in Budapest statt. Die Vorbereitungen dazu hatte er schon zu Coronazeiten getroffen, als der Hauptverantwortliche für die extrem konservative Überarbeitung der ungarischen Verfassung in Brüssel rein zufällig bei einer Sexorgie mit jungen Männern in einer Schwulensauna ertappt worden war. Parteiinterne Memoranden und Anweisungen zu diesem Vorfall und wie man den Schaden für die Politik des Landes abwenden kann und wie man die Bürger mit anderen Themen ablenkt, wurde in diesen

Dokumenten, Anweisungen, mitgeschnittenen Telefonaten und heimlich aufgenommenen Videos bei Treffen von Entscheidungsträgern bestens dokumentiert.

Das war der erste Streich. Max Villeneuf steuerte den Informationsfluss so, dass Journalisten und Influencer in Ländern, die er auch auf seiner Liste hatte, zuerst informiert wurden, und, wie von ihm geplant, sich in gehässigem Spott ergingen. Das Herausspielen der Dokumente zum Vorfall in Brüssel war nur ein leiser Initialzünder zu dem, was er auslösen sollte. Villeneuf baute diesbezüglich ganz auf das Empörungspotenzial der Entscheidungsträger, Influencer und politischen Beobachter.

Elias reist nach Süden

Mai 2026

»Hallo! Entschuldigen Sie bitte! Herr Elias? Meine Mutter schickt mich. Sie hat tatsächlich noch Informationen gefunden, die Sie vielleicht interessieren könnten!«

Die beiden massiven Männer, die Elias in ihre Mitte genommen hatten und ihn mit schnellen Schritten in Richtung Norden, zum Hafen drängten, blieben stehen und sahen unzufrieden und ein wenig irritiert aus. Elias drehte sich halb um und spürte die Messerspitze an seiner Hüfte. Bis eben noch war der Druck der Klinge nur eine sanfte Ermahnung gewesen, jetzt aber stach die Spitze durch den Stoff des T-Shirts und ritzte seine Haut auf. Er spürte, wie warmes Blut herausquoll.

Er setzte ein ungezwungenes Lächeln auf und sagte: »Das ist aber sehr freundlich von Ihrer lieben Frau Mutter. Haben Sie die Sachen dabei?« Die Frage hätte er sich sparen können, denn der junge Mann mit dem sorgfältig gepflegten Vollbart und den glühenden Augen hatte nichts in seinen Händen. Er trug unmodische Skinny Jeans und ein enges T-Shirt, und man konnte erkennen, dass er in Form war – und sein selbstbewusstes Auftreten machte klar, dass er auch heftigen Konfrontationen nicht auswich.

»Sind das Freunde von Ihnen, Herr Elias?«

Nach einer Sekunde schüttelte Elias kaum merklich den Kopf und formte mit den Lippen das Wort: *Hilfe.*

»Die Herrschaften können ja hier warten, während wir in die Buchhandlung meiner Mutter gehen, um die Unterlagen zu sichten, was meinen *Sie*?«

Elias nickte wieder zaghaft und machte einen kleinen Schritt aus der Zange, die Herr Clubb und Herr Cuff bildeten. Dabei formte er mit der rechten Hand das internationale Zeichen dafür, dass er Hilfe brauchte: Handfläche zeigen, Daumen nach innen winkeln, dann die vier Finger über dem Daumen schließen.

Herr Cuff sagte leise: »Verschwinden Sie. Wir haben hier ein Geschäft zu machen, dass sie nichts angeht. Gehen Sie. *Jetzt.*«

Der Sohn der Buchhändlerin sah Elias unerschrocken und vollkommen ruhig an und fragte ihn: »Ist das in Ihrem Sinne, Herr Elias? Wenn nicht, bin ich gern bereit, Ihnen Hilfe anzubieten.« Er hob die Hand und winkte. Überall aus der Menge lösten sich junge Männer und

Erwachsene, und von links kamen zwei uniformierte Polizisten dazu.

»Wenn Sie auf die Begleitung dieser beiden Herren verzichten möchten, lade ich Sie ein, mit mir zu kommen, Herr Elias.«

Die Polizisten schoben sich durch die murrende und drohend dreinblickende Menge nach vor und stellten sich hinter die beiden Entführer. Elias spürte einen schneidenden Schmerz an der Hüfte, er spürte sogar, wie die Haut sich öffnete. Doch der Schmerz pumpte Adrenalin in sein Blut und er fühlte sich panisch, vollkommen wach und hatte große Hoffnung, dieser Situation zwar ein wenig zerzaust, aber sonst unbeschadet entkommen zu können.

Einige Männer schoben sich ungezwungen, aber sehr eindeutig zwischen Elias und die beiden Killer und führten ihn weg, in die Gasse zurück zu dem Platz, auf dem die kleine Bibliothek der Frau war. Im Gehen wandte sich Elias noch einmal um und presste die Hand auf die pochende, glutheiße Wunde. Von den beiden Verbrechern war nichts mehr zu sehen. Die Menge hatte sie verschluckt. Oder sie hatten sich von ihr verschlucken lassen. Vermutlich waren sie darin geübt, sich in Luft aufzulösen.

In der Buchhandlung angekommen, führte der Mann Elias in ein Hinterzimmer und wies ihn an, sich zu setzen.

Elias zitterte am ganzen Körper und keuchte schwer.

Die Buchhändlerin kam aus einem Nebenraum und sagte: »Ich habe gesehen, wie diese beiden Figuren Sie bedrängt haben. Es war doch recht, meinen Sohn zu schicken?«

Elias nickte schwach und zog das T-Shirt hoch, blickte mit stiller Verzweiflung auf die klaffende Schnittwunde und flüsterte: »Hilfe. Ich glaube, ich falle auseinander.«

Sie feuerte ein paar Kommandos in Richtung ihres Sohnes, der schnell aus dem Raum ging. Zu Elias sagte sie sanft: »Er holt Verbandszeug. Willst du nachher zurück in dein Hotel? Oder sollen wir jemanden schicken, der deine Sachen holt? Mir scheint, du bist hier in Tanger nicht sicher. Wer *waren* diese Leute?«

»Ich weiß es nicht. Wirklich nicht.« Einer Eingebung folgend flüsterte er fast so, als ob er sich schämte: »Ich denke, die wollten mir an die Wäsche, die haben so etwas geredet, weil ich etwas Asiatisches an mir habe. Ich danke Ihnen, dass Sie mir geholfen haben. Ich weiß nicht, ob ich ins Hotel zurückkann. Vielleicht haben die mich schon eine Zeit lange beobachtet?«

»In welchem Hotel bist du?«

Elias sagte es ihr und gab ihr Bargeld für die Hotelrechnung.

»Es ist nur ein Trolley auf dem Zimmer. Einfach die Sachen reinhauen.«

Er hielt sich die zitternden Hände vors Gesicht und konnte nicht verhindern, dass ihm Tränen über die Wangen liefen. Sie strich ihm übers Haar und sagte: »Ich schicke jemanden hin. Er wird die Rechnung begleichen und den Koffer holen. Du bleibst hier. In Sicherheit. Und glaube mir. Hier *bist* du in Sicherheit.« Sie reichte ihm ein Taschentuch und beschäftigte sich mit dem Geraderücken von Buchstapeln, während Elias die Tränen abwischte und die Nase putzte. Dann griff sie zum Telefon, wählte eine Nummer und wisperte mit sanfter, aber befehlsgewohnter Stimme ein paar Sätze. Danach beendete sie das Gespräch, blinzelte ihm mit dem rechten Auge zu und sagte mit nicht zu überhörendem Stolz: »Ich habe hier eine große Familie. Ich brauche nie etwas. Nun ja, selten. Aber wenn ich dann doch einmal etwas benötige, habe ich die Qual der Wahl, wen ich mit dem Auftrag beglücken darf. Sind alle wild darauf, mal was für die alte Dame zu tun. So ist das.«

Fünf Minuten später hatte er sich wieder unter Kontrolle, atmete tief durch und betrachtete skeptisch den blutgetränkten Lappen, den er sich auf die Schnittwunde presste. Er sah sich im Raum um und war erstaunt, wie beruhigend er es fand, inmitten tausenden Zeitungen und Büchern zu sitzen, im warmen Licht der alten Leselampen, dem goldenen Licht, das durch das staubige Schaufenster schien. Er lauschte in sich hinein und konnte sich vorstellen, wie die Panik, die er empfunden hatte, vielleicht sogar ein wenig enttäuscht davon schlenderte, enttäuscht, weil sie ihn nicht an den Haaren hatte packen und ins Dunkel zerren können.

Hobeln. Sie wollten ihn mit einem elektrischen Hobel bearbeiten. Bei dem Gedanken schauderte ihm und der Schweiß glänzte auf der Stirn. Würde er eine solche Szene im Fernsehen sehen, vielleicht vor einem dreiviertel Jahr oder so, hätte er sich vor Lachen gekugelt und Popcorn auf die Leinwand geschmissen – geh so ein blöder Scheiß!

Aber das war kein Film. Hier und jetzt war das kein Film und Elias kaufte den beiden Männern die Lust am Foltern ab. Wie ein Blitzschlag traf ihn die Erkenntnis, dass ihm die beiden Killer vorkamen wie die sadistischen Mörder aus dem Neil Gaiman Roman *Niemalsland.* Wie hießen die? Ja, Vandemar und Croup. Er hatte das Buch vor ein paar

Jahren gelesen, als er krank im Bett lag und sein Hirn zu schwammig war für Bewegtbilder oder Internet. Nach dreißig Seiten hatte es ihn so gepackt, dass er es trotz Übelkeit und pulsierender Kopfschmerzen zu Ende las.

Vandemar und Croup, zwei echte Scheißtypen zum Quadrat, das kann man wohl so sagen. Genauso wie die beiden, die Elias mitten am helllichten Tag aus dem Stadtzentrum von Tanger pflücken wollten, um sich mit ihm zu unterhalten.

Die Art und Weise, wie sie sprachen, brachte in ihm den dunklen und bedrückenden Gedanken auf, dass es wohl diese beiden Männer gewesen sein mussten, die auf Gran Canaria, auf der äußersten Hafenmole von Las Palmas, die schrecklichen Morde an Otto Feinberg und Rey Asenju verübt hatten. Der sadistische Aufwand der Morde legte ihm diese Idee sehr nahe.

Der Sohn der Antiquarin kam zurück und hatte Verbandszeug dabei. Zuerst nahm er vorsichtig das blutfeuchte Tuch von Elias Hüfte und betrachtete die Wunde. Dann nahm er aus der grünen Neoprentasche eine Plastikflasche mit Octenisept Desinfektion, gab etwas davon auf ein Tuch, das er aus einer sterilen Verpackung geholt hatte, und reinigte vorsichtig die etwa sieben Zentimeter lange Schnittwunde.

»Nicht sehr tief«, sagte er. »Nicht tief, und sehr glatt. Muss ein Rasiermesser oder so etwas gewesen sein, mein Freund. So. Ich gebe jetzt ein wenig Gel auf die Wunde. Sie ist nicht so groß, dass man sie nähen muss. Dann kommt ein dickes Pflaster drauf. Wenn du keine irren Turnübungen machst, sollte das schnell und gut heilen.«

»Wieso kennst du dich so gut mit Wunden aus?«, fragte Elias, als er dem jungen Kerl zusah, der sich ihm als Abdulhamid vorstellte, während er das Gel auftrug.

»Ich war Sanitäter beim Militär. Und es ist schon so – es ist meist ruhig hier, aber wenn die Jungs bekifft sind, sitzen oft die Messer locker. Ich habe mich aus diesen idiotischen Männlichkeitsritualen herausgehalten, so gut es ging, aber es ging eben nicht immer und wenn ich dann schon in eine blöde Sache hineingeriet, wollte ich lieber der sein, der verarztet als der, der andere verletzt.«

Elias spürte zu Abdulhamid eine wohltuende, emotionelle Nähe und Wärme, und fast seufzend sagte er leise: »Du erinnerst mich an jemanden, der mich auch mal verarztet hat!«

»Ach!«, lachte Abdulhamid verschmitzt und zog das Pflaster fest auf die desinfizierte Wunde. »Kommst du öfter in solche Schwierigkeiten, Mann?«

Elias lächelte, zuckte mit den Schultern und zog das graue T-Shirt an, nur, um nicht mit nacktem Oberkörper hier herumzusitzen, bis der andere Mann mit seinem Gepäck aus dem Hotel kam, in dem er Sachen zum Umziehen hatte.

»Ja. Manchmal lasse ich es richtig krachen.«

Fünfundzwanzig Minuten später verabschiedete sich Elias mit dem Gefühl, gute Freunde zu verlassen, von Frau Nadira, was so viel hieß wie *Die Wertvolle*, ihrem Sohn Abdulhamid, und seinen besten Freund, Karim, der im Hotel gewesen war, die Rechnung beglichen, ihn ausgecheckt und den Trolley gebracht hatte. Ein modernes Taxi wartete vor dem Geschäft, und – erraten – am Steuer saß der älteste Enkel von Frau Nadira, der so alt war wie Elias, einundzwanzig Jahre.

In einem wenig genutzten Badezimmer, das zu der kleinen Wohnung hinter der Buchhandlung gehörte, hatte Elias sich notdürftig gewaschen, ohne dabei das Pflaster an seiner Hüfte nasszumachen, und frische Sachen angezogen. Er hatte seine weiteren Reisepläne nicht in allen Details dargelegt, aber klargemacht, dass er mit dem Zug nach Süden reisen wollte. Und dass er das bitte sehr, sehr rasch tun wollte, um aus dieser Stadt zu verschwinden, wo die wirklich gewordenen Sadisten Vandemar und Croup durch die Gassen schlichen und nach ihm suchten.

Um sich mit ihm zu unterhalten.

Elias verstand nur zu gut, wie diese Unterhaltung aussehen würde, wenn sie für die Sadisten wunschgemäß verlief. Die würden erst so richtig anfangen, wenn er um den Tod bettelte.

Er setzte sich auf den Beifahrersitz des gut klimatisierten Taxis, grüßte den Fahrer auf Tamazigh, der ihm die Hand zum Einschlagen hinhielt und der bis zur Obszönität entspannt auf dem Fahrersitz lümmelte. Elias musste ihm nicht sagen, wohin, das wusste er schon.

Zum Bahnhof. Und dann den ersten Zug, der ging, nach Süden. Soviel Elias im Internet recherchieren konnte, gibt es einen Hochgeschwindigkeitszug von Tanger über Rabat, Casablanca und Marrakesch nach Agadir. Dort würde er sich entscheiden, ob er die Reise mit dem Zug fortsetzen wollte, was zwar langsamer, aber auch sicherer war, weil er vermutete, dass er bar zahlen konnte und keine Tickets online buchen musste, oder ob er nach Windhoek fliegen wollte. Was schneller ging, aber mehrere Risiken barg, Le Fantom und seine KI auf ihn aufmerksam zu machen. Vor noch einem halben Jahr hatte er Leute belächelt, die auf Barzahlung bestanden, das Recht auf Bargeld im Verfassungsrang haben wollten, die dem gesamten Onlinesystem zutiefst misstrauten. Scheiße, sie alle hatten recht gehabt und er musste am eigenen Leib erfahren, was es bedeutet, derart ausgestellt und präsent zu sein, und wie verletzlich es machte, das eigene Leben in sozialen Medien zu dokumentieren, nur um an die neue Währung zu kommen: Likes & Followers.

Der Bahnhof Gare Tanger Ville war ein einfaches, großes und hochmodernes Gebäude und befand sich nur einen Steinwurf weit entfernt vom Strand von Tanger, wo Elias am Vorabend Bier getrunken hatte. Der junge Fahrer parkte das Taxi zwischen zwei Kleinwagen vor dem Hauptgebäude. Er ging um den Wagen und als Elias ausstieg, umarmte er ihn wie einen alten Freund und küsste ihn auf beide Wangen.

»Großmutter sagt, du bist ein guter Mann. Und soviel ich weiß, hat sie sich noch nie in einem Menschen getäuscht. Also dann auch von mir, Elias: Gute Fahrt. Allahs Friede möge dich begleiten.«

Elias verharrte eine Sekunde länger in der Umarmung, als es vielleicht angebracht gewesen wäre, aber der junge Kerl reagierte nicht mit Befremden, sondern hielt ihn ebenfalls fest und strich mit der Hand über seinen Rücken. Dann gab es noch zwei Küsse und jetzt löste sich Elias, sah den Burschen dankbar an, nahm den Trolley und den Rucksack und ging durch die pralle Hitze zum Haupteingang. Als er im Schatten stand und sich noch einmal umdrehte, sah er, dass das Taxi gerade im Dunst der Stadt um die Ecke fuhr.

Er hätte ihm gern noch einmal gewinkt.

An einem der offenen Schalter in der hohen und klimatisierten Halle kaufte Elias ein Ticket für den Schnellzug nach Agadir. Die Entscheidung traf er aus dem Bauch heraus. Und aus den folgenden Gründen: Erstens war das der Zug, der von hier aus in einem Rutsch die längste Strecke zurücklegte und zweitens war das der Zug, der zeitnah fuhr. In einer dreiviertel Stunde. Die Regionalzüge interessierten Elias nicht. Und Agadir war gut, weil es eine große Stadt war und weil es da einen Flughafen gab, von dem aus er – falls nötig – sich irgendwie weiter nach Süden hangeln konnte, falls er keine gute Zugverbindung finden sollte.

Den Ticketkauf schloss er bar ab, froh, dass man hier Euros nahm. Da er nicht davon ausging, auf seiner weiteren Reise mit Euros durchzukommen, beschloss er, ein wenig Landeswährung zu kaufen, hob an einem Automaten neben einer Bank vierhundert Euro in marokkanischen Dirham ab. Danach orientierte er sich auf dem Bahnhof, suchte den Bahnsteig, von dem aus der Zug abfahren würde, drehte noch eine Runde, nachdem er ihn gefunden hatte, und achtete darauf, Ecken, Winkel und tote Gänge zu meiden und immer unter Leuten zu sein. Das war kein Problem. Hier war viel los, aber nicht so viel, dass man in der Menge untergehen könnte.

Er grübelte und beschloss, in Agadir vielleicht eine Nacht zu bleiben, um sich neu zu orientieren. Er hatte Verfolger und war sicher, dass sie nichts unversucht lassen würden, ihn zu kassieren.

Um sich mit ihm zu unterhalten. Er bekam das Bild nicht mehr aus dem Kopf, dass sie ihm eingepflanzt hatten. Das Bild von einem elektrischen Hobel, der laut aufheulend über sein Schienbein gezogen wurde. Der Schmerz – das musste ein unvorstellbarer Schmerz sein. Und dass das Schienbein nur der Beginn einer mehrtägigen Tortur sein würde, war ihm auch bewusst.

Er schüttelte den Kopf kaum merklich und fluchte tonlos.

In Agadir plante er, den Trolley und den Laptop-Rucksack gegen einen großen Backpacker-Rucksack zu tauschen. Der Trolley machte ihn langsam, wenn er rennen musste oder wollte. Wenn er alles zusammen in einen guten Backpacker schlichten konnte, reiste er leichter.

Er blieb in Bewegung bis drei Minuten vor Abfahrt, dann schritt er rasch aus, enterte den Waggon, der auf seinem Ticket stand, der dritte von vorn und war ein wenig enttäuscht, weil es sich nicht um einen Luxuszug handelte, den er fast erwartet hatte, sondern ein Hochgeschwindigkeitszug. Natürlich hatte er gewusst, dass auf dieser Strecke ein Schnellzug verkehrte, aber es war etwas anders, den Zug dann wirklich zu besteigen und statt in altmodischem Komfort, in Licht und kühlen Klima zu reisen. Das Innere des Zuges hatte dann auch mehr von einem Flugzeug als von einem Eisenbahnwaggon. Kurz, bevor er ins Innere verschwand, spähte er links und rechts den Bahnsteig entlang und bildete sich ein, zwei schattenhafte Scherenschnitte zu sehen – düstere Gesellen. Er blinzelte und sah noch einmal hin, nach vorn, zum Beginn des Zuges, aber da war niemand, nur die spiegelglatte Außenhaut des Hochgeschwindigkeitszuges.

Der Waggon war halb leer und Elias fand seinen Platz in der Mitte links, am Fenster. Mit einem raschen Rundumblick checkte er die anderen Fahrgäste im Großraumabteil und sah zwei ältere Ehepaare, eines wohl aus dem Ausland. Vier junge Männer, die Arbeitskleidung trugen. Dann waren da eine ältere und eine junge Frau, vermutlich Mutter und Tochter, beide in Reisekleidung. Hinten im Abteil saßen sechs Frauen in marokkanischer Tracht und Haartuch und vor ihnen sechs Männer in einfachen, aber sauberen Hemden und Hosen.

Vor ihm saßen zwei halbwüchsige Jungen, die traditionelle schenkellange muslimische Roben trugen, hellblau und dunkelblau und dazu Adidas-Sneakers und Jeans. Sie tippten auf ihren Smartphones herum, stießen sich an und redeten angeregt miteinander. Elias lächelte und entspannte sich.

Nachdem der Zug die Reisegeschwindigkeit erreichte und leise und erschütterungsfrei durch die karge Landschaft rauschte, fand Elias die Muße, das Notizbuch aus dem Rucksack zu holen und die Zeitung, die er von der Buchhändlerin bekommen hatte. Er dachte, er würde zuerst ein wenig die Augen schließen und dann noch mal die Berichte über die seltsamen Ereignisse in der namibischen Wüste nahe Sossusvlei zu studieren und sich Notizen zu machen.

Doch aus Minuten wurden Stunden.

Auf dem Weg zum Totem

Oktober 1985

Villeneuf tauchte aus dem Schlaf auf wie ein Taucher, der aus der Dunkelheit der Tiefe emporsteigt zum Licht. Der Schein war sanft und warm, und er fand sich in der Schlafhöhle wieder, wo er stundenlang gelesen und sich dann, auf Einladung des Anführers, mit einem geschmeidigen Jungen vergnügt hatte, der äußerst lernwillig gewesen war. Er war fort und Villeneuf streckte sich auf dem Bett wie eine Katze, satt und zufrieden. Doch mit dem Erwachen kam auch die Erinnerung daran, dass ihm noch eine Prüfung bevorstand. Die Gefährlichere. Die, an der viele vor ihm gescheitert waren, weil sie die Visionen nicht ertrugen. Manche waren davongelaufen, halb wahnsinnig und hatten sich in der Wüste verirrt, wo ihre Leiber austrockneten und nur Gebeine blieben, andere hatten sich umgebracht. Die wenigen, die die Vision überstanden hatten und bereit waren, die Bürde auf sich zu nehmen, waren Fantome geworden, so wie er ein Fantom werden wollte. Überall und nirgends. Wie ein Planet, den man nur am Taumeln der Sonne erkennen konnte, die er umkreist. Der winzige Schatten vor dem Licht.

Er stand auf, streckte sich abermals und ging zum Eingang, sah sich um. Auf dem indirekt beleuchteten, roh aus dem Stein gehauenen Gang standen zwei Wachen und nickten ihm zu, als er den Raum verließ. Er blieb zwischen ihnen stehen, wandte sich an den, der links stand und fragte auf Afrikaans: »Wo ist Josua? Ich denke, ich bin bereit, mich der zweiten Prüfung zu stellen.«

Der etwa fünfzigjährige Krieger verbeugte sich, ohne dabei den Blick von ihrem Gast abzuwenden, und antwortete: »Er wird bald kommen. Ihr werdet in der Nacht gehen. Unter den Sternen.«

Villeneuf nickte und murmelte: »Das habe ich mir gedacht. Die Nacht ist die Zeit der Geister, ob es sie nun gibt oder nicht.«

Beide nickten und auf ihren Gesichtern erschien ein vorsichtig – zuversichtliches Lächeln. Das machte Villeneuf klar, dass hier alle für dieselbe Sache lebten, kämpften und brannten. Vom Krieger bis zum Wächter, vom Knaben bis zum Anführer.

Dann war es so weit. Villeneuf stand neben Josua auf der sandigen Rampe, die zu einem schmalen Zugang hinaufführte. Er hatte seine Kleidung gewaschen zurückbekommen und fühlte sich wohl. Es ging los, es ging weiter. Begleitet wurden sie von zwei jungen Männern in traditioneller Tracht, die Rucksäcke trugen, in denen Wasserflaschen waren und getrocknete Früchte.

»Gehen wir«, sagte Josua leichthin, als hätten sie nur einen kleinen Spaziergang vor sich. Doch Villeneuf vermutete, dass es ein sehr langer Marsch werden würde. Sie gingen die Rampe hinauf und standen unter Sternen, verschwenderisch in die Nacht gestreut.

»Wohin gehen wir?«, fragte er.

Josua ging voran, blieb stehen, drehte sich um und antwortete ernst: »Wir gehen dorthin, wo das Land auf das Wasser trifft. Nach Westen, zur Küste. Der Sand ist hart und es ist kühl, wir sollten die Strecke von rund einundfünfzig Kilometern in rund elf Stunden schaffen, wenn wir nur eine Rast einlegen und zügig gehen.«

Josua ging voran, dann Villeneuf und hinter ihm die beiden Träger. Der Mond stand halb voll, hell und tief am Himmel und hatte einen rötlichen Hof. Josua ging schnell und sehr gleichmäßig, egal, ob sie auf der Ebene einer Vlei dahinschritten oder ob sie in sanft ansteigenden diagonalen Dünen bestiegen. Josua wählte den Weg so, dass sie möglichst wenig Höhenunterschiede zu bewältigen hatten. Villeneuf konzentrierte sich auf seinen Atem, seine Schritte und fühlte sich mit sich selbst im Reinen. Die Bedenken, die Angst, hatten sich in der Leere zwischen den Sternen verloren. Villeneuf spürte, dass die Wanderung unter den Sternen, im Licht des Mondes, etwas Esoterisches hatte. Der Weg reinigte ihn, er dachte nach und aus dem Denken wurde ein Wachtraum. Er murmelte vor sich hin, bewegte die Lippen, flüsterte: »Me amarás. Me amarás.«

Josua blieb stehen, sein Körper warf einen Schatten auf die Düne: »Was?«

Villeneuf blieb stehen und sah ihn verwundert an, dann dachte er nach und antwortete: »Ich weiß es nicht. Die Worte kamen mir in den Sinn, so, als ob sie eine bestimmte Bedeutung hätten.«

»Welche Worte?«

»Me amarás. Ich denke, das ist spanisch.«

Josua nickte. »Ja, ist es. *Du wirst mich lieben*, heißt das. Du weißt nicht, woher die Worte kamen?«

Villeneuf schüttelte skeptisch den Kopf. »Nein. Sie waren auf einmal da.«

»Vielleicht ein Echo«, meinte Josua und sah Villeneuf interessiert an.

»Ein Echo?«

»Ja. Ein Echo aus dem Totem.«

Sie gingen weiter und die Stunden kamen und gingen. Dann, auf einer Düne, mit Blick nach Westen, sah Villeneuf das milde Funkeln des Ozeans in der Nacht. Noch ein paar hundert Meter weiter sah er, dass der Mond eine Straße aufs Wasser malte.

Villeneuf spürte seinen Rücken, die Beine, die Füße waren aufgescheuert, aber der Schmerz war ihm egal. Der Anblick überwältigte ihn. Er war in Hochstimmung.

Vierter Brief

Stefan!
Man trifft auf Reisen böse Menschen. Und gute. Im Zug nach Agadir habe ich ein paar Stunden geschlafen und hatte einen mega – lebhaften Traum. Die beiden Männer, die mich in Tanger entführen wollten und denen ich mithilfe guter Menschen noch entkommen konnte, tauchten in dem Traum auf, aber sie taten nicht mir etwas an, sondern ich sah, ich sah wirklich, wie sie Rey Asenju auf der Hafenmole von Las Palmas mit Säure folterten und dann durch einen Schuss töteten und wie sie den miesen Typ, Otto Feinberg, unter glühenden Ketten begruben. So, als ob ich dabei gewesen wäre, und der Traum eine Erinnerung ist, die verschüttet gewesen war, und nur darauf wartete, aufsteigen zu dürfen.

Ich müsste angeekelt sein und noch mehr Angst haben, verstehst du? Aber ich empfand nur Wut und … Mordlust. Ich schäme mich für diese wilden Gefühle, aber sie sind mir lieber als lähmende Angst. Ich habe gesehen, wie sie es taten und wie sie sich dabei benahmen. Sie leben von der Lähmung der Angst, das, was sie tun, gelingt ihnen nur bei Opfern, die sich nicht wehren können. Vielleicht waren sie einmal Söldner oder Kämpfer, aber jetzt sind sie alt und dick geworden und sie haben nur noch ihre Grausamkeit, ihre Freude am Leid anderer. Ich denke, mit Schnelligkeit und Unberechenbarkeit kann man sie bezwingen – aber ich verzichte lieber auf eine weitere Begegnung.

Ich kam nachts in Agadir an und die Stadt gefällt mir. In der Nähe des Bahnhofs habe ich ein Zimmer genommen, habe geduscht und meine Sachen zum Auslüften auf den Balkon gehängt, der mich an die rundläufigen Terrassen erinnert, wie man sie bei Gebäuden in New Orleans findet. Sehr breit, sehr viel Platz. Ich sitze jetzt im Freien auf der Terrasse vor meinem Zimmer und unten auf der Straße ist der übliche Nachtlärm der Innenstadt und ich fühle mich halbwegs wohl und ausgeruht. Es ist hier sehr warm und ich wünschte, wie immer, wenn ich an dich denke, du wärst hier. Dein Lächeln seitlich, immer in Griffweite, so to say.

Ursprünglich hatte ich vor, die gesamte Reise, so gut es geht, mit der Bahn zu machen, aber im Zug und jetzt, da ich Zeit habe, beim Schreiben nachzudenken, habe ich einen anderen Entschluss gefasst. Ich bin einerseits auf der Flucht, denn ich denke, die beiden Irren, die sich Clubb und Cuff nennen und mich an die beiden schrecklichen Mörder aus dem Neil-Gaiman-Roman erinnern, haben mich nicht aufgegeben. Sie sind besessen davon, mich zu foltern und zu töten, da bin ich vollkommen sicher. Es ist schrecklich, zu wissen, dass man solche Gegner hat, ach Scheiße, dass man überhaupt Gegner hat. Menschen, die einem wirklich Übles wollen. Du weißt, wir haben stets daran gearbeitet, positive Aufmerksamkeit zu gewinnen. Beachtet und geachtet zu werden, und wir haben dieses Ziel doch erreicht, wenn auch nur für kurze Zeit. Zu kurze Zeit finde ich. Ich komme aus einem Leben, in dem positive Resonanz so wichtig war. Und jetzt habe ich nur noch mein Leben und dieses … schräge Ziel, von dem ich nicht genau weiß, ob ich es wirklich als mein erklärtes Ziel anerkennen mag. Ich schicke dir meine Grüße nach Nigeria, Alter, denn ich denke, inzwischen bist du da. Ich sehe dich, wie du Menschen hilfst und mit beiden Händen bis zu den Ellbogen in der Erde wühlst, um Pflanzen zu ziehen und Wasser zu finden, und was auch immer du dort machst.

Ach, ja. Wegen meiner Entscheidung. Ich weiß nicht, woher ich die Gewissheit habe, aber ich habe sie. Die Zeit wird knapp. Frag mich nicht, woher ich das weiß und worauf dieses Wissen baut. Mein Zeitkorridor wird enger und ich muss schauen, dass ich weiterkomme. Ich werde von hier ein Flugzeug nehmen und ich werde versuchen, keinen Linienflug zu nehmen, sondern entweder einen Charterflug nach Süden, soweit es geht, oder irgendwie auf einem Frachtflug mitfliegen. Bin nicht sicher, ob das geht, aber ich denke, ich muss es versuchen, werde mich also in den Bars und Kneipen in der Nähe des Flughafens herumtreiben oder mich erkundigen, wo Leute abends hingehen, die Frachtflugzeuge oder Privatmaschinen fliegen. Wo ich bar zahlen kann, um möglichst wenig Spuren zu hinterlassen. Warum? Kann ich dir sagen, Bro. Ich denke nämlich, dass die beiden Irren nicht auf eigene Faust handeln, sondern von Le Fantom beauftragt wurden, mich zu ermorden. Die beiden sind vielleicht die Werkzeuge, die glauben, auf eigene Faust zu arbeiten. Aber er ist der Auftraggeber. Er hat ihnen das Ziel gegeben. Sie tun nur das, was auch er macht: Sie verbinden den Auftrag mit dem, was ihnen Vergnügen bereitet. Rückblickend war es leichtsinnig von mir, die bisherige Reise mit Kreditkarte zu bezahlen. Le Fantom hat wohl keine Mühe, meine Zahlungen zu verfolgen, der Hurensohn!

Ich habe, nachdem ich aus dem Traum erwacht war, kurz über die Mutter von Rey und den Vater von Sorin nachgedacht. Ich habe darüber nachgedacht, dass die beiden Jungs bis irgendwann, als sie falsch abgebogen sind, auch Kinder waren; Jugendliche mit all den Träumen und Wünschen, die Jugendliche haben und weltweit teilen. Ihren Platz in der Welt finden. Berühmt werden, beliebt sein. Eltern lieben ihre Kinder, oder? Meine Eltern lieben mich und ich weiß, dass deine Eltern dich lieben. Für uns ist das so selbstverständlich, dass wir das gelegentlich vergessen. Ich glaube, Rey wurde von seiner Mutter geliebt und Sorin von seinem Vater. Sie haben den schrecklichen Tod ihrer Kinder nicht verwunden und sich das Leben genommen. All das, weil Le Fantom, oder Max Weyland oder Max Villeneuf einen Plan hatte, den er mit Vergnügen anreichern musste.

Meine Angst hat sich gewandelt. Ich koche vor Wut und Entsetzen. Ich fürchte mich jetzt mehr vor mir selbst und dem, was ich bereit bin zu tun, aber ich fürchte mich davor, dass du den Elias, der ich jetzt bin, nicht mehr mögen würdest. Ich bin wütend wie ein Peitschenknall, Alter!

Der Gedanke ist schrecklich.

Auf der anderen Seite der Waagschale habe ich so viel Liebe in mir. Dir gegenüber, der mich wirklich liebte und annahm, weit über den Sex hinaus, den wir teilten. Die Liebe zum Leben, die Liebe zu meinen Eltern, die so sanft und so stark sind.

In der Mitte, zwischen den Waagschalen, stehe ich wie ein Blinder und taste mich weiter voran. Weiter und weiter, und hoffe sehr, dich eines Tages wiederzusehen. Dich zu umarmen, um im Schatten deiner Flügel zu ruhen.

Mit all meiner Liebe!

Elias

Ein alter Haudegen

Am frühen Abend des nächsten Tages saß Elias ziemlich bedüdelt auf der Terrasse des Airport-View Hotels in Steinwurfnähe zum Flughafen Al Massira, ungefähr zweiundzwanzig Kilometer südöstlich von Agadir an einem Tisch, hielt sich am Bier fest und kam aus dem Lachen nicht mehr raus. Neben ihm saß ein etwa fünfzigjähriger Mann mit wilden, brünetten Haaren und einem noch wilderen Bart, der auch nicht mehr nüchtern war und sehr zufrieden wirkte.

Am frühen Morgen dieses Tages hatte Elias ein etwa zwanzigminütiges Gespräch mit der KI seines Smartphones geführt und sich darüber informieren lassen, wo man in und um Agadir wohl am ehesten auf Piloten treffen könnte, wenn man einen sucht. Die Antworten der KI waren sehr beliebig, bis Elias seine Fragen nachschärfte und die Information erhielt, dass sich Piloten selten weit vom Flughafen entfernten, besonders dann, wenn sie entweder Linienpiloten waren, die einen eng getakteten Flugplan hatten und nur eine Nacht blieben oder ein Zimmer nahmen, um ein Bad zu nehmen, und ein wenig ausspannen zu können, oder Frachtpiloten, die mehr oder weniger, wie Lastkraftfahrer, auf eigene Faust Waren in Afrika von hier nach dort brachten und zwischendurch etwas essen und trinken wollten. Die KI schlug ihm letztendlich vor, es im Airport-View Hotel zu versuchen.

Danach besuchte er ein Einkaufszentrum, das voller Touristen war und wo er sich wegen der Menschenmenge sicher fühlte, obwohl er wusste, dass Clubb und Cuff auch davor nicht zurückschreckten, ihr Ziel aus Menschenmengen herauszupicken, wie er in Tanger hatte erleben müssen, und kaufte einen großen Reiserucksack, eine weiße, knielange, marokkanische Robe, die er an Ort und Stelle anzog, und feste Wanderschuhe. Er zahlte seine Einkäufe mit Bargeld, setzte sich in ein Café, trank Pfefferminztee und notierte aus Langeweile die Summe der Ausgaben in das Notizbuch, in das er auch seine Briefe an Stefan schrieb.

Dann wanderte er ins kleine Motel zurück, in dem er übernachtet hatte, checkte aus, wechselte seine Habseligkeiten vom Trolley in den Rucksack und stellte zufrieden fest, dass er den gesamten Inhalt des Trolleys und des kleinen Rucksacks im großen Backpacker unterbrachte und noch Platz für weitere Einkäufe hatte, sollte er sich dazu entschließen, noch etwas besorgen zu wollen.

In der Robe und der ausgebleichten Jeans hatte er genug Lokalkolorit, um als Einheimischer durchzugehen, trotz seiner asiatisch wirkenden Gesichtszüge.

Zwei Häuserblocks weiter vom Kaufhaus fand er ein Taxi, gab dem mürrischen, dicken Fahrer, der an einer kalten Zigarre nuckelte, die Adresse und genoss die schweigsame, klimatisierte Fahrt.

Im Hotel angekommen, checkte er ein; zunächst für zwei Nächte, weil er keine Vorstellung davon hatte, wie es von hier weitergehen sollte – ob es überhaupt weiterging. Das Hotel und die Idee, in einem Frachtflugzeug mitzufliegen, könnte sich als reine Schnapsidee entpuppen und dann musste er sich etwas Neues überlegen.

Nachdem er sich kurz im einfachen, zweckmäßigen und gut klimatisierten Zimmer umgesehen hatte, zog er ein graues Leinenhemd an, behielt die Jeans an und ging hinunter ins Restaurant, nahm einen Tee und setzte sich auf die fast leere Terrasse unter einen großen, dunkelgrünen Schirm an einen massiven Holztisch. Es wehte eine sanfte Brise, die den trockenen Geruch der kargen Landschaft herüberwehte. Drehte der Wind ein wenig, wurden die Geräusche des nahen Flughafens lauter und er hörte Flugzeugtriebwerke, die hoch – oder heruntergefahren wurden, das hohe Pfeifen der Hilfstriebwerke und, wenn es stiller wurde, das Gesumme und Gesäusel der Fahrzeuge, die Kofferwägen zogen, und von denen, die die Flugzeuge aus der Parkposition zogen.

Hier draußen sah er auf der Terrasse nur eine Touristenfamilie, die etwas verloren wirkte, einen wild aussehenden Mann, der trübselig in sein Bier starrte und zwei Frauen in den Vierzigern, die maßlos overdressed waren für diesen Ort. Vielleicht Teilnehmerinnen irgendeiner Veranstaltung, eines Geschäftsmeetings oder so etwas.

Der Mann mit den wilden Haaren und dem zerzausten Bart saß zwei Tische weiter, und wenn er nicht in sein Bier starrte und trank, hantierte er mit seinem Smartphone und wirkte auf Elias sehr geübt im Umgang mit dem Gerät. Elias maßregelte sich wegen seiner jungenhaften Arroganz, die ihm einreden wollte, dass nur junge Leute sich mit Smartphones und Tablets und Notebooks auskannten. In der Stille, die sich am Nachmittag ausbreitete, als der Wind sich legte, konnte er nicht anders, als dem Mann bei seinen unzähligen Telefonaten zuzuhören. Obwohl er schon ein wenig betrunken war und er aussah, wie jemand, der eher grölte, als sprach, war seine Aussprache sonor und deutlich, ein schönes Tamazight. Aus dem, was Elias hören konnte, schlussfolgerte er eine Geschichte, die, wenn sie stimmte, einige seiner Probleme mit einem Schlag vom Tisch wischen konnte.

Die Familie war inzwischen weg und die beiden eleganten Frauen sprachen dem Weißwein zu. Sie wurden nicht lauter, aber ihr Gespräch schien an Intensität zuzunehmen.

Der Mann war Pilot und Inhaber einer kleinen, gut gehenden Fluggesellschaft mit insgesamt drei Frachtflugzeugen. Zwei davon waren Turboprop-Maschinen der Marke Transall C-160 und eine der Marke ATR 72-500, die zu einem Frachtflugzeug umgebaut worden war.

Eine der beiden Transcall-Maschinen stand im Cargobereich des Flughafens und wurde gerade beladen. Und zwar mit Hilfsgütern und Lebensmitteln für eine katholische Mission westlich von Kaoma in Sambia. Mit Zwischenlandungen für Entladungen und um zu tanken in Jaunde, Kamerun, Kinshasa im Kongo und Muié in Angola. Elias prüfte auf seinem Smartphone die Route und fand, dass Kaoma in Sambia ihn sehr weit in die richtige Richtung bringen könnte, und er war schon kurz davor, seinen inzwischen kalten Tee zu nehmen und sich zu dem Mann zu setzen, als der einen weiteren Anruf entgegennahm, einige Male knurrte und dann sagte: »Das darf ja wohl nicht wahr sein. Wieso springen die ab? Wollen die Scheißhunde alle nichts mehr arbeiten? Ich habe kaputte Knie, mein Kreuz ist im Arsch, Herrgott, Frederik, wie soll ich das allein schaffen? Ich kann die Kiste fliegen und die Güter sichern und … was? Natürlich weiß ich, dass die dort hydraulische Rampen haben. Hör mir doch mit dem Blödsinn auf, natürlich zahlen die gut, aber ich bin Pilot und kein verdammter Frachtmeister. Kannst du nicht irgendjemand finden, der die Beladung und Entladung zumindest überwacht? Irgendwelche Bimbos werdet ihr dort doch haben, verdammt noch mal. Was? Gewerkschaft? Hör mir doch auf mit denen. Ja, ich mache es, aber erwarte nicht, dass ich dir ein Lächeln schenke, wenn wir uns dort sehen. Echt jetzt. Ach, *leck* mich!«

Als der Mann das Smartphone mit Krach auf den Tisch legte, stand Elias auf, ging zu dem Tisch hinüber und fragte: »Darf ich Sie auf ein Bier einladen? Ich habe Ihr Gespräch mitgehört, denn das war ja nun wirklich nicht zu überhören, und ich glaube, ich kann Ihnen einen Vorschlag machen.«

Der Mann hieß Abdul Kirchner, war gebürtiger Deutscher mit marokkanischen Wurzeln und hatte das Unternehmen von seinem Vater geerbt, nachdem er dort nach Abschluss seiner Ausbildung als Maschinenbauer den Pilotenschein gemacht hatte und zwanzig Jahre unter der Fuchtel seines alten Herren quer durch Afrika geflogen war. »Immer Fracht, nie Passagiere«, wie er stolz hinzufügte.

Elias erzählte Abdul Kirchner, dass er auf eigene Faust in Afrika unterwegs sei und dabei versuchte, so weit wie möglich zu kommen, ohne Spuren zu hinterlassen. Ob er in Schwierigkeiten sei, fragte Abdul, nachdem er Elias das Du-Wort angeboten hatte und zwei Krüge Bier vor ihnen standen, die so kalt waren, dass das Glas beschlug.

»Das nicht«, sagte Elias. »Ich möchte einfach abseits der Touristenrouten reisen, bar zahlen und Allah überlassen, wohin es mich verschlägt. Aber mein großes Ziel ist die Walfischbucht von Namibia. Wie ich dorthin komme, weiß ich bis jetzt nicht. Aber ich schätze, ich werde mich von Francistown irgendwie mit dem Bus nach Windhoek durchschlagen.«

»Bus? Blödsinn, Junge. Es gibt seit einem halben Jahr eine bewirtschaftete Strecke zwischen Windhoek und Francistown. Lag jahrelang still, war früher eine reine Frachtstrecke für die Bergbauunternehmen in Namibia. Jetzt fährt dort die Rovos Rail, die haben sich da die Rechte gesichert und auf dem Schienenstrang eingemietet.«

Sie tranken Bier und dann noch eines und dann noch eines, und die Chemie zwischen den beiden unterschiedlichen Männern stimmte, sie zündete von Beginn an. Abdul erzählte Elias von Beinahe-Abstürzen und wie er bei Landeanflügen im Kongo in der Wildnis von irgendwelchen Idioten beschossen wurde, und wie er einmal bei einem lange andauernden Flugmanöver seinen Schniedel ausgepackt und auf den Cockpitboden gepieselt hatte, weil er nicht einfach aufstehen und nach hinten auf die Toilette gehen konnte. »Hat das gestunken, Elias, ich kann dir sagen. Als ob ich Kerosin gesoffen hätte. Ha, hab ich vielleicht ja auch. War eine ziemlich versoffene Zeit, damals, vor fünf Jahren. Was ist dein Vorschlag, mein Freund?«

Elias lächelte, sah ihn trunken an und raunte: »Na, was. Ich bin jung, kräftig und ich kann hart arbeiten, wenn's sein muss. Dir sind Leute abgesprungen, die dir bei den Ladearbeiten helfen sollten. Wenn du mir sagst, was ich tun soll und wie ich das tun kann, ohne mir alle Finger abzuquetschen, helfe ich sehr gern und zahle auch ein wenig, wenn du mich mitnimmst und vergisst, dass es mich gibt, wenn dich irgendwann einmal jemand fragen sollte.«

»Du bist ein gottverdammter Segen und ein Abenteurer, was?«

Elias nickte: »Ja und ja.«

»Also gut. Du meinst es ernst?«

Elias nickte und trank.

»Gut, ausgezeichnet. Das ist wirklich sehr gut.« Jetzt klang Abdul fast wie der russische Oligarch im Emmerich – Film *2012*.

»Ich hoffe, du hast nichts dagegen, dass ich gern viel rede. Ich habe nicht viel Gelegenheit zum Reden, wenn ich fliege, denn meistens bin ich allein.«

»Keine Frau Kirchner?«, fragte Elias.

Abdul schüttelte den Kopf: »Ich hatte eine Entscheidung zu treffen. Ich habe mich fürs Fliegen entschieden. Früher, als ich noch strammer war, hatte ich auf jedem Flughafen ein Mädchen. Ich war ein echter Haudegen. Bin ich noch. Aber die alte Maschine … ach, was soll's. Ich fliege, solange ich mich auf dem Pilotenstuhl halten kann, mache jährlich meine Prüfungen und die mache ich mit links. Meine Augen sind scharf und meine Reflexe in Ordnung. Aber sonst mache ich nicht viel. Ich trinke mit den Jungs, spiele Karten, lass mich treiben. Da kommst du mir jetzt recht. Ein kleines Abenteuer also, ja?«

»Ja, oh Captain, mein Captain!«

Abdul lachte schallend und schlug sich auf den Schenkel: »Walt Whitman, ich werd´ verrückt. Dachte nicht, dass den noch wer kennt! Du bist engagiert und scheiß auf dein Geld!«

Eine Stunde später verabschiedeten sie sich und vereinbarten, sich um vier Uhr morgens vor der Haupthalle des Cargobereichs zu treffen.

Abdul ging steifbeinig wie ein Seemann bei hohem Seegang zur Hotelhalle und hinaus in das rostige Abendrot. Elias trank sein Bier aus und zahlte die Rechnung. Oben im Zimmer ließ er sich, so wie er war, aufs Bett fallen und schlief sofort ein. Als er um zehn Uhr nachts leicht desorientiert aufwachte, duschte er, zog frische Sachen an und ging zum Empfang, um auszuchecken, packte den Rucksack fertig, stellte ihn neben das Bett, stellte den Wecker auf drei Uhr früh und kroch mit klopfenden Schläfen unter die Decke.

Eine seltsame Fahrt

Mai 2026
Meron Cunha kannte den Bahnhof von Windhoek gut. Als Teenager hatte er sich hier herumgetrieben, um den Fremdenführer, Aufpasser oder Kofferträger für Touristen zu spielen, kurz, um an Geld zu kommen. Hier hatte ihn auch Max Villeneuf aufgelesen wie eine streunende Katze und ihn unter seine Fittiche genommen.

Das war nun sieben Jahre her, der Bahnhof war renoviert worden und die Fernstreckenzüge waren nicht so klapprige alte Dinger wie die Regionalzüge, sondern aufwendig modernisierte Garnituren mit Klimaanlagen, Speisewagen und Großraumabteilen. Die Geschichte, die er seinem Chef erzählt hatte, bestand zu neunzig Prozent aus Lüge und zu zehn Prozent aus Befürchtung. Meron wusste, dass die Züge seit ein paar Jahren modernisiert waren und es kaum noch zu kriminellen Übergriffen kam. Er wusste aber auch, dass er seine Freundin nicht allein in einem dieser Züge eine Tagesreise machen lassen wollte, wenn er es irgendwie arrangieren konnte, mit ihr zu fahren.

Als sie nach Francistown reiste, war ihr Bruder mit ihr gefahren, der dort am Stadtrand lebte und für ein paar Tage beruflich in Windhoek zu tun gehabt hatte. Jetzt war es an ihm, sie zu begleiten, und er freute sich auf diese Unterbrechung seiner beruflichen Routinen und darauf, dass ihn sein Chef nicht nur den Wagen geborgt, sondern auch mit Geld ausgestattet hatte. Weit hinten in seinen Gedanken dräute eine dunkle Wolke aus Befürchtungen, dass Max Villeneuf einmal seine Schuld einfordern würde, und zwar auf eine Art, die Meron zwar erfüllen konnte, die ihn aber nicht stolz machen würde. Doch diese Befürchtung war mehr ein Gedankenspiel. Seine Art, den Teufel an die Wand zu malen.

Er hatte den Range Rover in der Garage des Hotels abgestellt und dem Mann an der Rezeption gesagt, wer er ist, was nicht nötig gewesen wäre, und wem der Wagen gehörte. Und auch das war nicht nötig gewesen. Obwohl man hier und überall nicht über Max Villeneuf sprach, schien er allgegenwärtig zu sein und wie ein Mafiaboss durch sein Prestige zu wirken. Meron war sicher, dass Max nicht sagen musste, dass in den Tagen, in denen der Wagen in der Hotelgarage parkte, jemand den Wagen zu waschen hätte. Meron ging davon aus, dass der Wagen gewaschen sein würde. Wenn er und Rachel ankommen, um den Wagen abzuholen, würde er wie neu glänzen. Dann würde er sie zum Campus der Universität von Windhoek bringen und dann würden sie dort in der Abgeschiedenheit ihres Einzelzimmers das beenden, was sie ein paar Nächte in ihrem Schlafraum bei Rachels Tante in Francistown leidenschaftlich getrieben hatten.

Als er nun mit seiner Sporttasche am Bahnsteig stand und sich noch einmal streckte, bevor er in den Rovos-Rail-Schnellzug einstieg, kam ihm der amüsante Gedanke, sie könnten ja vielleicht ein hübsches Mädchen kennenlernen und in ihre Mitte nehmen. Rachel würde vermutlich nach einem gutaussehenden Burschen Ausschau halten, um einerseits Merons Bisexualität auszutesten und andererseits, um mit seiner jungenhaften Eifersucht zu spielen. Dreier waren den beiden nicht fremd. Sie waren in den Clubs und Diskotheken von Windhoek als Traumpaar bekannt, das zu feiern wusste und so attraktiv war, dass Männer und Frauen sich darum bemühten, von den beiden in die Mitte genommen zu werden. Sie hatten die freie Auswahl.

Als Meron daran dachte, sie könnte im Zug tatsächlich einem schönen Jungen verheißungsvolle Blicke zuwerfen, wurde ihm seltsam zumute. Ein Hauch eifersüchtiger Wut, aber auch eine flatterhafte Erregung. Und dann, als er sich aus den Gedanken riss, wurde ihm noch seltsamer zumute und die umfassende Verwirrung, die er auf der Piste zwischen den kahlen Hügeln und Bergen empfunden hatte, stellte sich wieder ein. Das grausame Gefühl, nicht in einer echten Welt zu stehen und in der Wirklichkeit verankert zu sein, sondern ein lebloses Requisit auf einer Bühne, die verlassen und dunkel war. Ihm brannten die Augen, als ob ihm nach Weinen zumute war, aber er riss sich zusammen, zwang ein Lächeln in sein Gesicht und stieg ein, nahm das Smartphone aus der Hosentasche und öffnete das Ticket, um den Waggon und den ihm zugewiesenen Platz zu finden.

Bei diesem Zug handelte es sich um einen der neu eingeführten Schnellverkehrszüge, die praktisch und hochmodern eingerichtet waren, ganz im Gegensatz zu den mondänen Luxuszügen, mit denen die Eisenbahngesellschaft ihr Vermögen erwirtschaftet hatte. Die neuen Schnellzüge gab es seit 2025 und wurden nicht von Rovos-Rail selbst gebaut, sondern sind vom Typ Euroduplex von Alstrom. Die Züge konnten aufgrund der Gleisanlagen nicht mit voller Geschwindigkeit fahren, die bei etwa dreihundertfünfzig Kilometern pro Stunde lag, aber auf einigen geraden Abschnitten, die auch durch Zäune geschützt sind, erreichten die Züge zweihundertdreißig Kilometer pro Stunde.

Er fand seinen Platz im oberen Teil des dritten Waggons, setzte sich und versuchte, die seltsamen Empfindungen zu verscheuchen, doch sie blieben hartnäckig, so wie etwas, das man im Augenwinkel sieht, und wenn man sich darauf konzentrieren will, entgleitet es. Der Zug fuhr los. Im unteren Teil des Waggons unterhielten sich Jugendliche lautstark und heiser, hier oben war es still.

Was waren das für komische Gefühle? Meron lauschte in sich und versuchte, zu ergründen, was er empfand. Betrug, dachte er. Betrug und Verzagen. Als ob alles schon immer so gewesen war, wie es sich jetzt ganz offen zeigte, nur gut verkleidet, verhehlt. *Mein Leben*, dachte er, *ist nicht mein Leben. Nichts davon. Alles nur eine Leihgabe von jemandem, den ich nicht kenne und der mich vielleicht auch nicht kennt, und jetzt beginnt alles zu zerfallen.*

Kaum hatte er diese Wahrnehmungen ausformuliert, schien die Sonne wahrhaftiger durch das Fenster und die Landschaft, durch die der Zug flüsterte, war vollkommen da. Alles lebte, alles gebar, wuchs, entwickelte, schlang sich umeinander und ließ nicht voneinander ab. Merklich erleichtert lehnte sich Meron zurück und schloss die Augen. Er roch, wie neu der Zug im Inneren war, und spürte die Beschleunigung. Er stand auf, nahm die Sporttasche, die er in das Ablagefach über seinem Sitz verstaut hatte, öffnete sie und nahm ein Buch heraus, das er mitgenommen hatte, für den Fall, dass er Lust zu lesen bekam. Die Lust war nun da und er betrachtete den abgegriffenen Einband des Buches, das er aus der Gästebibliothek im Haupthaus der Lodge hatte mitgehen lassen. Ambrose Bierce, Horrorgeschichten in deutscher Übersetzung. Das Buch hatte er nicht nur genommen, weil es Kurzgeschichten waren und eben Horrorgeschichten, sondern weil er auf Deutsch lesen wollte, um seine Sprachkenntnisse zu trainieren. Meron sprach fast fließend Deutsch und eine seiner Eigenschaften, die ihn für Max Villeneuf so wertvoll machten, das wusste er, war seine Bereitschaft, sich ständig weiterzubilden, weiter zulernen, mehr aus sich zu machen. Er schlug das Buch auf und begann mit: *Eine Straße im Mondschein.*

Visionen und Erinnerungen

Mai 2026
Die ersten Reaktionen ließen nicht lange auf sich warten. Die Leute, die in den Redaktionsstuben in Budapest, Prag, Wien, Pressburg, Berlin und München Journaldienst schoben, vielleicht mit den Füßen auf dem Tisch, und einem Milchkaffee in einem Pappbecher neben den Füßen, wurden mit einem Schlag aktiv. E-Mails kamen, Chatnachrichten, erste Redaktionsrunden wurden eilig einberufen, Chefredakteure aus dem Bett geklingelt. Manche von ihnen kontaktierten die Pressestellen der Landesregierungen, um Fragen zu stellen, das Material bestätigen zu lassen, schirmten aber gleichzeitig das Gesamtmaterial ab. Die Geschichten, die sich abzeichneten, waren zu groß, zu unübersichtlich und in ihrer Gesamtheit zu apokalyptisch, um eine ganze Serie von Storys gleich zu Beginn wegen Glaubwürdigkeitsproblemen zu versenken.

All das beobachtete Max Villeneuf mit dem Gesichtsausdruck eines Genießers, dem ein besonders edler Tropfen serviert wurde. Als er nach etwa einer Stunde sicher war, dass die Geschichte zündete, so wie eine unter ihrer eigenen Schwerkraft kollabierende Gaswolke im Weltraum sich zu einer Sonne entwickelt, stieg er aus dem Transporter und ging zur Brandung. Links und rechts von ihm war die vom Rauschen der Wellen untermalte Stille. Sterne am Himmel. Verschwenderisch hingestreut. Der Wind im Rücken war warm und trocken.

Max Villeneuf erinnerte sich an die erste Vision seines Totems. Er erinnerte sich genau. Was er gesehen hatte, als ihm der Schamane den Funkelstaub ins Gesicht geblasen hatte, das hatte sich ihm eingeprägt wie eine echte Erinnerung.

Seit nunmehr vierzig Jahren fragte er sich, wie er das hatte sehen können? Diesen Blick in eine mögliche, ferne Zukunft? Wie konnte die Vision seines Totems so deutlich sein, so über die Maßen echt? Er hatte alles gefühlt, gerochen, gesehen, gehört und alles zusammen ergab die Szene aus einem Totenhaus. Er hatte zwei Visionen und er erlebte sie in einer Nacht. Der ersten Vision folgte ein Gespräch mit Josua, der ihn fragte, was er gesehen hatte und mit welchen Gefühlen er dem Totem begegnet war. Weil er das Gefühl hatte, hier nur aufrichtig sein zu können, hatte er auf diese Frage geantwortet: »Ich habe den Tod gesehen. Die Sekunde, in der das Leben aus einem Menschen entflieht.

In einem Raum, den ich nicht kenne, an einem Ort, der mir nichts sagt. Der Geruch war schrecklich, und das Geräusch, dieses trockene, raschelnde Schleifen dieser … dieses Totems, der sich noch einmal aufbäumte. Ich war erschüttert und ich war erregt, weil ich die Macht spürte, die den Tod entfesselt hatte. Vielleicht empfinde ich … sogar jetzt noch, Triumph. Das, und eine widerliche Bosheit in mir, die mir aber doch auch so gut schmeckt.«

»Hast du den Tod genossen?«, fragte Josua, der vor ihm auf dem Boden saß und mit einem trockenen Stock Kreise in den feuchten Sand der Brandungslinie zeichnete.

»Nein«, antwortete Villeneuf. »Aber die, die an diesem Ort gewesen sind, die haben den Tod genossen, ihn gegessen wie Todesser. Der Gestank ihrer Völlerei hing noch in der Luft wie der Gestank von Erbrochenem nach einer elenden Völlerei.«

Das war das Wort, an das sich Max Villeneuf jetzt erinnerte, als er als sechzigjähriger Mann am Transporter lehnte und mit starrem Blick den dunklen Horizont bemaß: *Völlerei.*

Jetzt wusste er, dass der Rausch nicht kurz und die Reue lang war. Sein Rausch hatte fast ein halbes Jahrhundert angedauert, und scheiß auf die zehn Jahre, die das halbe Jahrhundert komplett gemacht hätten.

Bedächtig stieg er wieder in den Transporter, setzte sich auf den Stuhl und betrachtete die hereinkommenden Nachrichten.

Europa hatte Feuer gefangen. Gegenseitige Schuldzuweisungen, Unterstellungen, maßlose Wut. Erste Morde, erste Selbstmorde. Politiker, die sich im frühen Morgengrauen eine Pistole ans Kinn setzten, während die Gattin noch schlief, und ihrem Leben ein Ende bereiteten. Journalisten, die sich in Chats schrieben, dass sie Polizeischutz anfordern müssten, aber nicht wussten, wem sie trauen konnten. Natürlich explodierte ihnen die Geschichte über die dunklen Kanäle der europäischen Politik im Gesicht. Es war auch nicht anders zu erwarten gewesen.

Zwei Länder riefen zu dieser Stunde den Notfall aus und das Militär schirmte Regierungsviertel und Botschaften ab. Niemand schlief mehr, alle waren wach. Und auch den skandalsüchtigsten Journalisten dämmerte, dass in dieser Sache keine Gefangenen gemacht würden. Sie hatten die Box der Pandora geöffnet. Bereitwillig und voller Elan.

Die zweite Vision, die er vor vierzig Jahren im Beisein des Schamanen Josua hier gehabt hatte, war noch schrecklicher gewesen, und sie hatte ihn zu Le Fantom gemacht.

Das, was die zweite Vision von seinem Totem so überaus furchterregend machte, war, dass sie noch immer andauerte. Mag sein, dachte er, dass sie als Schlüsselerlebnis nach wenigen Minuten zu Ende gewesen war. Aber Tatsache war für ihn, dass die Welle, die ihn aus dieser Vision getragen hatte, ihn noch immer vorantrieb. Sie war noch nicht abgeschlossen und er spürte, dass das Ende nun schon sehr, sehr nahe war. Um sich abzulenken, dachte er an Meron Cunha, rief sich dessen burschenhaften Liebreiz, seinen dunklen, schweren Duft in Erinnerung und befriedigte sich selbst bei der Vorstellung, wie er den weinenden Burschen fickte und ihm die Augen mit den Daumen aus den Höhlen drückte. Sein heiserer Lustschrei wehte über den Strand und versank in der Brandung.

Als sich sein Atem beruhigt hatte, zog er sich aus und ging nackt in der nächtlichen Kühle ins Wasser und schwamm zügig ein paar Hundert Meter hinaus, dann kehrte er um, ging an Land und fühlte sich mit sich selbst fast im Reinen.

Die Herren Clubb und Cuff

Mai 2026
Sie saßen an einem kleinen, wackeligen, runden Blechtisch vor einem kleinen Café ein wenig außerhalb der Medina, fast schon in Strandnähe, und tranken schwarzen Kaffee aus Tassen, die in ihren großen Händen wie Fingerhüte anmuteten. Sie sahen einander verdrießlich an, dann wieder auf die Straße, auf der die Menschenmassen im Abendlicht vorbeizogen.

»Wie konnte uns das passieren, lieber Herr Cuff?«, fragte Herr Clubb und seufzte aus den tiefsten Tiefen seiner pechschwarzen Seele. Herr Cuff rührte im Kaffee und sah mit einem scharfen Seitenblick seinen Partner an, wandte den Blick ab und seufzte ebenfalls.

»Fast wie in diesem Indiana Jones Film, in der der Held von einer Horde Kinder gerettet wird. Wir hätten ihn töten und damit zumindest den Auftrag unseres verehrten Herren Auftraggebers erfüllen können. Aber wir waren wohl zu selbstsicher und zu sehr darauf bedacht, unser Opfer in die Halle zu bringen.«

Herr Clubb brauste auf: »Auftraggeber! Auftraggeber hin oder her, wir müssen uns wohl von diesem Mann emanzipieren, finde ich!«

»Gut gesagt, mein Lieber. Aber das ist nicht so leicht. Unsere Reputation würde leiden, denken Sie nicht?«

»Ach, ich scheiße auf unsere Reputation, wirklich wahr. Haben Sie in den letzten Monaten einmal einen Blick auf unsere Finanzen geworfen, ja? Wir können auf unsere Auftraggeber pfeifen und endlich als Privatiers herumziehen und Beute machen. Dividiert durch zwei, hat jeder von uns …«

»Wir reden hier auf der Straße nicht über Geld, mein verehrter Freund. Das ist so … *schäbig.*«

»Wohl wahr«, sagte Herr Clubb und nippte mit einer zierlichen Bewegung an seinem Kaffee. Nachdenklich fügte er hinzu: »Gran Canaria war wohl ein Highlight unserer Interventionen. Ich habe das Sterben des Influencers sehr genossen. Und auch das elende Sterben dieser alten Tunte. Otto hieß er, nicht wahr?«

Herr Cuff nickte langsam und lächelte: »Oh ja. Wie ehrlos sie alle sind und wie feig, wenn sie das Ende spüren. Aber wissen Sie was, mein Lieber? Dieser Herr Elias Mataanoui ist aus einem anderen Holz. Wie er uns kurz überrumpelte, das war schon bemerkenswert.«

»Ja, das mit dem Parfum. Er hat uns über den Tisch gezogen und unser Selbstbewusstsein sehr geschickt gegen uns genutzt. Und jetzt ist er weg. Das ist so eine Unverschämtheit – ich habe keine Worte für meinen Ärger. Ich finde, irgendjemand muss sterben. Und zwar auf die denkbar übelste Weise!«

»Was schwebt Ihnen vor, lieber Freund?«, fragte Herr Cuff und klatschte erfreut in die Hände. Das sah sehr beunruhigend aus, und zwei halbwüchsige Mädchen, die gerade vorbeigingen, sahen die beiden massiven Männer mit großem Unbehagen an und eilten weiter.

Herr Clubb sinnierte: »Ich denke, Herr Mataanoui reist nach Süden, das werden auch wir tun. Noch heute. Ich habe noch immer vor, ihn in seinem Blut ertrinken und ihn seine Hoden fressen zu lassen, wenn wir ihn gehäutet haben. Aber ich habe Hunger, wissen Sie? Ich habe großen Hunger, jemand zu schlachten.«

»Wen haben Sie im Sinne?«

»Den hübschen Geschäftsführer aus der Lodge unseres … ehemaligen Auftraggebers. Kiki, nannte ihn Herr Villeneuf. Ich stelle mir gerade vor, wie er schreit, wenn wir seine Gliedmaßen mit Vorschlaghämmern bearbeiten. Ja, der Gedanke hat etwas Tröstliches.«

»Wundervolle Idee. Ich meine, wir sollten die Reise genießen. Nicht zu schnell, nicht zu langsam. Zwei solvente Herren auf Reisen. Wie gefällt ihnen das?«

Herr Clubb lächelte sanft: »Oh ja. Und vielleicht finden wir auf der Reise einen jungen Taschendieb, den wir bestrafen können? Dem wir die weinenden, schreckgeweiteten Augen aus den Augenhöhlen lutschen?«

»Sie sind so … wundervoll verdorben, mein Lieber!«

»Ja, das bin ich wohl. Ich sprech mich dafür aus, wir brechen auf. Obwohl ich Lust habe, mich hier ein wenig zu unterhalten, bin ich dafür, unauffällig Tanger zu verlassen.«

»Linienflug?«

Herr Clubb nickte: »Ja. Lassen Sie uns fliegen und träumen von Blut und Tränen.«

»Von dampfenden Eingeweiden und trostlosen, schwachen Schreien.«

Herr Clubb tätschelte die Hand seines Partners, eine vertraute Geste, die eine zwischenmenschliche Nähe nahelegte, die es zwischen ihnen nicht gab.

Wackeldackel

Mai 2026
Den Wackeldackel entdeckte Elias erst, als er sich auf den rechten Platz neben dem Piloten setzte und sich mit einer Mischung aus Faszination und purer Panik umsah. Von außen schaute das Frachtflugzeug schon mitgenommen aus. Im Inneren kam er sich vor wie Luke Skywalker, als er das erste Mal in seinem Leben Han Solos Raumschiff *Rasender Falke* bestieg. »Herrgott!«, wollte er rufen. »Die Mühle ist ja nur Schrott!« Als Abdul Kircher vor sich hin murmelnd und zwischendurch rülpsend die Motoren startete und die Propeller in Grundrotation versetzte, beruhigte er sich ein wenig und starrte auf den Wackeldackel, der munter vor sich hin nickte. Er war auf dem Armaturenbrett direkt neben einer Striptease-Puppe festgeklebt und sah ihn mit unwiderstehlicher Fröhlichkeit an. Die Cockpitfenster waren groß und boten fast einen einhundertachtzig-Grad Blick. Das beruhigte Elias und er verstand nicht, wieso – vielleicht war es einfach nur gut, hinaussehen zu können.

Es war kurz nach sechs Uhr morgens, die Sonne ging auf. Es war ein schöner, windstiller Tag und im Flugzeug roch es nach Krankenhaus und Schmieröl – und tief darunter, wie eine Art olfaktorischer Grundton, lag der Geruch von kalter Zigarrenasche. Jetzt palaverte Abdul Kircher mit dem Tower und Elias lehnte sich zurück, streckte sich und ließ, wie so oft, wenn er nervös war, die Nackenwirbel knacken. Er hatte bei der Abfertigung mit mehr Problemen gerechnet, aber Abdul schien die Leute hier alle zu kennen. Die Geschichte war einfach die, die sich am leichtesten aus dem, was Elias war und konnte, zusammenstoppeln ließ: Er begleitete den alten, erfahrenen Piloten einerseits als Helfer, sein Ziel war aber eine abgelegene Mission, wo er für ein halbes Jahr, und wenn es passte, auch länger, Kinder therapieren sollte, die in einer der unzähligen Stammesfehden verwundet worden waren. Bewegungstherapie und Anpassen von Prothesen. Auch ein wenig Psychotherapie. Elias hatte dem locker-flockigen Geschwätz seines Piloten mit immer mehr Erstaunen zugehört. Der Mann schüttelte die Geschichte mit einer Mühelosigkeit aus beiden Ärmeln, dass ihm ganz wunderlich zumute wurde. Als sie schließlich ihre Pässe zurückbekamen, fuhren sie mit einem der Elektrovehikel, welche die Kofferwägen ziehen, zum Abstellplatz der Frachtmaschine.

Abdul warf einen Seitenblick auf Elias, der die Lehnen

umklammerte und sagte: »Mach dir keinen Kopf. Ich fliege die Kiste seit mehr als zwanzig Jahren und sie hat mich noch nie im Stich gelassen. Die ist robust wie ein Preisboxer. Wir rollen jetzt zur Startposition und dann fliegen wir sieben Stunden nach Gabun, Nigeria. Dort laden wir einen großen Teil der Ladung aus und nehmen ein paar Kisten an Bord. Wir werden dort in einem Verschlag übernachten, ein wenig Bier trinken und den Flughafen nicht verlassen. Nicht weil es gefährlich sein könnte, aber es gibt dort einfach nichts, was man sehen muss. Und es gibt keine anständigen Bars, außer die am Flughafen, wo man sich gepflegt ansaufen kann.«

Der Wackeldackel wurde erst so richtig munter, als Abdul die Motoren hochfuhr und die alte Kiste über die Startbahn jagte. Und sie hob erst ab, als er schon das Ende der Bahn sehen konnte. Eben noch!

Nach etwa einer Stunde, als sie über einen braun grünen Flickenteppich flogen und er sich an die Turbulenzen gewöhnt hatte, löste Elias den Sicherheitsgurt und fragte: »Wo kann ich Wasser lassen?«

Abdul sah ihn ernst an und antwortete: »Mach die Luke auf und piesel einfach raus!«

Entgeistert sah ihn Elias an und da stahl sich ein breites Grinsen in Abduls Gesicht: »Ganz nach hinten, links neben der Heckklappe. Ist nicht zu verfehlen. Aber erwarte keine Hoteltoilette. Ist ein klein wenig versifft, da hinten.«

Nachdem Elias sich mit gerümpfter Nase erleichtert hatte, nahm er seinen Rucksack und wühlte darin herum, bis er das Notizbuch und den Drehgriffel gefunden hatte, setzte sich auf eine harte, gepolsterte Bank an einen kleinen Tisch, der auf dem Boden festgeschraubt war, und blätterte in seinen Briefen an Stefan. Gelegentlich schaute er nach vorn zum offenen Cockpit und sah den Wackeldackel und die Stripteasetänzerin im selben Takt tanzen. Er lächelte und sah durch die Notizen hindurch ins Leere.

Stefan war in Nigeria. An der Universität und weiß der Geier, wo in Nigeria die ist.

Er schrieb:

Fünfter Brief

Wünschte, Du wärst hier, Alter. Der Ramschflieger wäre voll Deins, da bin ich sicher! Du würdest aus dem Grinsen nicht mehr rauskommen und ich sehe Dich neben mir in der weiten Jogginghose und dem Unterhemd und wie Du grinst und mir den Ellbogen in die Rippen haust, weil das alles so unpackbar sexy ist. Das ist Dein zweites Wort für fast alles, was Dir taugt. Es ist sexy, es ist ultra. Ich fühle mich gerade eher wie ausgekotzt und hingeschissen, ich kann Dir sagen! Aber ich habe auch das Gefühl, als läge ich im Plan – wenn ich einen Plan hätte. Ich weiß zumindest nicht, dass ich einen Plan habe. Ein Vorhaben, ja, das habe ich. Obwohl es mir körperlich momentan nicht so gut geht – ja, das viele Bier gestern schwappt mir noch im Hirn herum – fühle ich mich wirklich gut. Abdul scheint jemand zu sein, an den man sich anlehnen kann, wenn man ihn erst einmal ein wenig kennt und er das zulässt. Er hat so einen merkwürdigen Humor, der schwankt zwischen staubtrocken und komplett obszön. Ultra.

Wir fliegen nach Nigeria und vielleicht werde ich dort einen Hauch von Dir einatmen. Kannst Du Dich noch erinnern, als wir damals mal auf der Donauinsel geredet haben, über den Staub der Toten? Das war vielleicht ein Teenagerthema, Alter! Wir werden aus Staub geboren und wir kehren zum Staub zurück, und wie viele Brisen Mozart haben wir schon eingeatmet? Und Beethoven und Falco? Klaus Schulze auch, denn der ist auch schon tot. Du kannst Dich sicher an die elektronische Musik erinnern, die wir im Oktober hörten, als wir auf der Hauptallee laufen waren? Und wenn man bedenkt, dass jeder Mensch Zellen verliert, Hautpartikel und Schweiß, dann ist auch etwas von mir und von Dir in der Luft und vielleicht berühren sich unsere abgestorbenen Zellen irgendwo in der Luft und wissen über uns Bescheid, so wie wir über uns Bescheid wissen? Mir kommt gerade der Gedanke, dass ich jetzt weinen müsste, weil ich daran denke, wie schön es mit Dir war, als aus uns für kurze Zeit etwas Größeres wurde als die Summe, die wir beide sind. Doch das ist es nicht, was mir so fehlt. Es ist Deine Anwesenheit, die Art Monument, die Du bist in meinem Leben. Aber trotzdem weine ich nicht. Ich lächle, Du kannst es nicht sehen, aber vielleicht spürst Du es?

Ich weine nicht, weil es vorbei ist, sondern ich lächle, weil ich da bin. Das Gefühl der Dankbarkeit ist mir neu. Ich meine, in dieser Intensität. Und ich sag Dir was: Es ist ein gutes Gefühl, ein wahres Gefühl. Der ganze Erfolg, den wir uns auf die Fahnen hefteten, war mir viel zu selbstverständlich. Oft habe ich gestaunt, ja. Aber dass ich mal deshalb wirklich dankbar war? Vergiss es.

Ich schreibe wieder, wenn ich sicheren Boden unter den Füßen habe, in Nigeria, Gabun.

Ich küsse Dich!

Eli

TEIL 3: TOTEM

Ich nehme eine Flasche Wein
und trinke sie auf einem Blumenfeld.
Wir sind zu dritt;
ich zähle meinen Schatten,
und meinen Freund, den schimmernden Mond.

Glücklicherweise weiß der Mond nichts vom Trinken,
und mein Schatten ist nie durstig.
Wenn ich singe, hört mir der Mond schweigsam zu.
Wenn ich tanze, tanzt mein Schatten mit mir.

Nach allen Festlichkeiten müssen die Gäste gehen.
Diese Traurigkeit kenne ich nicht.
Wenn ich nach Hause gehe,
geht der Mond mit mir
und mein Schatten folgt mir nach.

– *Das kleine Fest von Li-Po*

Erste Vision

Oktober 1985

Josua ging voran und der weiße Mann folgte ihm entlang des Gestades der Walfischküste unter den Sternen nach. Hinter ihnen gingen die Träger – ruhig atmend und unermüdlich. Wenn Max die Augen zusammenkniff, sahen Himmel und Strand aus wie von van Gogh gemalt. Kreisrunde Formen, prismatisches Licht und ein Hauch von eisigem Schrecken hinter allem.

Er kam zu dem Schluss, dass Josua, der vor ihm ging, mit der Eleganz eines entspannten Balletttänzers, mehr war als nur ein Krieger oder der Anführer der Krieger, die das Monument und das Totem schützten und bewahrten.

Josua blieb stehen und wandte sich zu ihm um. »Hier haben unsere Vorfahren vor langer Zeit die Steine gefunden. In der Brandung, gewaschen von Jahrhunderten oder Jahrtausenden, wer weiß das schon genau. Und hier ist der Ort, wo du dich dem ersten Totem stellen musst. Die zweite Prüfung, die erste Vision. Bist du bereit, Max?«

Max Villeneuf war ein wenig überrascht, dass Josua seinen Namen kannte, denn er konnte sich nicht daran erinnern, ihm seinen Namen gesagt zu haben. Aber das erstaunte ihn dann auch wieder nicht: Die letzten Tage seit der Opferung seiner Begleiter waren in einem pastellfarbenen Nebel verborgen. Er erinnerte sich nur an die Stunden, in denen er die Schriften studierte, und an die nach Vanille und Zimt duftenden Vergnügungen mit einem der jungen Krieger, der sich ihm vorbehaltlos hingegeben hatte. Dass Josua ihn nun beim Namen nannte, wertete er als Zeichen dafür, dass der Krieger ihn ernst nahm. Josua, der nicht nur ein Krieger war, sondern auch so etwas wie ein Schamane, ein Anführer, weit über das Ausmaß strategischer Notwendigkeit hinaus.

Sie standen einander gegenüber und Josua lächelte sanft: »Zieh dich ganz aus, Max. Gib dich völlig der Stille der wilden Dinge hin. Ich werde über dich wachen. Und ich werde Echos deiner Vision empfangen, denn wir werden verbunden sein, auf dieser oder einer anderen Existenzebene.«

»Es gibt mehrere Realitäten?«

Josua lächelte, und das sah bezaubernd unbefangen aus. »Oh ja, mein Freund. Kein Traum geht verloren, das Universum ist die Summe aller Träume. Du fügst nur eine weitere Facette hinzu.«

Max hatte auf einmal sehr viele Fragen und alle waren philosophischer Natur. Über Realitätsebenen, Multiversen, Domänen im All, aber als er nackt vor Josua stand und Luft holen wollte, um den Moment mit Fragen in die Länge zu ziehen, hob Josua die rechte Hand und blies auf die Handfläche und im Sternenlicht stob Funkelstaub in Max' offenen Mund und in die Nase. Die Wirkung war total. Zuerst war da nur vollkommene Finsternis und Stille, dann roch er kalte Asche, verschüttetes Bier, Schweiß und Scheiße. Wie hinter einer hauchdünnen Membran spürte er den Atem von Josua.

Max murmelte: »Was ist das?«

Das Universum, oder auch nur ein schlanker Krieger der Himba antwortete ihm: »Was möglich sein kann. Was sein wird oder war.«

Die Dunkelheit lichtete sich und wurde zu wogendem, grauen Nebel. Der Nebel löste sich auf und er sah, dass er in einem Raum stand. Links von ihm war eine offene Veranda; die Glastüren waren aufgeschoben und dahinter, im Dämmerlicht eines späten Nachmittags, lag eine mit Marmorplatten belegte Terrasse, die in einer geraden Linie am Gefunkel eines Pools endete, der von unten beleuchtet war. Der Raum, in dem er stand, war ein Wohnraum wie aus einer spanischen Finca. Flache Möbel, großzügig im Raum verteilt. Als er den Blick schweifen ließ, sah er auf einmal einen schwarz gekleideten Mann vor sich, der eine schwarze Gummimaske trug. Nicht eine, die man in Sexshops kaufen konnte, sondern die Luxusversion einer Horrormaske. Der Fremde schien ihn unergründlich anzustarren, dann wandte er sich ab und ging zu der flachen Sitzlandschaft, die mit der Lehne zur offenen Verandatür stand. Darauf rekelten sich zwei gutaussehende Jungs, die augenscheinlich schon tief im Mystischen von Drogen und Alkohol schwebten. Vor ihnen, auf dem Boden, waren Asche und Zigarettenstummeln, überall lagen Plastikflaschen herum; Cola, Sprite, Bitterlemon. Rechts von ihnen saßen zwei dunkle Männer, dick und dünn, schmierig und trunken, die sich über Lines mit Kokain beugten und die Droge mit edel funkelnden Röhrchen zogen. Ein blonder Mann, mit weichen, und arroganten Gesichtszügen, ging aufgekratzt auf und ab, seine Hände flatterten auf und ab wie Vögel außer Rand und Band. Er murmelte unentwegt: »Na? Na? Na? Tun wir es jetzt, tun wir es, tun wir es? Na?«

Der Mann mit der Gummimaske nickte hoheitsvoll und sagte mit einer Stimme, die, wenn sie eine Farbe hätte, tiefgrau wäre: »Ja, wir tun es. Wir zünden ihn an.«

Max im Geisterkörper, sah sich zu einem flachen Couchtisch aus Hartholz gehen, darauf lag bäuchlings eine junge Gestalt. Nackt, gepackt von Todesangst. Er umrundete den Wehrlosen und sah, dass er missbraucht worden war. Er hatte Brandwunden und Hämatome auf dem Rücken. Schlaff und bewegungsunfähig lag er auf dem Tisch, die Beine waren gespreizt, die Arme hingen links und rechts herunter und die Handrückseiten lagen abgewinkelt auf dem Steinboden. Der junge Mann hatte dunkles, mahagonifarbenes, dichtes, gewelltes Haar, sein Gesicht vor Grauen verzerrt. Aus seinem Mund tropfte eine Mischung aus Spucke und Samen und Kotze, seine Wangen waren tränennass, die Augen gerötet. Die wehrlose Gestalt flüsterte, und es klang wie raschelndes Papier: »Bitte, bitte, lasst mich …«

Der Geist sah, dass aus dem Hintern des jungen Kerls Sperma, Blut und Urin tropfte und den Boden nässte.

Der Blonde der beiden Jungs stand unelegant auf und nahm dem aschfahlen Mann die Zweiliterflasche Cola aus der Hand, die dieser aus einem Nebenraum gebracht hatte. »Ich mach' das, ich will das machen!« Die Flüssigkeit in der Flasche schillerte wie Benzin.

Der Mann mit der Gummimaske kicherte mit einem Geräusch rollender Kiesel und nickte: »Sei mein Gast!«

Max spürte das unvorstellbare Grauen des wehrlosen jungen Mannes bis tief in seine Seele hinein und ihm war, als ob er laut schluchzen müsste, als ob es keine andere Möglichkeit gäbe, auf das Grauen zu reagieren, als in Tränen auszubrechen. Der blonde Junge mit dem Gesicht eines grausamen Engels schraubte die Zweiliterflasche auf und goss mit übertriebener Sorgfalt die schillernde Flüssigkeit auf den Rücken, den Hintern und den Hinterkopf des Gefangenen.

Warum kann er sich nicht bewegen, fragte er sich und hatte die Antwort zum Greifen nahe. Drogen. Irgendetwas, das die Muskeln lähmte oder die Verbindung zwischen Hirn und Muskulatur unterbrach. Er war nicht gefesselt und doch vollkommen bewegungsunfähig. Und er war bei Sinnen, er wusste, was rund um ihn geschah, und er hatte grauenhafte Todesangst.

»Was macht ihr mit ihm?«, flüsterte er und wusste, dass ihn niemand hörte.

Die dunkelhaarigen, schmierigen Männer standen mühevoll auf und grinsten widerlich.

Der üble Gestank von Schweiß und Scheiße und verschüttetem Bier und kalter Asche wurde jetzt vom durchdringenden Benzingeruch überdeckt.

Der Mann mit der schwarzen Maske nahm ein Stofftuch und tröpfelte ein wenig Benzin aus der abgestellten Colaflasche darauf und gab es dem Schlanken der beiden Männer. »Bitte«, sagte er, mit einer spöttischen Verbeugung. »Sie haben dafür bezahlt.«

Der Mann nickte, holte ein goldenes Feuerzeug aus seiner Hosentasche. Max, der Geist, sah, dass die Hose des Mannes offen war, und sein Penis heraushing wie eine Schlange. Er zündete den Lumpen an, bückte sich und hielt ihm den Gefangenen vors Gesicht, murmelte: »Du wirst brennen und du wirst sterben, nur damit wir dich vollwichsen können!«

Der junge Kerl röchelte lallend: »Nein, bitte, nein, bitte ... leben ...«

»Doch«, sagte der schwarzhaarige Junge, der schwankend neben dem blonden Schönling stand und nach dessen Penis griff. Dann fügte er mit einem schweren, romanischen Akzent heiser hinzu: »*Brenn*, du Opfer!« Jetzt kicherte er wie ein Wahnsinniger.

Der schlanke Mann warf den brennenden Lumpen auf den nass glänzenden Rücken des Opfers. Mit einem fast explosionsartigen WUSCH loderten die Flammen auf, fuhren hoch zum Kopf und die Haare fingen Feuer. Die Feuerzungen fauchten blau und hellgelb über den Rücken nach hinten und umhüllten die Hüften und den Hintern des jungen Burschen.

Die fünf Männer standen um den lodernden Körper und onanierten, und sie äfften sein Krächzen und Todesröcheln nach. Ihre Gesichter drückten Gier und Abscheu und Sadismus aus. Die Flammen zischten, als sie sich durch die Haut fraßen und Blut und Körperflüssigkeiten kochten. Der junge Mann schrie tonlos, seine Augen waren aufgerissen und starrten in die Hölle. Seine Hände strichen hilflos über den kalten Steinboden, seine Muskeln waren im Todeskampf vollkommen verkrampft.

Einer nach dem anderen trat vor, als es ihm kam, und verspritzte seinen Samen auf den verkohlten, qualmenden Rücken des Burschen. Es stank durchdringend nach verbrannter Haut, nach verbrannten Haaren, nach Benzin und Feuer und Wahnsinn.

Der Geist sah das rechte Auge des Burschen, das durch das Feuer in eine verdorrte Frucht verwandelt wurde, und er hörte durch das Rascheln und Zischen das schreckliche Geräusch von Zähnen, die in der

Hitze splitterten. Das war noch schlimmer, als es Todesschreie sein könnten.

Als Letzter ergoss sich der Mann mit der Gummimaske, in dem er sich mit gespreizten Beinen vor den Kopf des Sterbenden kniete und ins Gesicht ejakulierte.

Max, der Geist, wusste, dass der junge Kerl tot war und in dem Moment, als ihm das bewusst wurde,

(Er starb, als der Samen des Mannes mit der Gummimaske in sein verzerrtes, halb verkohltes Gesicht klatschte)

sah er eine flüchtige Bewegung, als ob ein weißes Funkeln aus dem Leichnam des Opfers entwich und zur offenen Verandatür hinausfloh.

Max dachte, er könnte der Bewegung folgen – er *wollte* ihr nacheilen, hinaus, ins Freie, in das Abendlicht, raus aus diesem Raum voller Irrsinn und Wahn und Schmerzen und Tod. Aber er blieb, von Grauen gepackt, stehen, unfähig, sich zu bewegen.

»Das bin ich«, flüsterte er erstickt mit Blick auf den Mann mit der Gummimaske. »Ich bin das, aber warum und …«

Er hörte ein durchdringendes Schnippen wie vor einem Blitzschlag in unmittelbarer Nähe und fand sich weinend und zusammengekrümmt im feuchten Sand der Brandung; vollkommen entsetzt. Über sich die Sterne, neben sich Josua, der ihm die linke Hand auf die Stirn legte und flüsterte: »Pst, pst, alles gut, du bist zurück, du bist hier. Was hast du gesehen, Max?«

»Die Hölle«, keuchte er, rang um Atem und um seine Fassung. »Den Tod eines Unschuldigen. Mich. Aber so … ich *bin* nicht so. Ich habe gesehen, wie ein junger Kerl auf einer Party bei lebendigem Leib verbrannt wurde. Was war das? Was habe ich wirklich gesehen?«

Josua zuckte mit den Schultern und setzte sich mit einer fließenden, eleganten Bewegung in den Sand. »Ein Echo aus der Zukunft. Etwas, das sein kann oder sein wird. Wer weiß das schon?«

»Ja«, stammelte Max Villeneuf und kroch näher zu Josua, nahm dessen Hand und drückte sie, dann legte er sich die Hand des Kriegers auf die Brust. Josua zog sie nicht zurück.

»Ich hoffe, es wird nie sein. Nie geschehen.«

»Es kann wahr werden, wenn du die zweite Vision überstanden hast und zum Fantom wirst. Wenn du deine Bestimmung annimmst.«

Max Villeneuf starrte durch tränennasse Augen hinauf zu den Sternen und hoffte, es würde nie Wirklichkeit werden.

Und ganz tief in sich verstand er die kranke, bösartige Befriedigung des Mannes mit der schwarzen Gummimaske, als er sich in das zur Hälfte verbrannte Gesicht des Sterbenden ergoss.

Die leere Bühne

Mai 2026
Gleich nach der Ankunft in der großen Wohnung von Rachels Tante hatten sie Sex. Zuerst auf dem Treppenabsatz des Kellers, wo sie nicht beendeten, was sie angefangen hatten, und wo sie sich überall streichelten, und überwältigt vor Lust anlächelten. Dann im Treppenhaus, wo es nach gekochtem Gemüse und schlussendlich hinter dem Vorhang, der Rachels Schlafplatz vom Wohnzimmer trennte. Die Tante war so rücksichtsvoll und drehte den Fernseher lauter. Rachel und Meron waren schweißnass, glücklich und konnten nicht voneinander lassen. Sie begehrten sich auf so vollendete Weise, dass sie sogar ein wenig eifersüchtig auf die Schönheit des anderen waren. Später lagen sie nur nebeneinander, rauchten und lauschten den Geräuschen auf der Straße.

»Gehen wir heute fort? Ich möchte tanzen!«, sagte Rachel und strich mit dem Zeigefinger die Vertiefungen von Merons Sixpack nach.

»Klar«, sagte er leichthin und wusste, dass es ihr nicht nur ums Tanzen ging. Sie wollte, ebenso wie er, die Blicke spüren. Das war ihr Spiel und sie wussten beide, dass es eitel war und auch verächtlich den anderen gegenüber, aber was sollten sie tun? Sie liebten es, begehrt zu werden, beim Tanzen zu spüren, wie sie mit Blicken abgeschätzt und gewollt wurden und dass diese Blicke irgendwann, und das geschah jedes Mal, wenn sie tanzten, keinen Unterschied mehr machten zwischen ihr und ihm. Sie verströmten sexuelle Lust und signalisierten Bereitschaft, sich einzulassen, wie flammende Leuchttürme in tiefster Nacht. Bislang waren sie immer nach solchen Ausritten zu zweit heimgegangen, hatten niemand mitgenommen und genossen still die erotische Verzweiflung, die sie hinter sich zurückgelassen hatten wie Kriegsverwüstungen.

Später zogen sie sich an und aßen mit der Tante am großen, runden Tisch im Wohnzimmer Fleischeintopf und tranken importiertes Bier aus Südafrika. Sie redeten über die Erfolge, die Rachel für die Tante in der leidigen Erbschaftsgeschichte erzielen konnten und Meron berichtete von seiner Arbeit und dass ihm sein nobler Boss (das sagte er wie ein unterwürfiger Laufbursche und musste kichern) den Range Rover überlassen hatte, um von der Lodge nach Windhoek zu kommen. Gegen zweiundzwanzig Uhr zogen sie sich um. Der Mode zufolge trugen beide lockere Jeans und enge Shirts, was bei beiden perfekt aussah. Meron zog schwarze Adidas-Sneakers aus Leder an, Rachel bevorzugte Flipflops.

Um halb Elf verabschiedeten sie sich von der Tante, die nur meinte, sie sollten keinen Wirbel machen, wenn sie um Morgengrauen heimkämen.

»Im Morgengrauen«, sagte Rachel tadelnd und lächelte. »Wir kommen bald wieder!«

»Na, klar«, sagte die Tante zweifelnd. »Na dann, bis bald, ihr Süßen!«

Sie spazierten zu Fuß über die breiten Straßen durch die flache, ländlich wirkende Stadt, dann nahmen sie einen Bus, der sie zum Gweta Drive brachte, einer schmalen Landstraße in der trockenen Einöde, und gingen in den X-Hail Night-Club und steuerten zuerst die Bar an, um Cola mit Scotch zu trinken. Sie sahen einigen jungen Paaren zu, die zu afrikanischen Beats tanzten. Es waren einige gutaussehende Mädchen und Jungs da, und sie tanzten, so wie Meron und Rachel tanzen wollten. Lustvoll und anzüglich. Er schob einen Schein über den Tresen und sagte dem groß gewachsenen Jungen hinter der Bar: »Pass auf unsere Drinks auf, ja?« Das war hier so üblich, denn es kam nicht selten vor, dass Leute mit fragwürdigen Absichten Tropfen oder Pulver in die Getränke mixten, um die Besitzer der Drinks auszurauben oder zu vergewaltigen. Weder Meron noch Rachel hatten das je selbst erlebt, aber es genügte, was sie so an Geschichten von Bekannten und Freunden gehört hatten.

Dann tanzten sie. Zuerst im Stehen, nur die Arme. Dann fanden sie den Rhythmus und legten los. Wie von selbst machten die anderen Platz. Meron nahm Rachel an der Hüfte und zog sie zu sich, sie schob ihre Hand hinten in seine Hose und packte ihn am Arsch, er ließ seine rechte Hand über ihre Brüste streichen, fast wie beiläufig und doch so gezielt und gewollt. Sie griff ihm in den Schritt und spürte, wie er in ihrer Hand hart wurde und lächelte ein katzenhaftes Lächeln. Meron hatte sich schon öfter eingestanden, dass es für ihn so war, als würden sie sich eben erst entdecken, wenn sie in einem Club miteinander tanzten. Als wären sie einander vollkommen fremd und neu. Gelegentlich blickte Meron zum Tresen und prüfte, ob die Gläser noch so dort standen, wie sie sie angestellt hatten. Rachel sah das und liebte ihn für seine Umsicht noch mehr. Sie zog ihn zu sich und leckte über seine Lippen, öffnete den Mund und atmete ihn an. Sie leckte über sein Ohr und flüsterte durch die treibenden Beats: »Nimm meine Nippel.«

Das ließ er sich nicht zweimal sagen. Er ertastete ihre Brustwarzen durch den dünnen Stoff des engen Shirts und rieb sie zwischen Daumen und Zeigefinger und sie lächelte ihn mit weit offenen Augen an und drängte ihre Hüften an ihn.

Später gingen sie zur Bar zurück, wo sich inzwischen die Leute drängten, und fanden ihre Gläser unberührt vor. Der Junge hinter der Bar nickte ihnen zu. Es war kurz nach Mitternacht. Mit dem Rücken an die Bar gelehnt standen sie nun da und sahen den anderen zu, die sich auf der Tanzfläche drängten. Zuerst schien es Meron, als ob alles ganz normal wäre, aber er spürte, dass sich etwas geändert hatte und als ihm das bewusst wurde, irritierte ihn noch mehr, dass scheinbar auch die anderen spürten, dass sich etwas … verschoben hatte. Vielleicht nur um einen Millimeter. Kaum wahrnehmbar. Unauffällig sah er zu Rachel und merkte, dass ihr Lächeln erloschen war und ihr Blick nachdenklich wirkte. Die Musik hämmerte und pulste nach wie vor, aber es klang anders – kraftloser. Er lehnte sich zu ihr: »Ist was?«

Sie sah ihn kurz an, schüttelte den Kopf und antwortete: »Ja. Nein, ich weiß es nicht. Ich habe überhaupt keine Lust mehr. Du?«

Bevor er antwortete, hörte er der Musik noch einmal genauer zu und entdeckte etwas, das nur schwer zu erfassen und noch schwerer zu beschreiben war. Es war nicht nur die Musik. Es war … *alles*. Auch die Paare und die vereinzelten jungen Leute, die alleine tanzten, schienen etwas zu spüren. Ihr Tanzen verlor Enthusiasmus, die lauten Gespräche überall schliefen ein, über alles legte sich eine traumhafte, nebulöse Stimmung von Verlust und Einsamkeit. Meron fühlte sich auf einmal traurig. Dann hatte er das Wort. Substanzlos. Die Musik wirkte auf einmal kraftlos und müde, und obwohl sich hunderte Leute im Club aufhielten, war alles geisterhaft und verlassen. War vielleicht doch etwas in ihre Drinks geschüttet worden? Sanft nahm er Rachel bei der Hand und raunte ihr zu: »Lass uns hinausgehen. Ich fühle mich komisch.«

Sie nickte: »Ich auch!«

Als sie den Ausgang erreichten und sich noch einmal zur Tanzfläche blickten, sahen sie, dass die Tänzer nicht mehr tanzten und die Musik wirkungslos in die Wände sickerte. Da half keine Beleuchtung, keine Stroboskop-Effekte. Egal, was Rachel und er fühlten – inzwischen spürten es alle und standen irritiert, wie aus einem Traum gerissen, herum und wirkten zutiefst irritiert.

Draußen war es nicht besser. Menschen gingen in Gruppen auf dem Boulevard am Club vorbei und redeten nicht. Der Straßenlärm war schwach und leblos.

Rachel lief eine Träne über die Schläfe; Meron wischte sie weg und leckte sie vom Finger. »Was ist los?«, fragte sie verwirrt und umarmte ihn, als ob seine spürbare Nähe alle Fragen beantworten könnte.

»Ich weiß es nicht, Süße«, antwortete Meron flüsternd. Sie gingen ein paar Meter zu einem nahen, kleinen Park und setzten sich auf eine Steinbank, hielten sich an den Händen. Nach einer Weile seufzte er und sagte: »Ich habe das auf der Fahrt im Range Rover von der Lodge nach Windhoek auch erlebt. Nur kurz. Es ist so komisch. Kanns nicht beschreiben.«

»Versuchs!«

»Es ist alles da, so wie immer, ja?«

Sie nickte und kaute auf der Unterlippe.

»Aber es ist anders. So, als ob nichts mehr Wert und Sinn hätte, findest du nicht auch?«

Sie nickte wieder.

»Als ob wir tot wären und es einfach noch nicht wüssten!«

Rachel griff seine Hand fester und gab zurück: »*Sag* so etwas nicht. Das ist gruselig.«

»Ja, aber es *ist* doch gruselig, oder?«

Schweigend saßen sie nebeneinander, sie hatte ihre Beine auf seinen Schoß gelegt und rauchte. Sie blies den Rauch aus und flüsterte: »Wie auf einer Bühne, auf der keiner mehr ist. Nur Geister.«

Meron nickte. »Ja, so ungefähr!«

Und als er das sagte, so als ob jemand mit den Fingern schnippte, war alles wieder so wie zuvor. Der Lärm war echt und aufdringlich, die Abgaswolke der Autos, die vorbeifuhren, stanken nach altem Öl, die Luft fühlte sich warm und energievoll an.

Sie lächelte ihn an. »Spürst du es auch?«

Meron nickte und umarmte sie. »Ja.«

Sie zündete eine Zigarette für ihn an und schob sie ihm zwischen die Lippen, dann standen sie auf und blieben eng umschlungen stehen.

»Gehen wir zurück in den Club?«, fragte Meron und streichelte ihren Rücken, während er an ihrem Ohrläppchen knabberte.

Sie schüttelte kaum merklich den Kopf und flüsterte ihm ins Ohr: »Ich will dich. Da hinten im Dunkel.« Sie nahm seine Hand und führte ihn in die finstersten Schatten des Parks.

Im Stehen öffnete sie Merons Hose und zog ihre Jeans, ohne sie zu öffnen, nach unten und drängte sich an ihn.

Meron lächelte geil: »Junge Frau, kennen wir uns?«

»Scheißegal«, keuchte sie und wies ihm zielstrebig den Weg. »Ich bin hungrig nach dir.« Um das zu beweisen, packte sie ihn beidhändig am Arsch und zog ihn zu sich, bis er ganz in ihr war. Kurz, bevor es ihm kam, wich sie wie eine Fata Morgana zurück und lächelte ihn herausfordernd an, dann sank sie auf die Knie und nahm ihn in den Mund, lutschte und kaute und sog, bis sie spürte, dass es ihm kam. Sie liebte es, zu sehen, wenn er abspritzte; wich ein wenig zur Seite aus und wichste ihn fertig. Meron spritzte in einen Farn, der um eine Palme wuchs, und in ihre Hand, sah zu, wie sie sein Sperma von den Fingern leckte, und sich dabei selbst fingerte. Er keuchte, vollkommen selig: »Du bist so wundervoll, Rachel, ich liebe dich, ich liebe dich vollkommen …«

Sie röhrte wenig damenhaft, als es ihr kam und blieb noch ein paar Atemzüge in der Hocke, sah an seiner Hüfte vorbei. Vorn, wo der Park an den Boulevard grenzte, sah sie zwei halbwüchsige Jungs, die mit großen Augen zu ihnen sahen, und grinste.

Die beiden schwarzen Jungs erkannten, dass sie ertappt worden waren, und suchten bemüht lässig das Weite.

Als sie zurück zur Busstation gingen, war es kurz nach zwei Uhr morgens, und sie hatten fast vergessen, was sich im Club ereignet, und auf der Straße fortgesetzt hatte. Der Minibus kam, sie stiegen ein und Meron fragte sie: »Wie eine leere Bühne voller Geister, was?«

Sie nickte nur und dann sprachen sie nicht mehr davon.

Abduls Kunstwerk

Mai 2026

Noch immer sah Elias alles grün in grün. Sattes, tiefes grün, juwelengrün, dunkelgrün, die ganze Welt war grün, mit ein paar Tupfern fetter, roter und brauner Flecken dazwischen. Hügel und Wolken, die ruhig dahinzogen und wandernde Schatten warfen. Obwohl das Land um ihn herum vor Leben vibrierte und zuckte, ein ununterbrochener Orgasmus des Lebens, fühlte er sich dem Tod nahe, wusste, dass er ihm gerade irgendwie von der Schippe gesprungen war. Der alte, weißhaarige Mann neben ihm war ein durch das entbehrungsreiche Leben hart und zynisch gewordener Missionar der evangelischen Kirche, der mit seinen Freunden, die hinter und vor ihnen mit Jeeps auf der buckeligen Piste durch den Urwald ächzten, ständig darum bemüht war, den Missionen der Kirche und der Caritas Hilfsmittel zukommen zu lassen. An die im Dschungel und nach Süden hin in den Steppen verstreuten Krankenhäuser der *Ärzte ohne Grenzen* am Rand von Dörfern und an Straßenkreuzungen in der Wildnis. Es gab Kliniken für Schwangere und Schulen, in denen der Unterricht zu neunzig Prozent aus Improvisation bestand.

Nach einer Weile ließ der Gestank von schmelzendem Plastik und brennendem Benzin nach, wurde überdeckt vom satten, feuchten Geruch des Waldes. Sein Oberarm pulsierte im Takt seines Herzens und er versuchte, sich in Erinnerung zu rufen, wie er in diese Situation gekommen war.

»Kein Ding«, kicherte der alte Scherzkeks in ihm, mit der Stimme des deutschen Synchronsprechers von Danny Kaye, »kein Ding, Mann. Beim Landeanflug auf den Missionsflughafen, acht Kilometer nördlich von Monze, mitten im Dschungel, haben ein paar bewaffnete Kids, die sich für Konterrevolutionäre halten, ihre Waffen in den Himmel gerichtet und peng, siehe da, da bist du schon, und ehrlich, Amigo, du siehst echt *ungepflegt* aus.«

Ungepflegt, was für ein Heuler.

Mit dieser Stimme hatte er es immer geschafft, Stefan zum Lachen zu bringen, bis er Magenkrämpfe bekam.

Was ihn jetzt selbst fast zum Lachen brachte, war der Umstand, dass er bis auf die Risswunde am rechten Oberarm dem Inferno entkommen war. Nicht einmal ein Fingernagel war eingerissen, hatte der Pater neben ihm bemerkt – mit hochgezogenen Augenbrauen.

Durch gut geplantes und strategisch geschicktes Fliegen hatte es Abdul geschafft, die erste Teilstrecke von Agadir nach Booué in Gabun ohne Zwischenlandung zu fliegen, und nach etwa drei Stunden Flug hatte Elias ausreichend Vertrauen zu ihm entwickelt, um sich zu entspannen. Abdul hatte sich über Elias' Interesse an der Avionik gefreut und gab bereitwillig Auskunft. Nicht nur über das Fliegen selbst, sondern auch darüber, wie man sich hier als kleiner Frachtpilot mit den Angestellten auf den Flughäfen arrangierte, warum es immer gut war, Treibstoff bar zu zahlen und warum es gefährlich war, damit anzugeben, dass man Bargeld hatte.

Die meiste Zeit flogen sie bei klarer Sicht und ohne Turbulenzen. Als sie einen kleinen Gebirgspass querten, tänzelte die Propellermaschine auf der Thermik, aber das schien Abdul mehr Spaß zu machen, als ihn zu beunruhigen. Immer, wenn sie stark nach oben gehoben wurden und wieder absackten, kicherte er wie ein Kind: »Na, das war eine gute Welle, *Hossa*!«

Der Flug dauerte knapp sechs Stunden, und Elias nutzte die Zeit, um nachzudenken, ohne an etwas Bestimmtes zu denken. Er gab sich dem Eindruck hin, dass die Zeit knapp wurde, ohne ein Gefühl dafür zu entwickeln, ob das nun gut oder schlecht war. Zwischendurch schlief er auf ein paar Postsäcken, die er zu einem Lager zusammengeschoben hatte. Dann brachte er Abdul eine Thermoskanne mit heißem Tee und sie plauderten wieder. Abdul sagte, dass er die Einsamkeit hoch oben über der wundervollen Erde ebenso schätzte, wie die Feierabendbierchen, die er auf diesem oder jenem im Dschungel oder in der Steppe verborgenen Flughafen kippte. Die Frachtpiloten, die hauptsächlich Nordsüd flogen, kannten sich zum Großteil und bildeten eine lose Interessengemeinschaft. Was bedeutete, dass sie nicht übermäßig freundlich miteinander umgingen. »Wir sind ein ziemlich rüder Haufen von Zivilisationsverlierern«, sagte Abdul, aber dass sie einander niemals, wirklich niemals im Stick ließen, wenn es darauf ankam.

Am Flughafen von Booué übernahm Elias nach einer weiteren, kurzen Einschulung das Entladen der Fracht über die Heckklappe und Abdul kümmerte sich im Spätnachmittagslicht, das hier goldfarben und silbern war, um den Papierkram. Am Ende der ersten Entladung der

Fracht fühlte sich Elias bereits wie ein Vollprofi, und das Gefühl, zu dieser seltsamen, schrägen Gruppe von wilden Hunden zu gehören, vermittelte ihm Zugehörigkeit. Es gab viel Gelächter beim Arbeiten, schwarze Jungs ließen einen Joint im Kreis gehen, selbst der noch kindliche Schlaks, der das Flugzeug betankte (und dafür, dass er mehr in den Tank fließen ließ, als ausgemacht, extra Scheine bekam), war durch den Joint bis zur Schläfrigkeit entspannt. Es wurde reihum abgeklatscht, alles war entspannt wie in einem Ferienlager und freundschaftlich. Später führte Abdul Elias um das kleine Flughafengebäude herum zu einer kleinen Barackensiedlung aus Holz und Blech, die im weichen Licht aufgehängter Glühbirnen anheimelnd wirkte. Dort kehrten sie zuerst in eine winzige Bar ein, vor der einige Korbstühle an langen Tischen standen, und tranken eiskaltes Bier und aßen Gemüseeintopf, der gut gewürzt war und schmeckte. Schöne, dunkelhäutige Frauen wanderten vorbei und Abdul klärte Elias auf, dass die Frauen sich gern um ihn kümmern würden, wenn die Scheinchen passten. Das hätte er Elias nicht erklären müssen, so wie die Mädchen aufgetakelt waren. Ihr besonderes Interesse galt natürlich Elias, der neu und fremd war. Und so jung!

»Ein Leckerbissen bist du, hat die Große gerade gesagt!«, klärte ihn Abdul auf, der schon etwas windschief im Stuhl hing und sich an der Bierdose festhielt. Elias winkte der großen, gertenschlanken Frau freundlich zu, ohne dabei allzu verbindlich zu wirken.

»Spar dir dein Geld, mein Junge. In drei Stunden ist sie froh, neben einem gutaussehenden Burschen wie dir zu liegen. In einem weichen Bett.«

Dazu kam es nicht. Nicht weil Elias keine Lust hatte, sich an einer derart schönen, großen und so schwarzen Frau zu versuchen, sondern weil ihm die Arbeit nach der Landung mehr zugesetzt hatte als angenommen. Nach dem fünften Bier stand er ächzend auf und streckte sich. Ging um das Gebäude und erleichterte sich zwischen ein paar Büschen. Überall keckerte und miaute es, es zischelte und grunzte. Die Nacht lebte.

Abdul führte ihn zu einer anderen Baracke, die zwar ärmlich aussah, aber sehr sauber war.

»Wir kümmern uns selbst darum«, erklärte Abdul und begleitete Elias zu einem Bett in einem kleinen Nebenraum. Das Fenster war weit offen und erst auf den zweiten Blick sah Elias das Moskitonetz, das in den Fensterrahmen gespannt war. Er zog sich bis auf die schwarze

Unterhose aus, fiel auf das harte Bett, wickelte sich in das Laken und schlief schnell ein.

Noch vor dem Morgengrauen des nächsten Tages weckte ihn Abdul auf, der frisch und munter war wie ein Teenager, rasiert und gewaschen. Er trieb Elias zur Eile an, zeigte ihm den Waschraum, wo er sich mit kaltem Wasser und Seife munter schrubbte. Da die Maschine nach dem Abladen der ersten Lieferung um zwei Tonnen leichter war, reichte der volle Tank, um von hier ohne Zwischenlandung nach Monze in Sambia zu fliegen. Rund viertausendeinhundert Kilometer. Elias fühlte sich wohl und wie in einem angenehmen Abenteuer, als Abdul die Frachtmaschine über die Startbahn trieb und sie sich im ersten Licht des Morgens in die Lüfte schwangen. Links neben sich auf einer kleinen Ablagefläche hatte Abdul eine Landkarte, die mit bunten Linien bedeckt war, die unterschiedliche Flugrouten und Höhen kennzeichneten.

Nach sechseinhalb ereignislosen Stunden begann Abdul den Sinkflug, und nach zehn Minuten brach die Hölle los.

Elias war gerade pissen, weil das Bier vom Vorabend Druck machte, und als er nach vorn ging, sagte Abdul: »Setz dich und schnall dich an. Wir landen gleich.« Als Elias saß und den Gurt festgezogen hatte, sah er eine Garbe aus hellem Gefunkel aus dem tiefen Grün des Waldes unter dem Flugzeug aufsteigen. Abdul gab ein genervtes Grunzen von sich und steuerte die Maschine hart nach rechts; Elias wurde hart in den Sitz gepresst und ihm entfuhr ein entsetztes Keuchen: »Was war *das*?«

Statt direkt zu antworten, knurrte Abdul: »Das kann es ja jetzt wohl nicht sein, verdammte Scheiße in Eimern!«

Elias konnte nicht anders und kicherte wie ein Kind, das ein seltenes und deutliches Schimpfwort gehört hatte: »*Was*?«

»Die Hurensöhne *schießen* auf uns.«

Etwa vier Kilometer vor ihnen öffnete sich eine braunrote Narbe im Dschungel – die Landebahn.

Wieder stob ein gleißendes Funkeln aus dem Wald empor und diesmal traf es das Flugzeug. Elias hörte die Einschläge nicht nur, er spürte sie. Das Flugzeug erzitterte wie unter brutalen Schlägen und sackte ab. Abdul umklammerte die Steuersäule und zog das Flugzeug noch weiter nach rechts in einen weiten Bogen, dann scharf nach links, um die Landebahn von der anderen Seite heranzufliegen. Rechts am

Rumpf ertönte ein machtvoller, hoher Knall und ein Teil der Rumpfverkleidung klaffte auf wie eine Wunde, das Metall war verbogen und scharfkantig. Abdul kommentierte das seelenruhig, wie es schien: »Das rechte Triebwerk ist im Arsch, ich trimme.«

»Stürzen wir ab? Werden wir sterben, oh Scheiße, wir werden *sterben*!«, schrie Elias panisch und klammerte sich an den Lehnen des Kopilotensessels fest. Das Flugzeug machte einen Satz nach oben, was ihm halbwegs den übersäuerten Magen ausrenkte, dann sackte sie rund fünfzig Meter ab und fing sich eine Armlänge über dem Blätterdach des Dschungels. Eine erneute Garbe prasselte vor ihnen und erwischte die Elektronik in der Flugzeugnase. Abdul sagte: »Blind und taub. *Natürlich* stürzen wir ab. Jede Landung ist ein kontrollierter Absturz. Nur diesmal wird's etwas haariger. Und hier redet keiner von Sterben. Es wird ein paar blaue Flecken geben, aber das ist auch schon – verdammte Scheiße!«

Die linke Tragfläche rasierte ein paar Baumwipfel ab und das Flugzeug machte eine krachende Verbeugung nach links, dann pendelte es sich wieder ein und flog ächzend und krachend geradeaus.

Elias murmelte, nein, er bewegte nur die Lippen, dachte: *Ich hab' doch das alles nicht überlebt, um in einem gottverdammten Schrotthaufen draufzugehen. Das geht doch nicht!*

»Die Hydraulik ist hinüber. Arschbacken zusammengekniffen, Junge! Ich bringe uns runter!«

Es stank nach verschmorten Kabeln und heißem Metall und nach auslaufendem Öl und Hydraulikflüssigkeit.

Abdul seufzte angewidert: »*Gott*, ich werde zu alt für diesen Scheiß!«

Elias funkelte ihn wütend und amüsiert zugleich an und schrie: »Hast du das eben wirklich gesagt? *Armageddon*? Mann, ich kacke mir in die Hose!«

»Mach ruhig, mein Freund, Fleisch und Kleidung kann man waschen. Dort drüben ist ein Fluss, dort bring' ich uns runter. Schade um die Fracht! *Ewig* schade!«

Obwohl Abdul hart gegensteuerte, konnte er nicht verhindern, dass das Flugzeug der Länge nach zu rollen begann. Elias verkrampfte sich im Sitz, als das Flugzeug im neunzig Grad Winkel noch weiter rollte und für ein paar Sekunden verkehrt herum flog. Alles, was nicht niet- und nagelfest war, prasselte und polterte aufs Innendach der langgestreckten Frachtkabine. Als sie das linke Ufer des Flusses erreichten, drehte die Maschine aufheulend weiter herum und der rechte Flügel touchierte eine flache Sandbank, wirbelte feuchten Schlamm auf. Ruckartig fuhr Elias im Sitzen herum und keuchte: »Das Ding brennt, wir brennen, oh Gott!«

»Wir sind fast leer. Da ist nicht mehr viel, das brennen kann. Festhalten!«

Die Berührung des rechten Flügels mit der Sandbank am Ufer des schmalen Flusses hatte die Maschine gerade gezogen und sie machte einen Fontänen aufwirbelnden Bauchfleck. Sie schlitterten über die Wasseroberfläche und Abdul versuchte, das Flugzeug über die Trimmung zu steuern, aber seine Steuereingaben bewirkten nichts. Sie schossen in einem steilen Winkel schräg über den Fluss auf eine breite Sandbank auf der anderen Seite des Flusses zu. Dabei verloren sie rapide an Geschwindigkeit; die negative Beschleunigung presste sie in die Gurte. Später würde Elias feststellen, dass er Blutergüsse auf Brust und Schultern davongetragen hatte. Die Schnauze des Flugzeugs setzte noch unter Wasser auf der Sandbank auf, es knirschte und krachte erneut. Rauch stieg auf, Flammen prasselten, hinter ihnen wurde es heiß.

Kurz vor einer Baumreihe kam das Wrack mit einem stählernen Krachen und Ächzen zur Ruhe und rollte sich knarrend nach rechts wie ein erschöpfter Hund. Mit einem hellen Knall verabschiedete sich ein Propellerblatt und flitzte sich überschlagend in den Dschungel. Elias stand der Mund offen. Er starrte nach vorn und sah, dass der Wackeldackel noch an seinem Platz war und missbilligend den Kopf schüttelte.

Abdul löste seinen Gurt, dann den von Elias mit einem Schlag seiner Handfläche und rief: »Nimm nur deine Papiere mit, Brieftasche und Rucksack. Wir haben nicht viel Zeit. Wir haben *gar* keine Zeit, los jetzt!«

Elias sprang aus dem Sitz, taumelte, vom Schrecken geschwächt, dann riss er sich zusammen und holte seinen Rucksack, der sich in einer abgerissenen Strebe verheddert hatte, und sah aus dem Augenwinkel, dass Abdul nur seine lange, schwarze Brieftasche an sich nahm und vorn in die Hose stopfte.

»Raus hier, aber flott!«

Abdul drängte sich an Elias vorbei, vermied es, an den ausgefransten und verbogenen Metallteilen der Flugzeugverkleidung anzukommen, und hebelte den Ausstieg auf: »*Raus*!«

Elias ging in Gedanken blitzschnell durch, ob er alles im Rucksack hatte – ja, hatte er – und registrierte, dass Abdul ihm den Vortritt ließ. Ein echter Kapitän eben. Nur ganz am Rande spürte er, wie er sich an der scharfkantigen Luke den Oberarm aufriss. Wie eine Katze landete Elias im feuchten Sand und lief etwa dreißig Meter vom Flugzeug weg am Ufer entlang. Zuerst konnte er nur die Hitze des glühenden Flugzeugrumpfs riechen, dann mischte sich der schwere und feuchte Geruch des Dschungels dazu.

Wie durch Zauberei brachen auf einmal ein Dutzend Soldaten aus dem dichten Wald auf die Sandbank, jubelten laut und wild, stemmten ihre Gewehre schüttelnd in die Luft. Elias sah sich nach Abdul um, der mit den Händen in den Hosentaschen auf ihn zu geschlendert kam. Dann sah Abdul zu den Soldaten, blieb stehen und schrie mit volltönender, tiefer Stimme etwas in einer fremden Sprache, und Elias brauchte keinen Dolmetscher, um ungefähr zu verstehen, was Abdul brüllte: »Habt ihr sie noch alle? Was soll der Scheiß? Wir beliefern die Mission. Ja, das sind die, die eure beschissenen Wunden zusammentackern, wenn ihr euch mal wieder mit den Falschen angelegt habt. Jetzt seht euch doch nur mal diesen elenden Scheiß hier an, ihr Vollidioten!«

Das könnte es gewesen sein, was Abdul schrie. Er wandte sich Elias zu und wirkte befremdlich entspannt: »Hier gibt es immer wieder mal Scharmützel zwischen diesen und jenen Heißspornen, aber die haben noch nie ein Flugzeug abgeschossen. Das darf ja alles nicht wahr sein.«

Elias raunte: »Wenn mich die jetzt niederschießen, rede ich kein verdammtes Wort mehr mit dir. Ich schwöre!«

Jetzt erst, als er einen zweiten Blick auf die Soldaten warf, erkannte er, dass es Kinder waren. Schwer bewaffnete Kinder in bunt zusammengewürfelten Uniformen. Plötzlich ertönte eine andere, ruhige und befehlsgewohnte Stimme, und die paar Kids, die die Gewehre in Anschlag gebracht hatten, blieben stehen wie auf Kommando und rührten sich nicht. Sie starrten aber immer noch Elias unverwandt und feindselig an. Abdul schienen sie zu ignorieren und Elias vermutete, dass es ihnen in dieser Situation vor allem darum ging, zumindest dem jungen Fremden gegenüber das Gesicht zu wahren, bevor der, der sie ausgebremst hatte, allesamt übers Knie legte. In dieser seltsamen Pattsituation stellte Elias fest, dass er sich beim Sprung aus der offenen Luke den Oberarm wirklich tief aufgerissen hatte. Der Schock hielt den Schmerz auf Abstand, aber er nahm wahr, wie ihm das Blut über den Oberarm nach unten lief und über die Fingerspitzen zu Boden tropfte.

Hinter ihnen explodierte der Tank des Flugzeugs. Es war ein

grollender, dumpfer Schlag, schwach, zischelnd und prasselnd. Abdul sagte leichthin: »Stell dir vor, der Tank wäre nach halb voll gewesen. Wir wären jetzt Barbecue. Hinten abgebrannt und vorn fast durch!« Elias hob halb die Hände, um den Soldaten zu signalisieren, dass er unbewaffnet war und sich ergab, und er konnte nicht verhindern, dass er wegen Abduls rotziger Gelassenheit zu kichern begann.

Das war echt alles schrill.

Ein braun gebrannter Mann in Safarikleidung und mit einem weißen Vollbart kam aus dem Urwald hinter den jungen Soldaten hervor geschlendert und pfiff durch die Zähne. Die Kinder ließen die Waffen sinken und drehten sich langsam um, nicht, ohne Elias noch einmal wild anzufunkeln: *Du hast Glück gehabt, Fremder*, sagten ihre Blicke. *Normalerweise fressen wir zarte Burschen wie dich zum Abendmahl. Halb durch und gut gewürzt*. Das dachte Elias und musste noch breiter grinsen. Ihm stiegen die Lachtränen in die Augen. Er fühlte sich ziemlich hysterisch und schmeckte das bittere Adrenalin im Mund.

Der große Mann trat vor die Soldaten, sah zum brennenden Wrack und dann zu Abdul und Elias: »Was für eine Schweinerei, gottseisgetrommelt. Was hattet ihr mit?« Er sprach fließend Englisch und Elias wunderte es nicht, dass der Mann englisch nutzte, um sich verständlich zu machen. Englisch sprach man scheinbar wirklich überall. Sogar am Rande eines entlegenen Flugfelds, nahe Monze in Sambia. Elias sank anmutig auf die Knie. Das Adrenalin ließ nach und er fühlte sich mit einem Mal schwach und verloren. Ihm wurde schwarz vor Augen und er dachte unzusammenhängend: *Ich bin fast da.*

Die Jungs, die ihn eben noch erschießen oder als Hauptgang zum Abendessen auf den Grill schmeißen wollten, packten und schulterten ihn mühelos.

Die nächsten zwei Stunden zogen an ihm vorbei wie ein Traum. Ein junger, nordischer Typ in einem hellen Bau aus Holz und wehenden Vorhängen reinigte seine Wunde und gab ihm Tropfen. Die Soldaten hatten sich verzogen und halb hörte Elias mit, wie der groß gewachsene Mann in seiner hellen Tropenkleidung mit Abdul sprach. Er entschuldigte sich für den fatalen Irrtum der Jungs, die scheinbar davon ausgegangen waren, dass mit dem Frachtflugzeug Waffen für einen konkurrierenden Stamm geliefert werden sollte. Sie gehörten keiner bestimmten Gruppe an, waren weitgehend selbst organisiert und versuchten, mit ein paar Älteren die fragilen Machtverhältnisse in

Balance zu halten. Abduls Einwand, hier sei doch sonst alles friedlich, wischte der Mann vom Tisch: »Es ist ein ewiges Auf und Ab. Es war hier monatelang Ruhe, richtig friedlich. Diese Menschen scheinen Frieden nicht zu vertragen. Es gibt immer einen, dem der Frieden anderer quer liegt und der kommt, um zu zerstören, was andere errichtet haben. Wie heißt es in diesem Film? *Manche wollen nur die Welt brennen sehen.* Übrigens, ich habe schon einige Bruchlandungen in meinem Leben gesehen und auch zwei miterlebt, aber wie du die Maschine runtergebracht hast, das war ein Kunstwerk, echte, alte Fliegerkunst, bei meiner Ehre! Wäre Hemingway noch am Leben, würde er eine echt lässige Kurzgeschichte schreiben.«

Im weiteren Gesprächsverlauf beschlossen Abdul und ihr Gastgeber, ein Missionar namens Frank Oswald, von der Erzdiözese zur heiligen Jungfrau Maria in San Francisco, im Wrack zu retten, was zu retten ist, und zur Mission zu bringen.

»Vielleicht ist ja nicht alles in Rauch und Asche aufgegangen. Wir brauchen vor allem Antibiotika, Heilsalben, Brandsalben und das Verbandszeug. Und, äh, die Verhütungsmittel. Es ist nicht leicht, den Jungs beizubringen, sich das Zeug über die Schwänze zu rollen, wenn der Verstand in die Hose rutscht. Ein Sack voller Flöhe, sag ich euch, verdammte Scheiße!«

Eine halbe Stunde später waren Abdul und Elias allein im Raum. Elias lag auf dem Bett und starrte zum trägen rotierenden Ventilator hinauf und dachte an seine Eltern. Mit einem Anflug von Unbehagen versuchte er, sich zu erinnern, ob er sie seit seiner überstürzten und ungeplanten Abreise aus Wien kontaktiert hatte, um sie wissen zu lassen, dass es ihm gut ging und er einfach nur fand, dass es Zeit geworden war, eine ausgedehnte Europareise zu machen, um sich vom Reisen reinwaschen zu lassen. Es fiel ihm nicht ein. Für einen verstörenden Moment konnte er sich auch nicht mehr daran erinnern, wie sie aussahen. Nur daran, wie sie in seinem Herzen verankert waren.

Er dachte an Malalay, das kriegsversehrte Mädchen aus Afghanistan, um das er sich in seiner Funktion als Bewegungstherapeut im Kinderhospiz von Wien aufopfernd und liebevoll gekümmert hatte. Auch ihr Gesicht war ein betrüblicher, weißer Fleck in seiner Erinnerung

Abdul sagte sehr leise: »Ich denke, unsere Wege werden sich hier wohl trennen, du Himmelhund.«

»Wieso?« Elias drehte den Kopf zur Seite und sah Abdul an, der neben dem Bett auf einem Sessel saß und mit einer Pistole spielte. Das fand Elias ansatzweise befremdlich, aber nicht bedrohlich.

»Na, ich muss den Verlust des Flugzeugs mit der Versicherung abklären und mal sehen, wie ich von hier zurückkomme nach Agadir. Du bist deinem Ziel schon ein gutes Stück nähergekommen. Ich will nur, dass du dieses elende Ding hier mitnimmst und eine Schachtel mit Patronen. Ich weiß nicht, ob dein Abenteuer gefährlich ist, und ob du Böses vorhast, aber dieser Teil der Welt kann manchmal ziemlich unfreundlich sein und da hilft es oft schon, wenn man eine Knarre in der Hand hält und so tut, als wüsste man, wie man sie benutzt. Kannst du schießen? Nein? Okay, ich werde dir zeigen, wie man mit dem verdammten Ding umgeht.«

Schließlich war die Zeit des Aufbruchs gekommen. Frank Oswald drängte zur Eile und Elias blieb nicht viel Zeit, um sich gebührend von dem Mann zu verabschieden, der ihm in den paar Tagen, die er ihn nun kannte, zum Freund und Vertrauten geworden war. Sie umarmten sich unbeholfen und Abdul bemühte sich, hart und trotzig zu wirken, aber gleichzeitig war er auch sanft und vorsichtig, als ob er einen Menschen mit Schmetterlingsflügeln umarmte.

Der Abschuss eines Frachtflugzeugs und die gelungene Notlandung hatte für einiges Aufsehen gesorgt, das nicht nur nach Monze vorgedrungen war, sondern auch in Lusaka, weiter im Osten, für aufgeregte Nachrichten sorgte. Die Gefahr, dass sich das Militär hierher verirrte, war laut Frank Oswald gering, aber andererseits war es sehr wahrscheinlich, dass in den nächsten Stunden eine Abordnung einer konkurrierenden Revolutionsgruppe hier antanzen würde, um sich die Sache anzusehen.

»Revolutionsgruppen?«, frage Elias, als er mit seinem Rucksack zum Jeep vor dem Haus ging. Der Motor lief. Während Frank ihm antwortete, dass es hier zum guten Ton gehörte, immer gegen irgendjemand zu revoltieren, nahm der blonde Kerl, der ihn schon vorher versorgt hatte, den Verband vom Oberarm ab, prüfte die Wunde, reinigte sie erneut, wickelte einen neuen, gepolsterten Verband um den Oberarm und tätschelte Elias auf den Rücken. Das taten hier fast alle, wurde ihm bewusst. Jeder wollte ihn tätscheln oder die Haare strubbeln, als ob er ein gottverdammter Glücksbringer wäre. Etwas abseits standen die Kindersoldaten, die für das ganze Schlamassel hier verantwortlich waren, und starrten ihn an. Nicht feindselig. Eher so, als ob sie das Gefühl hätten, sich entschuldigen zu müssen, und nicht zu wissen, wie sie das tun sollten, ohne sich dabei schämen zu müssen. Einige hoben die Hand, als er in den Jeep stieg. Fast automatisch winkte Elias auch ihnen und es war ihm, als ob er ihnen durch diese Handbewegung vergab, dass sie ihn in Todesangst versetzt hatten. Das Wort *Vergebung* gefiel ihm. Es fühlte sich richtig an. Als der Jeep rückwärts vom Platz rollte, eine Kurve machte und schließlich auf einen Feldweg rumpelte, drehte er sich noch einmal um und sah Abdul vor der Veranda der Mission stehen. Er winkte nicht, nickte aber freundschaftlich.

Vergeben, dachte Elias sanft. *Ist das nicht immer die Entscheidung, vor der wir stehen, wenn wir verletzt und gekränkt wurden? Vergeben oder rächen?*

Das Herz der Angst

Mai 2026

»Herr Cuff, ich habe ein sehr seltsames Gefühl«, raunte Herr Clubb, als sie in der Gepäckhalle des winzigen Flughafens von Francistown standen und auf ihre Koffer warteten.

»Ja, mein Freund, das habe ich auch.«

»Aber was ist es?« Herr Clubb ließ nicht locker und er schien ansatzweise beunruhigt zu sein, obwohl es hier nichts gab, wirklich nichts, das ihn beunruhigen könnte.

Herr Cuff angelte seinen Koffer vom Förderband und wischte sich die Stirn. Die Klimaanlage lief nicht, und in der kleinen Halle war es drückend heiß. »Es ist unser Instinkt«, gab er zurück und sah seinen Partner wohlwollend, aber auch mit leicht erhöhter Aufmerksamkeit an.

Unbestimmt wog Herr Clubb den Kopf, nahm seinen Koffer vom Band und die beiden drängten sich nachdrücklich, aber nicht auffällig durch die Menge hauptsächlich junger dunkler Burschen, die auf ihr Gepäck warteten.

»Ein Gefühl des *Verlusts*«, raunte Herr Clubb und nahm seinen Partner am Arm, als sie zur Zollkontrolle gingen und sich in der Schlange einreihten.

Herr Cuff hob demonstrativ die Augenbrauen: »Verlust? Mein Lieber, werden Sie sentimental?«

Betrübt starrte Herr Clubb vor sich hin und schüttelte erneut den Kopf. »Ach nein, mein Guter. Ich freue mich schon darauf, diesen … wie heißt er … Meron zu foltern, nachdem sich der unbotmäßige Herr Mataanoui uns entzogen hat. Ärgerlich so etwas, ich habe das noch immer nicht ganz verwunden! So eine *Frechheit*!«

Mehr durch Zufall als auf Basis gewissenhafter Planung, wussten sie seit ihrem kurzen Aufenthalt in der Hammerstein-Lodge, dass Meron Cunha sich diese Woche in Francistown aufhielt. Die beiden sadistischen Verhörspezialisten und Mörder hatten in der Lounge ein Gespräch zwischen zwei Angestellten belauscht. Da Herr Clubb und Herr Cuff unter anderem fließend Deutsch sprachen, war es für sie kein Problem, dem kurzen Dialog zu folgen, denn die Männer unterhielten sich auf Deutsch, vermischt mit Afrikaans. In der Unterhaltung ging es um Meron, der vom Chef nicht nur ein paar Tage freibekommen würde. Das Liebchen vom Chef hatte dazu noch einen Haufen Geld und – stell dir vor – den Range Rover vom Boss in Aussicht gestellt bekommen. Warum? Um sein Mädchen abzuholen?

»Ja, diese grazile Gazelle, Rachel oder so. Er wird sie auf der Heimreise im Zug von Francistown nach Windhoek begleiten, ihr nicht von der Seite weichen, und da werden die beiden wahrscheinlich, hehehe, Titschitatschi machen, wenn du verstehst, was ich meine. Die-ganze-Zeit! *Titschitatschi*«.

Dann sahen die beiden älteren Pagen, dass ihr Gespräch nicht mehr vertraulich war und gingen rasch weg. Diese Information nahmen sie mit, ohne sie zu bewerten oder einzuordnen. Das taten sie oft, eigentlich immer. Man wusste nie, wofür dieses oder jenes Wissen gut sein konnte, wenn man auf Reisen ist. Und nun, nachdem sich Elias Mataanoui aus dem Staub gemacht hatte, bevor sie ihn bei lebendigem Leib filetieren und seine entsetzlichen Todesqualen genießen konnten, musste eine Alternative her, denn das war seit Jahrzehnten der Modus Operandi der Herren Clubb und Cuff: Wann immer sie einen Auftrag angenommen hatten, einen Menschen zu finden, zu foltern und zu töten (den Tötungsauftrag gab es nicht immer, aber fast), dann taten sie das. Und wenn sich ihnen ein Opfer entzog, zum Beispiel durch Selbstmord oder, Gott bewahre, durch Flucht, dann musste innerhalb einer recht kurz gehaltenen Zeitspanne Ersatz her. Im Idealfall aus dem Umfeld des Auftraggebers. Das war nun mal die Vorgehensweise: Eine *Tortura interrupta* war denkunmöglich. Und jetzt, da Mataanoui irgendwo war, jedenfalls nicht greifbar, um sich die Seele aus dem Leib zu schreien, wenn sie ihre Werkzeuge ansetzten, da musste wirklich dringend Ersatz her. Und in Meron Cunha *fanden* sie idealen Ersatz. Obwohl sie wussten, dass er unter dem Schutz ihres wichtigsten Auftraggebers der letzten zehn Jahre stand; das war egal. Villeneufs Höhenflug endete, seine Karriere neigte sich dem dunklen Horizont zu. Er war vielleicht noch gefährlich, aber er war nicht mehr *bedeutsam*.

Sie wussten ungefähr, wo sich der grazile, schwarze Schönling aufhielt, und wie er dort aufzustöbern war. Die Kirsche auf der Torte dieser Ersatzlösung wäre, wenn seine hübsche Freundin zusehen musste, wenn ihr Geliebter mit Vorschlaghämmern gequält wurde und sich vor Todesangst und wahnsinnigen Schmerzen ankotzte und vollschiss.

Das waren sehr erfreuliche Aussichten!

Herr Cuff schien etwas sagen zu wollen, als ein kalter Wind durch die Halle fegte und die Menschen um sie herum wie Asche verwehten.

Zuerst waren sie noch da, dann waren sie Schemen und dann nur noch herabsinkende, weiße Flocken. Die heruntergekommene Halle, in der sie sich befanden, verkam noch mehr, wurde durch den Eiswind entkernt und um alles gebracht, was auf Leben hinwies. Die Lichter gingen aus, Schilder verblassten, Scheiben erblindeten.

»Was zur Hölle?«, entfuhr es Herrn Cuff heiser und er stellte betont langsam seinen Koffer ab.

Von draußen rollte ein metallisches, dumpfes Krachen auf sie zu. Ein durch und durch beunruhigendes Geräusch, das eine Wesenheit erahnen ließ, die keine Gnade kannte, kein Mitleid, kein Mitgefühl.

»Wenn ich es kontrollieren könnte, mein Lieber«, sagte Herr Cuff und packte seinen Partner am Nacken, »wenn ich das könnte, würde ich mich hier wohlfühlen. Aber es ist nicht unter unserer Kontrolle, scheint mir.«

Das Scheppern und metallische Krachen verwehte, der Wind ließ nach und es stank nach trockenem Kot und geronnenen Blut. Es roch wie ein Herz, das seinen letzten Schlag getan hatte. Und jetzt sahen die beiden Mörder auch, dass alles um sie, selbst die eisige Luft, sehr langsam, aber deutlich pulsierte. Sie fühlten sich wie im Inneren einer pulsierenden Membran.

Langsam schritten sie am leeren Zollstand vorbei und hinaus ins Freie. Dort standen Taxis in einer langen Reihe, und keines davon sah aus, als ob es noch fahren würde. Der Lack war stumpf, wie von Metallstaub abgerieben, die Fenster blind, die Reifen ohne Luft standen auf den Felgen. Sie traten unter dem löchrigen Blechdach des Flughafens hinaus und spürten den metallisch riechenden, eiskalten Wind, sahen hinauf, wo sie einen gewaltigen Wolkentrichter ausmachten. Und obwohl sie hinauf starrten, war ihnen, als ob sie in einen Abgrund blickten. In eine unendliche, eisige, trostlose Tiefe; die wirbelnden Wolken des Trichters waren Seelen, die den Weg nicht gefunden hatten – welchen auch immer. Die Welt um sie herum war monochrom, verblasst, ausgewaschen. Sie war tot. Eine Aschenwelt, ausgetrocknet, kahl und vollkommen trostlos.

»Ich bin nun *doch* ein wenig beunruhigt!«, konstatierte Herr Clubb erstaunt und sah seinen Partner mit leicht schief gelegtem Kopf an.

Der schüttelte langsam den Kopf und antwortete, mehr an sich selbst gerichtet: »Drogen. Nicht wahr? Wir sind auf einem Trip, der uns eingepflanzt wurde. So muss es sein. Doch wer ist in der Lage, so etwas zu tun? Herr Clubb?«

Als Clubb etwas sagen wollte, erklang neben ihm eine sanfte, aber beharrliche Stimme: »Passport, Reisepass, mein Herr?«

Herr Clubb konnte nicht verhindern, dass er fast erleichtert aufatmete, als es schlagartig feucht und warm wurde, das Licht zurückkehrte und der Geruch von Bohnerwachs und Zigarettenrauch. Farben, Gerüche – die Wirklichkeit war wieder da und undurchdringlich.

Die Bucht ohne Namen

Mai 2026

Als Max Villeneuf genug gesehen hatte, als die EU zwischen Russland und den USA aufgerieben wurde und den inneren Zusammenhalt verlor, weil einzelne nationale Politiker mit aller Macht gegen die demokratischen Institutionen der EU und ihrer eigenen Länder ankämpften, und andererseits der Druck von außen wuchs, und dazu noch die von ihm geschaffenen Verheerungen kamen, klappte er sein Notebook zu, legte es im Laderaum des Kleinlasters auf die Edelstahlkonsole und rieb sich mit den Händen übers Gesicht. Kopfschüttelnd stand er auf, hüpfte aus dem Innern auf den feuchten Sand der Brandungslinie und ließ seinen Blick über die Bucht ohne Namen schweifen. Ein Weltwunder, ein Paradies, der perfekte Übergang von rötlichem Sand zu tiefblauem Meer. Die Dünen, die hier in einem steilen Winkel bis zur Küste abfielen, waren siebzig bis hundert Meter hoch, Ehrfurcht gebietend und von bestürzender Eleganz.

Er hatte sich sattgesehen. Das Land endete hier. Und aller Voraussicht nach auch sein Leben. Vollkommene Sicherheit gab es nicht, auch was das betraf. Doch wenn er einen Ort wählen könnte, an dem alles endete, dann bitte hier, an diesem Strand, in dieser weitläufigen Bucht. Mit den Sternen am Nachthimmel, dem sanften Funkeln der Wellen.

Er setzte sich hinter das Steuer, ließ die Fenster nach unten, weil die Luft nun sehr angenehm mild war, und blieb sitzen. Die Hände ruhig auf dem Lenkrad, den Blick nach vorn gerichtet und doch sah er nach innen.

Hier hatten die Vorfahren der Himba die Steine gefunden. Aufgereiht in der Brandungslinie dieser langgestreckten Bucht ohne Namen, etwa zweihundert Kilometer südlich der bekannten Walfischbucht. Niemand wusste, wer sie dort aufgestellt hatte und zu welchem Zweck. Hatten die Erbauer, die Steinmetze, die Schriftgelehrten jener vergangenen Tage ahnen können, was sie mit ihrem Monument dereinst auslösen würden? Villeneuf war davon überzeugt. Was war ihr Motiv? Liebten sie die Welt und die Menschen oder hassten sie die Schöpfung? Waren sie zornige Herrscher einer lang vergangenen Kultur? Oder sanfte Weise, die nur sporadisch ihre Hände in die aufgeschnittenen Leiber von Blutopfern tauchten, um die Götter milde zu stimmen und die Zukunft zu sichern? Waren die Monumente gar der Versuch einen Auswegs aus der langen Tradition der Menschenopfer zu finden? Und was hatte es gebracht? Allein Villeneuf hatte im Lauf seiner Arbeit als Vollstrecker des Monuments Hunderte Menschen ermordet, gefoltert, er hatte dutzende, wenn nicht mehr, um ihre Existenz gebracht und in den Wahnsinn getrieben. In der Sprache moderner Manager könnte man sagen, die Ahnen der Himba und der Hereros hatten die unliebsame Götterbewirtschaftung mit Blutopfern ausgelagert. Auf später verschoben. Auf *sehr* viel später. Interessant, dachte er, dass ihm Josua darüber nichts Genaues sagen konnte oder wollte, und dass er keine wirklich schlüssigen Hinweise auf diesen Teil der Geschichte in den Aufzeichnungen gefunden hatte. Er war nicht dazugekommen, alles gelesen. Das war ein ernstes Versäumnis, das er nicht wiedergutmachen konnte.

Nach einer Weile riss er sich aus den Gedanken. Sein Leben als Le Fantom war hier und jetzt, mit diesem Stich in Europas Herz zu Ende. Er startete den Motor, stellte den Regler auf Fahrt und wendete den Wagen in einer weiten Kurve, schaltete die Scheinwerfer ein und rollte zu der sanften Piste, die ihn die Düne hinaufführte. Heute noch wollte er alle Archive und Datenbanken von Le Fantom löschen, alle Querverweise entfernen, seine Tätigkeiten einschränken. Er würde hierbleiben und sein Leben friedlich beschließen. Die Lodge weiterführen. Mit Meron Cunha – und wenn es sein musste, auch mit seiner Rachel, in die der Bursche wirklich verliebt zu sein schien.

In der Quatermain Lodge

Mai 2026
Nach elf Stunden Fahrt, durchsetzt mit einigen kurzen Pausen, um zu trinken, sich zu erleichtern und um die Gelenke zu strecken, kam der Konvoi aus drei Jeeps mitten in der Savanne zu einer Weggabelung. Dort stand ein Schild, das nach links wies und auf dem stand auf Deutsch und Englisch, beleuchtet vom Scheinwerfer des ersten Jeeps:

Quatermain Lodge.
Ihr Hotel in der Savanne

Die Jeeps bremsten und blieben stehen.
Elias grinste: »*Echt* jetzt?«
Frank Oswald, der evangelische Glaubensmann, der die kleine Expedition anführte, nickte und erwiderte: »Keines der Bücher von Quatermain spielt hier. Aber das Hotel dort wurde als Kulisse für den Film *Die Liga der außergewöhnlichen Gentlemen* genutzt. Zumindest haben sie das Hotel im Studio nachgebaut, aber da gibt es verschiedene Legenden, die erheblich voneinander abweichen. Von hier ist es noch rund eine Stunde Fahrt. Wenn wir dich abgesetzt haben, erfrischen wir uns kurz und müssen dann gleich weiter, um die medizinischen Vorräte, die diese kleinen Hosenscheißer in Asche verwandelt haben, als sie euch abschossen, bei einer anderen Mission aufzufüllen. Für unsere gemeinsame Reise ist also bei der Lodge Schluss. Du musst von dort weiter Richtung Francistown, wir fahren von der Lodge nach Nordosten. Ich denke, da gibt es sogar einen Bus, wenn man den Schrotthaufen so nennen will, der die Angestellten einmal täglich bringt und abholt, die im Umland der kleinen Stadt leben.«

Kelt, der junge, blonde Arzt, hatte sich inzwischen an Elias Verband zu schaffen gemacht und desinfizierte sanft die gut verheilende Risswunde.

»Meine Güte, du musst ein gutes Immunsystem haben!«, raunte Kelt, der norwegische Arzt, den die Mission von den Ärzten ohne Grenzen ausgeliehen hatte. »Das sieht jetzt schon ziemlich gut aus. Bist du sicher, dass du nicht so eine Art *Man of steel* bist oder so?«

Elias lächelte geschmeichelt und schüttelte den Kopf: »Nein, ich schätze, ich bin sogar ziemlich zerbrechlich. Du scheinst ein toller Arzt zu sein, Kelt! Deswegen heilt das so fix.«

»Blas mir nur nicht zu viel Puderzucker in den Arsch, Pilger. Krieg ich Sodbrennen von.« Er legte seine Hand kurz in Elias Nacken, was mehr als eine freundschaftliche Geste war, nahm sie aber weg, bevor der Moment missverständlich werden konnte. Elias nickte ihm dankbar zu.

Oswald mischte sich ein: »Mit Euros kommst du gut über die Runden. Kreditkarten gehen auch. Und wenn du ein paar der alten Damen, die dort gern mit ihren ebenso abgetakelten Gatten Urlaub machen, mit deinem strammen Körper beglückst, stehen dir wohl alle Türen offen.«

»*Frank*!«, rief Elias kichernd und boxte ihn mittelstark auf den Oberarm.

»Au!«

Als sie weiterfuhren, dachte Elias ein wenig schwermütig, dass er seit Oktober vor allem schlechte Menschen kennengelernt hatte. Und jetzt, seit Beginn der ungeplanten Reise, traf er immer wieder auf hilfsbereite Leute, die gut waren, weil sie einfach nur das Richtige tun wollten. Abgesehen von den beiden Arschlöchern, Cuff und Clubb. Die Namen hatten sich ihm eingeprägt. Hatten den üblen Geschmack von etwas, das unbemerkt in einer Zahntasche verfault.

Er lehnte sich an die vibrierende Scheibe und sah gedankenverloren hinaus, konnte aber nichts erkennen außer dem Sternenhimmel, der so unglaublich verschwenderisch war, und die dunklen Schatten der Savanne. Verkrüppelte Bäume, seltsam geformte Büsche, niedergewehte Gräser.

Zuerst Angelo in Madrid, für den Elias noch immer einen irritierenden Hauch Liebe empfand, weil er so umfassend belebend und freundlich war (und so gut im Bett). Dann die Väter der toten Jungs, die Kolumbianer, die ihm vom *Netzwerk der Alten* erzählt und die ihn auf die Spur von Le Fantom gebracht hatten. Die Antiquarin und ihr mutiger Sohn, der ihn vor den beiden Folterknechten gerettet hatte. Dann Abdul, dieser alte Haudegen und Buschpilot. Jetzt diese Abordnung von Missionaren und Ärzten. Fast kam es ihm so vor, als ob diese Menschen seine Wege nicht zufällig kreuzten, sondern dass es einen Plan gab, eine begünstigende Fügung von Ereignissen.

Blödsinn, oder?

Kann doch nicht sein, dass mal das Glück einen Lauf hatte. Wäre viel zu einfach.

Fünfzig Minuten später rollten sie auf den Kiesparkplatz vor der hell beleuchteten Lodge. Elias stieg aus und streckte sich und erkannte sofort die Ähnlichkeit des Hauptgebäudes mit dem Hotel, in dem Sean Connery als Allan Quatermain in diesem Film von den Gesandten der britischen Regierung angesprochen worden war. Er verstand nicht, wieso, aber er fühlte sich hier vom ersten Moment an wohl. Es war eine Oase in der Wildnis, ein sicherer Hafen.

Die Männer begleiteten ihn in das Hauptgebäude und zum Empfang.

»Sie haben Glück, junger Herr«, sagte der junge Schwarze am Empfang. »Wir haben tatsächlich, und wie ich hinzufügen möchte, überraschenderweise ein kleines Studio hier im Haupthaus frei. Wenn Sie sich noch eine Stunde gedulden, wird alles vorbereitet sein. Vielleicht möchten Sie und Ihre Begleiter an der Safaribar ein Glas Eistee trinken? Ich empfehle Ihnen den Eistee mit Minze ausdrücklich. Alle Zutaten sind direkt von hier aus unserem eigenen Anbau!«

Die Stunde verging wie im Flug und die Missionare verbrachten sie damit, sich zotige Witze zu erzählen, während sie den wirklich hervorragenden Eistee schlürften. Die Bar war nach außen hin offen und sie lümmelten in großen, weich gepolsterten Korbstühlen, während die Nacht um sie herum keckerte und flüsterte und raunte. Als sie schließlich aufbrachen und Elias allein zurückließen, nachdem sie ihn umarmt und auf die Wangen geküsst hatten, schmerzten ihm die Gesichtsmuskeln vom Lachen.

Einige der Witze bezogen sich auf ihn und die reifen Damen, die der Herrenrunde interessierte Blicke zuwarfen. Einige Frauen in eleganter Kleidung saßen in kleinen Gruppen zusammen, während ihre Männer am Tresen standen, Bier tranken und Geschichten von Großwildjagden lautstark zum Besten gaben, die bestenfalls gut erfunden waren.

Elias begleitete die Männer hinaus und zu ihren Jeeps, wo es noch eine Runde Umarmungen gab und ein fernes Raubtier sehr heiser die Nacht anbrüllte. Ihm war, als würde er sich schon wieder von Menschen verabschieden, die ihm etwas bedeuteten.

Das tat weh.

Mit brennenden Augen ging er zurück zu seinem Tisch, trank das Glas Eistee aus und schlenderte zur Rezeption, um seinen Schlüssel zu holen. Auf dem Weg durch die gediegene Halle, die im Kolonialstil gehalten war, kam eine alte Frau auf ihn zu. Nicht zufällig, denn sie steuerte ihn an und Elias konnte sofort erkennen, dass sie Schlagseite hatte und auf Krawall gebürstet war. Sie baute sich vor ihm auf, dürr wie Reisig in ihrem weißen Leinenkleid und hauchte ihm ihre Fahne ins Gesicht. Dann stieß sie ihm den Zeigefinger in die Brust und raunte: »Geh weg, geh weg, du gehörst hier nicht her. Geh dorthin, wo dich das Salz holt. Ja, wo dich das *Salz* holt. Du gehörst hier nicht her, du gehörst nirgendwohin! Bist nicht von hier, gar nicht, nicht mehr.«

Sie umrundete ihn wie ein Schiff, einen Stein im Fluss und stakte auf steifen Beinen hinaus zur Bar. Elias blieb kurz verdattert stehen und bewegte die Lippen: »Wo das Salz dich holt. Na, die hat nen Knall.«

Der schwarze Bursche an der Rezeption gab ihm mit der Hand ein Zeichen, das sowohl: *Kommen Sie her, bitte* als auch *Vergessen Sie die Dame* bedeuten konnte. Beide Versionen waren freundlich und diskret.

Elias ging zur Rezeption und deutete mit dem Kinn fragend in die Richtung, in die die alte Dame verschwunden war. Der Junge lächelte freundlich und sagte: »Lady Winchester. Möglicherweise eine Erbin der Dynastie. Sie ist manchmal überaus … *gesellig*.«

Mit einem aufmerksamen Blick und einem professionellen Lächeln gab er Elias die Schlüsselkarte und den Reisepass, kam um den massiven Tresen herum und begleitete ihn in die Mitte der Halle und wies ihm von dort den Weg zum Studio, das am Ende des Ganges links lag.

Das Quartier war geräumig, aber nicht groß, und geschmackvoll eingerichtet. Er zog sich aus, stellte sich unter die Dusche und blieb eine Viertelstunde dort, seifte sich mit der wohlriechenden Flüssigseife ein und wusch sich die Haare. Dabei achtete er darauf, den Verband am Oberarm nicht nass zu machen. Ihm kam der Gedanke, den Rezeptionisten vom Dienst zu fragen, ob er seine Kleidung hier waschen lassen konnte, fand aber, dass das bis morgen Zeit hatte. Im Augenblick hatte er keine genaue Vorstellung davon, wann und wie er von hier weiterreisen würde. Ziemlich sicher war er sich wegen der Strecke, die vor ihm lag: Von hier nach Francistown, von dort mit dem Zug nach Windhoek, und von dort … das war nicht ganz klar. Namibia war nicht so übersichtlich und leicht zu erforschen wie der Gemüsegarten des Nachbarn. Ein Anhaltspunkt waren die Zeitungsartikel von April über den Einsturz eines unterirdischen Höhlensystems unter der Wüste von Namibia, in einer Gegend, die *Sossusvlei* genannt wurde.

Er wickelte sich ein Badetuch um die Hüften, schüttelte den Kopf und ließ es zu Boden fallen. Dann machte er sich über seinen Rucksack her, steckte Smartphone und Notebook an und verzichtete darauf, sie einzuschalten. Wozu auch? Die Nachrichten der Welt interessierten ihn nicht mehr. Für einen Moment dachte er daran, seinen Eltern zu schreiben, dass es ihm gut ging und er nach der Trennung von Stefan unterwegs war, um sich und sein Leben neu zu ordnen. Mit diesem Gedanken sank er auf das gemachte, nach Eukalyptus duftende Bett und schlief augenblicklich ein.

Am nächsten Morgen wachte Elias mit der Morgendämmerung auf, die durch die Holzlamellen des Fensters ins Zimmer drang. Es war ein weiches und angenehmes Licht. Für ein paar Sekunden war er desorientiert, dann streckte er sich wie eine Katze und hatte das komische Gefühl, dass bis soeben, bis eine Sekunde vor dem Aufwachen, jemand bei ihm im Bett gelegen hatte. Sogar der Geruch der Person schien noch in der Luft zu hängen. Heiser flüsterte er: »Stefan?«

Die Stille um ihn war kompakt, fast greifbar und wurde nur durch sehr leise Geräusche punktiert. Ein Fahrzeug, das sich entfernte. Ein jaulendes Tier. Weiter weg, das Klappern von Geschirr und Besteck.

Da ihn nichts drängte, ließ er sich mit dem Aufstehen Zeit, streckte sich erneut und gähnte, setzte sich im Bett auf und rieb mit den Händen übers Gesicht. Letztendlich wurde es ihm zu dumm, er sprang aus dem Bett, machte dreißig Liegestütze, und ebenso viele Kniebeugen und Klappmesser. Danach dehnte er sich ausgiebig, bis er das Gefühl hatte, den Schlaf aus dem Körper gewrungen zu haben, ging duschen und putzte sich die Zähne. Als er damit durch war, leerte er den Rucksack auf dem Bett aus und machte eine Bestandsprüfung.

Gut, Geldbörse war da samt allen Ausweisen und fünfhundert Euro in unterschiedlichen Scheinen. Den Rest hatte er in einem verschließbaren Plastikumschlag in einer wasserdichten Geheimtasche seines Rucksacks verstaut. Er hatte noch drei frische T-Shirts, zwei Paar Unterhosen, drei Paar Sneakersocken und ein Paar Strümpfe für die festen Schuhe, die im Vorraum standen. Die Socken hatte er, wie es ihm seine Mutter gezeigt hatte, als er noch ein kleiner Junge gewesen war, ineinander gerollt. Dann waren da noch die Jogginghose und ein paar Jeans. Da er davon ausging, dass seine Reise in Jeeps und notfalls zu Fuß weitergehen würde, zog er in Betracht, Insektenspray und Sonnenmilch zu kaufen und eine Kappe. Und eine Sonnenbrille. Sollte alles hier zu bekommen sein.

Die Kleidung, die er gestern angehabt hatte, legte er zu einem Bündel zusammen und hoffte, dass der sympathische Empfangschef von letzter Nacht noch Dienst hatte.

Tatsächlich war er noch da. Müde, aber da. Elias setzte sein bestes Lächeln auf, trug seinen Wunsch vor und spürte sofort, dass er offene Türen einrannte. »Wir machen das sehr gern für Sie, Herr Mataanoui. Falls Sie unterwegs sein sollten, legen wir die Sachen gern gewaschen, getrocknet und gebügelt in Ihr Zimmer. Wie lange werden Sie uns mit Ihrem Besuch beehren?«

Ein paar Atemzüge dachte Elias nach und fand, dass er sich ein wenig Entspannung verdient hatte. Hier fühlte er sich sicher und gut aufgehoben – und das altmodische Hotel gefiel ihm.

»Noch zwei Nächte«, antwortete er und fügte hinzu: »Ich würde dann gern übermorgen, so früh es geht, irgendwie nach Francistown weiterreisen, um von dort den Zug zu nehmen. Lässt sich da etwas arrangieren?«

Der junge Schwarze strahlte ihn an und nickte: »Klar geht das. Entweder mein Bruder oder ich, fahren übermorgen vormittags nach Francistown, um einzukaufen. Dazu benutzen wir immer den kleinen Hotelbus und nehmen Angestellte mit, die auch mal nach Hause zu ihren Familien wollen oder einkaufen. Da können Sie wirklich sehr gern mitfahren!«

Elias gab ihm die Hand und lächelte breit, wandte sich schon ab, um zum Garten des Restaurants zu gehen, als der Junge ihn noch einmal rief: »Herr Mataanoui?« Seine Stimme war volltönend, aber auch leise, gerade perfekt für diese Zeit und diesen Ort, wie dunkel schimmerndes Edelholz.

Elias blieb stehen. »Ja?«

»Sie sind, entschuldigen Sie, wenn das unangemessen wirkt, aber, Sie sind doch berühmt, oder? Ein Internetstar? Ich meine, einer meiner Online – Freunde in Europa war ein Follower. Sie *sind* doch jemand, oder?«

»Na ja, klar«, antwortete Elias und fühlte sich ein wenig überrumpelt. »Jeder ist jemand, oder? Und ja, ich war bis voriges Jahr im Internet sehr aktiv. Instagram, TikTok, Snapchat. Werbeverträge …«

»Ich habe es, ich hab's«, jubelte der Rezeptionist bemüht leise, um kein Aufsehen zu erregen. »Sie waren das Gesicht von Nivea Men für eine Kampagne in Europa, oder? *Oder*? Echt, ich finde das saustark!«

Elias lachte, ging noch einmal zur Rezeption und sah den jungen Mann verbindlich an und sagte: »Stimmt, das war einer der schöneren Jobs, die ich hatte. Aber das ist vorbei. Ich habe alles gelöscht und mich vollkommen zurückgezogen. Es wäre schön, wenn Sie das als unser kleines Geheimnis behandeln, ja?«

Der Junge zog den Zippverschluss über den Lippen zu und grinste breit, fragte: »Aber wieso? Wenn man so erfolgreich ist und alles …«

Kurz dachte Elias nach, dann antwortete er: »Mir ist die Welt einfach zu … laut geworden. Viel zu laut. Wie heißen Sie?«

Der junge Mann antwortete mit einer angedeuteten Verbeugung: »Neo. Wie der aus Matrix. Nur dunkler. Stets zu Ihren Diensten!«

Nachdem er das ausgiebige Frühstück auf dem Tisch hatte, den er weitab von den anderen Gästen im Schatten der Markise gewählt hatte, stand er noch einmal auf, weil er beim Eingang zum Restaurant einen Schrank mit abgegriffenen Büchern und Zeitungen entdeckt hatte. Er stöberte dort eine Weile, bis er zwei Zeitungen gefunden hatte, die auf Englisch waren. Beide vom Vortag.

Am Tisch machte er sich zuerst über den Kaffee her, über das getoastete Weißbrot und den Speck, und als er beim Orangensaft angekommen war, faltete er die erste Zeitung auf und überflog die Schlagzeilen. Da war nichts, was ihn interessierte. Berichte über Stadtbauvorhaben in Francistown, ein kleiner Bericht über eine betrunkene Schlägerei in einem Stadtviertel. Sportberichte über Fußball und ein Radrennen. Politischer Kleinkram, ein paar Meinungen und an Touristen gerichtete Schönmalereien.

Die zweite Zeitung war nicht aus Botswana, sondern aus Namibia. Der Windhoek Kurier. Diese Zeitung war größer und dicker und für politisch interessierte Leser wohl auch ergiebiger, und Elias wollte sie schon zur Seite legen, als er eine Überschrift las:

Ich will nur noch meinen Sohn beerdigen

Das weckte Elias' Interesse und löste in ihm eine beklemmende Vorahnung aus.

Vorsichtig warf Elias einen Blick in die Runde, nur um festzustellen, dass von nirgendwo her eine Störung zu befürchten war, und vertiefte sich in den zweiseitigen Artikel, der weniger ein Gespräch war, als der Bericht eines achtzigjährigen Mannes, der um seinen toten Sohn trauerte, und der trotzdem Würde und Größe besaß. Vielleicht auch deshalb, weil er erst jetzt, da der Leichnam seines Sohnes gefunden und geborgen worden war, wirklich trauern konnte, nachdem sich seine Familie im Laufe der letzten zwanzig Jahre aufgelöst hatte, wie ein verwitterter Strick.

Gideon Okunbawe war, wie Elias las, einer der langjährigsten Mitarbeiter der privaten Eisenbahngesellschaft Rovos-Rail und war im Laufe seiner langen Tätigkeit nicht nur zum Freund der Familie geworden, der die Linie gehörte, sondern auch zum Vertrauten des Inhabers. Als Nikandor, der Sohn von Gideon, fünfzehn Jahre alt war, startete er eine Lehre als Schlosser bei Rovos-Rail, die inzwischen so groß geworden war, dass sie nicht nur ein bedeutungsvoller, sondern auch sehr beliebter Arbeitgeber geworden war und Lehrlinge ausbildete – mit dem besonderen Vorteil, dass die je fünf Klassenbesten jedes Jahrganges, wenn sie es wollten, eine Festanstellung im Unternehmen bekamen. Nikandor Okunbawe schloss seine Ausbildung im Herbst 1984 mit Auszeichnung ab und trat seine Festanstellung im Unternehmen an. Sein Vater hatte sich vom Zugführer zum Vorarbeiter der Remise an der Grenze zwischen Namibia und Südafrika weiterentwickelt und als sein Sohn die Festanstellung bekam, platzte er vor Stolz und erzählte das allen, die es hören wollten – oder auch nicht.

Gideon Okunbawe war inzwischen Werksleiter und für die Qualitätssicherung der Waggons zuständig. Ein anspruchsvoller Job, weil Rovos-Rail inzwischen zum Inbegriff der Luxusreisen im Süden Afrikas geworden war.

Nach knapp einem Jahr kam es zu einem kleinen familiären Streit zwischen Vater und Sohn. Grund dafür war, dass Nikandor ein halbes Jahr reisen wollte, ehe er ganz und gar ins Berufsleben einstieg. Bis dahin war er ein hervorragender Schüler und vielleicht sogar noch besserer Sohn gewesen. Gehorsam, aufgeweckt, im richtigen Maße frech und eigenwillig. Gideon gab dem Drängen seines Sohnes letztendlich nicht nur nach, sondern ermutigte ihn, an der Westküste Afrikas nach Norden zu reisen, um sich in einer der großen Städte umzusehen. Und er gab ihm seinen Ehrenring mit, den er für seine langen und treuen Dienste von der Familie bekommen hatte, der das Unternehmen gehörte. Ein goldener Siegelring mit den Initialen *GO*. Für treue Dienste und in großer Dankbarkeit stand auf der Innenseite graviert. »Nimm ihn«, sagte er. »Nimm ihn, damit du nie vergisst, woher du kommst, und bring ihn mir zurück!«

Im Februar 1985 machte sich Nikandor auf die Reise, fuhr zuerst nach Windhoek und von dort, mit Bussen und als Begleiter kleinerer Touristengruppen als Handwerker Richtung Norden. Er rief seine Familie mindestens dreimal die Woche an, um einen Bericht zu liefern, wie ihn seine Eltern gebeten hatten. Mutter fragte ihn: »Isst du denn genug? Hast du ein Dach über dem Kopf, wenn du schläfst?«

Vater fragte: »Und wie sind die Mädchen oben im Norden?«

»Ja, Mama«, sagte er dann immer. »Ich esse genug und ich schlafe in richtigen Zimmern mit echten Betten.«

»Na ja«, sagte er zu Papa und sie hörten einander durch das Telefon kichern. »Die Mädchen sind hier und dort alle gleich. Ich habe keine Zeit für Mädchen. Ich habe viel Arbeit zu erledigen.«

Inzwischen hatte sich Nikandor bis Gabun durchgeschlagen und in dieser Zeit zu einem zähen jungen Abenteurer entwickelt. Er kam im August 1985 nach Libreville, der Hauptstadt von Gabun, wo er sich ein wenig gehen ließ und, wie er am Telefon sagte, die Hörner abstieß. Hieß für Gideon: Der Junge machte Nächte durch, flirtete und wachte in fremden Betten neben fremden Frauen auf, denen es der ebenso kräftige, wie schlaksige Bursche mit dem freundlichen Gesicht angetan hatte.

Dann, Ende September, kam der letzte Anruf und es war der, auf den Gideon gewartet hatte. In diesem Telefonat an einem Sonntagmorgen, kündigte Nikandor an, dass er bald nach Hause zurückkommen würde. Er sei von einem europäischen Abenteurer angeheuert worden, mit ihm und ein paar anderen nach Namibia zu reisen. Seine Aufgabe sei es, als Guide mit einem zweiten ortskundigen Burschen namens Botho die kleine Gruppe sicher durch Angola nach Namibia zu bringen. Dort wollte der Auftraggeber nach einem mysteriösen Monument suchen, was auch immer das sein sollte. Letztendlich bedeutete das, dass Nikandor im Oktober oder November mit seinem Job fertig sei und nach Hause käme, um dann über alles zu berichten und in der Reparaturwerkstatt seine Aufgabe als Schlosser zu erfüllen und bald Vorarbeiter zu werden. »Ich freue mich auf dich, Papa«, sagte er. »Ich freue mich auf Mama und alle. Grüße auch die Brüder von mir. Ich bin bald zu Hause!«

Das war das letzte Mal, dass Gideon Okunbawe etwas von seinem Sohn hörte. Bis zum April 2026, als das bislang unbekannte Höhlensystem unter der Wüste Namibias, in Steinwurfweite zu Sossusvlei, in sich zusammenstürzte, wodurch weitere Höhlen freigelegt wurden und Einsatzgruppen in einer kleinen Nebenhöhle die mumifizierten Leichen von fünf Männern fanden. Einer von ihnen hatte einen goldenen Siegelring am Ringfinger der rechten Hand.

Gideon war inzwischen Witwer. Seine Frau hatte das Verschwinden ihres ältesten Sohnes nie verwunden und war vor ihrer Zeit verwelkt und an Kummer früh gestorben. Die beiden jüngeren Söhne hatten Gideon nicht stolz gemacht. Sie waren, sobald es ihnen möglich war, weggezogen und hatten sich in Windhoek niedergelassen, wo sie als halbseidene *Geschäftsmänner* ihr karges Leben bestritten. Sie mieden den Kontakt zu ihrem bitter gewordenen Vater und entwickelten außerordentliches Geschick darin, Ausreden zu finden, ihn nicht treffen zu müssen.

Gideon Okunbawe hatte einen Monat nach dem letzten Kontakt mit Nikandor Suchanzeigen aufgegeben, mit Reportern von Lokalblättern gesprochen, eine Vermisstenanzeige bei der Polizei von Windhoek aufgegeben, hatte sich über die Unruhen in Gabun und Angola erkundigt und über gewaltsame Vorfälle zu jener Zeit, als sein Sohn verschwunden war. Nichts. Es gab keine Spur. Er hatte zwar von den brutalen Morden auf der Hammerstein-Farm gehört, dies jedoch nie in Zusammenhang mit dem Verschwinden seines Sohnes gebracht. Außerdem hatte er versucht, herauszufinden, wer der Auftraggeber war, der seinen Sohn in Libreville angeheuert hatte. Er hatte im November 1985 eine ernüchternde und erfolglose Reise in die Stadt unternommen und dort herumgefragt, aber nichts geerntet als Unverständnis, Befremden und Zurückweisungen.

Die Maßnahmen der Polizei von Windhoek waren gelinde ausgedrückt unmotiviert, die weiteren Schaltungen von Suchanzeigen in den Zeitungen entwickelten sich finanziell zu einem Fass ohne Boden, das Gideons Ersparnisse auffraß. Nach einem Jahr gab er die Suche auf und verlegte sich auf die hauchdünne Hoffnung, sein schöner Sohn könnte eines Morgens vor der Tür stehen, breit grinsen und sagen: »Papa, ich bin wieder zu Hause. Hat etwas länger gedauert, entschuldige!«

Dann würden sie sich wie Männer, wie Vater und Sohn, umarmen und lachen und zur Feier des Tages schon am Morgen ein gut gekühltes Bier trinken.

»Jetzt ist mein Sohn heimgekehrt, wissen Sie?«, sagte er dem Interviewer am Ende des Gesprächs und fügte fast nicht hörbar hinzu: »Und ich kann ihn nur noch beerdigen. All die Liebe, die ich als Vater meinem Sohn geben kann, sie geht mit ihm unter die Erde.«

Nach der Lektüre des Artikels blieb Elias noch über eine Stunde im Schatten der Markise sitzen und sah nichts und niemanden.

Doch.

Wenn er die Augen schloss, sah er eine schwarze Gummimaske, die aussah, wie der schmelzende Gesichtsabdruck eines grausamen, alten Mannes – Le Fantom.

Später ging Elias in die Empfangshalle, die aus rohem Stein und schweren, dekorativen Holzbalken gebaut war, und holte sich von einem der Informationstische einige Prospekte, um zu sehen, was er hier unternehmen könnte. Im Hinterkopf hörte er noch immer den Influencer, der er gewesen war und der ihm hartnäckig zuflüsterte, wie unglaublich *instagramable* hier alles sei. Das Gebäude, der Park der Hotelanlage, der Restaurantbereich unter dem Holzdach im Freien. Aber er wollte hinaus, einfach drauflosgehen, die Sonne im Nacken spüren und vergessen, was er gelesen hatte. Nein, nicht vergessen. Einordnen. Sich sammeln.

Mit den Prospekten setzte er sich in der Leseecke neben dem Empfang in einen voluminösen Lehnstuhl aus rauem Leder und blätterte die in Englisch, Deutsch und Setswana verfassten Werbetexte. Obwohl er von der botswanischen Sprache keinen blassen Tau hatte, hatte er ein Gefühl, dass die Übersetzungen treffend waren. Zumindest fielen ihm keine Fehler auf. Die Sätze waren knackig und klar formuliert, die Fotos in den Prospekten von ausgezeichneter Qualität.

Im Empfangsbereich roch es nach Holzpolitur und Zitrusfrüchten, die er nicht zuordnen konnte, die aber sein Gefühl, mitten in Afrika zu sein, verstärkte.

Es gab geführte Fotosafaris von kleinen Anbietern, die Verträge mit dem Hotelmanagement hatten und aufregende und erinnerungswürdige Fahrten versprachen. Es gab private Fuhrunternehmen, die Hotelgäste nach Francistown brachten und er überlegte kurz, ob er ein solches Angebot wahrnehmen sollte, entschied sich dann aber dafür, den Vorschlag von Neo, dem jungen Angestellten vom Empfang, wahrzunehmen und mit dem Shuttlebus zu fahren, der zwischen dem Hotel und der Stadt pendelte und die Angestellten hin und her brachte.

Morgen.

Im letzten Prospekt fand er markierte Wanderrouten rund um das Hotel durch die Savanne. Die konnte man gefahrlos nutzen, ohne auf Wildtiere zu treffen, die vielleicht Appetit auf einen jungen Europäer haben könnten. Elias kicherte bei der Idee, ein paar Löwen könnten sich darüber unterhalten, ob ein maghrebinisch-asiatischer Mischling schmecken könnte oder nicht. Vielleicht mit ein wenig Sojasoße? Als er sich dazu entschlossen hatte, eine Wanderung von drei Stunden zu machen, ging er zurück auf sein Zimmer, zog die festen Schuhe an, eine Jeans und ein T-Shirt, kaufte im Hotelshop eine starke Sonnencreme, verteilte etwas davon auf Gesicht, Nacken und Unterarmen. Den Prospekt faltete er einmal in der Mitte und schon ihn in die rechte Gesäßtasche. Auf halbem Weg, bevor man in einer weiten Kurve zurück zum Hotel wanderte, gab es eine Safarilounge, wo man sich stärken konnte: Burger mit Straußenfleisch, botswanische Spezialitäten, Süßigkeiten Limonaden, Mineralwasser, Bier. Bei der Rezeption fragte er, ob er in der Safarilounge (natürlich hieß sie *Quatermain Lounge*) mit Euros zahlen konnte. Klar ginge das, sagte die gemütlich wirkende, mütterliche Frau, die anstelle von Neo dort ihren Dienst versah.

Dann wanderte er los, nahm noch einmal den Prospekt, orientierte und schätzte sich glücklich, kein Influencer mehr zu sein, der fotografierte, statt genoss. Die Luft draußen war windig, warm und sehr trocken. Im Osten baute sich ein Wolkennest auf, das oben blendend weiß war und auf der Unterseite dunkelgrau wie gebürsteter Stahl.

Er folgte dem Weg eine Stunde lang, halb in Gedanken versunken, halb aufnahmebereit. *Ich könnte ewig hier gehen*, dachte er. *Niemand weiß, wo ich bin. Ist das nicht Wahnsinn*? Er beschloss, nach der Wanderung einen weiteren Brief an Stefan in sein Notizbuch zu schreiben, einfach, weil ihm danach war. Es ging gar nicht mehr darum, an *wen* er diese Briefe adressierte. Er könnte auch an … Papa und Mama schreiben. Oder an Angelo, den er einfach nicht aus dem Kopf bekam. Warum nicht? Er blieb stehen, strich mit der Handfläche über die trockenen Gräser, bewunderte den Himmel und die scharfe Linie der Wolkenfront. Er fühlte sich wie in der Szene des Films *Gladiator* – die Todesvision. Der Moment war träumerisch und kein bisschen traurig.

Ja, warum bekam Angelo nicht aus dem Kopf? War es die Nacht mit ihm? Sein Lächeln? Sein *Alleszusammen*? Als er weiterging, rief er sich den Moment in Erinnerung, als Angelo ihn am Bahnhof Atocha in Madrid angesprochen hatte. Schon dieser Augenblick war magisch gewesen, denn Angelos hatte sich genau in dem Moment zu ihm gestellt, als Elias die Fahrpläne studierte und nicht wusste, wohin er wollte, wohin er musste, wie es weitergehen sollte. Auf einmal war er da, halb Rüpel, halb geschmeidig, freundlich und auf angenehme Art verbindlich. Und mit einem Selbstbewusstsein gesegnet, das einen ansprechenden Hauch Unverschämtheit in sich barg. Aber auch das war es nicht, was Elias an Angelo Cruz so faszinierte. Da war noch mehr. Etwas in ihm, das durch ihn wirkte und vibrierte. Eine Präsenz, die … Dann hatte er es und schlug sich auf die Stirn, und lachte einmal laut auf, weil ihm der Satz gefiel, der sich in den Vordergrund schob. Die Realität. Alles Reale ist einhundert Prozent da. Es ist real. Es ist da. Mehr als einhundert Prozent kann nichts sein. Angelo schon, er war einhundertein Prozent da. Er war wirklicher, nahm mehr Raum ein, als es physikalisch möglich war, und er hatte eine Präsenz, die … ja, machtvoll war. Das rieb sich an der vordergründigen Realität, dass er einfach ein Bursche war, ein Bauarbeiter, der auf dem Strich Geld dazu verdiente, weil, wie er sagte, *das Leben in Madrid sauteuer ist.*

»Junger Mann«, sagte eine heisere, kratzige Stimme hinter ihm. »Ich denke, wir sind uns bisher nicht vorgestellt worden.«

Elias erschrak und befürchtete für einen Moment, diese Stimme könnte zu einem massigen, teuer gekleideten Mann gehören, der in Wirklichkeit zwei Männer war und drehte sich langsam um. Auf einem zwischen Gräsern halb verborgenen Pfad stand eine dürre Gestalt mit auffälliger Föhnfrisur, betrachtete ihn mit einem gelassenen Lächeln und rauchte eine Zigarette, die in einem sehr langen, elfenbeinweißen Mundstück steckte. Jetzt roch er auch den aromatischen Rauch. Sie trippelte mit kleinen Schritten auf ihn zu. Es war die Dame, die ihn am Tag der Ankunft betrunken angeblufft hatte, dass er nicht hierher gehöre.

Geh, dorthin, wo das Salz dich holt!

Oder so.

Jetzt wirkte sie sehr friedlich und nahbar. Sie reichte ihm graziös die

Hand und stellte sich vor: »Mein Name ist Lady Emilia Winchester. Nein, ich stelle keinen Waffen her, ja ich verpulvere das Erbe auf meine alten Tage. Und ich muss sagen: Das macht wirklich *Spaß*.«

Elias ergriff ihre Hand, stellte sich vor und deutete einen Handkuss an, den sie mit einem sehr damenhaften Kichern quittierte und sagte: »Oh, so ein junger Mann und so eine alte Schule. Ich möchte mich für letztens entschuldigen. Ich war an diesem Tag wohl eine etwas berauschte Person und unfreundlich. Ich bitte Sie mir zu glauben, dass das nicht mein Wesen ist. Darf ich Sie ein Stück des Weges, begleiten? Bis zur Safarilounge? Ist nur gut eine halbe Stunde von hier. Mir würde ein wenig Begleitung gut gefallen. Was meinen Sie?«

Elias überlegte für den Bruchteil eine Sekunde und die Gedanken waren komplex, und bevor der Moment ungebührlich lang wurde, lächelte er die kleine Frau mit schief gelegtem Kopf an und nickte.

»Sehr gern. Ich freue mich auch über Gesellschaft, vor allem, wenn sie so charmant ist!«

Federleicht hakte sie sich bei ihm unter und so gingen die beiden so unterschiedlichen Menschen Seite an Seite durch die Savanne von Botswana. Zuerst schwiegen sie. Nach einer Weile gab Lady Winchester ein trockenes Hüsteln von sich: »Ich habe zehn Jahre lang Klavier studiert und bei dieser Gelegenheit auch Komposition und Harmonielehre. Man dachte früher, und vielleicht ist es auch noch heute so, dass es einer jungen Dame gut anstünde, Musik zu machen, oder Bilder zu malen oder Platzdeckchen zu häkeln. Ich denke jetzt, dass ich es mit der Musik einigermaßen gut erwischt habe, obwohl ich nie wirklich besonders gut war. Oh ja, ich konnte, ich *kann* Klavier spielen, aber ich war nie virtuos. Was ich jedoch am meisten schätzte, war, dass ich etwas über Harmonielehre gelernt habe. Und darauf will ich eigentlich hinaus. Es gab da diesen griechischen Komponisten namens Vangelis, der im Mai 2022 an Covid verstarb – in Paris. Der sagte einmal in einem Interview, dass er sich als Filter sieht, der Harmonie von Lärm trennt. Er sagte damit etwas durchaus Bedeutsames. Wissen Sie, was ich meine?«

Sie blieben stehen und die Dame sah Elias an wie eine erfahrene, geduldige Lehrerin ihren schlimmen Lieblingsschüler. »Na?«

Kurz dachte er nach, dann antwortete er: »Wenn Vangelis wirklich das war, ein Filter, der Harmonie vom Lärm trennt, dann bedeutet das auch, dass selbst im Lärm Harmonie ist, weil er sie sonst nicht herausfiltern könnte, oder?«

Sie klatschte in die Hände, lachte laut auf und rief: »Clever, der Kleine! Ich habe in der Kompositionslehre gelernt, dass selbst kakofonische Akkorde oder Akkordfolgen ihre Berechtigung haben, wenn sie einer *Auflösung* zustreben, können Sie mir folgen? Die Dissonanz muss aufgelöst werden. Das ist das Wesen der Harmonie!«

Elias nickte und hatte das Gefühl, dass die Begegnung mit Lady Winchester zumindest schicksalhaft war.

»Musik ist eine dauerhafte Bewegung von Harmonie zu Disharmonie und wieder zurück. Und je schwerer die Musik ist, desto höher ist der Anteil an reibender Disharmonie. Das kann Ihnen jeder bestätigen, der schon einmal in einer dreistündigen, russischen Oper saß und nicht weiß, wie ihm geschieht!«

Schweigend gingen sie über einen Hügel und geduckt zwischen ein paar Bäumen sah Elias die Lounge. »Wir sind bald da«, sagte er leise.

»Als ich Sie so flegelhaft ansprach, bei der Rezeption, da meinte ich schon, was ich sagte. Aber nicht so, *wie* ich es sagte. Was ich sagen wollte, war: Die Tage hier sind ein ermüdender, dauerhafter Wechsel von Dur und Moll. Ihr Erscheinen, mein lieber Elias, das war wie ein prellender Klavierakkord, so laut und so umfassend, dass es mich nicht wundern würde, wenn noch im Umkreis von zehn Kilometern Vogelschwärme verschreckt aus den Bäumen hoch geflattert wären. Wie auch immer und warum auch immer, Sie scheinen mehr *da* zu sein, als alle anderen. Verzeihen Sie einer alten Dame, die etwas schwülstig wirkt und ich hoffe, sie missverstehen mich nicht. Aber, mein Lieber – Sie sind episch. Ein kleineres Wort fällt mir dazu nicht ein. So, und da sind wir auch schon!«

Als sie vom Wanderweg auf einen schmalen Pfad abbogen, der zu der Safarilounge führte, die, wie Elias jetzt sehen konnte, an einem kleinen Teich lag und wie gemalt aussah, nahm Lady Winchester seine Hand und sagte leise: »Sie werden Ihre Wanderung fortsetzen wollen. Ich gehe auf ein Glas Sekt, oder zwei oder drei.« Sie sah ihn streng und doch mütterlich an und auf einmal, wie aus dem Nichts, sah er aus heiterem Himmel einen purpurfarbenen Blitz zucken. Aber anstelle eines Donnerknalls hörte er den tiefen und wuchtigen Klang einer titanischen Glocke dröhnen. Einmal. Er drückte ihre Hand fester. Erschrocken rang er sich ein Lächeln ab und sagte charmant: »Sie sehen fabelhaft aus, Lady Winchester. *Wirklich*.«

Sie löste sich sanft aus seinem Griff und nickte.

»Vielen Dank, mein Junge. Wissen Sie, ich bin nun einhundertundein

Jahre alt. Und manchmal bin ich müde. Und manchmal wünschte ich, die Glocke würde für mich schlagen. Leben Sie wohl, Pilger!«

Damit wandte sie sich ab und ging mit kleinen, trippelnden, aber sicheren Schritten den Pfad zur Safarilounge hinunter. Verdutzt blieb er stehen und atmete tief ein und aus.

Wusste sie, was er gehört und gesehen hatte? Den flackernden Blitz, den Glockenschlag, der vom Himmel dröhnte? Er erinnerte sich, dass er den Glockenschlag aus dem Nichts nicht zum ersten Mal hörte. Zu Hause einmal. Und dann in Estland, in der Sumpflandschaft. Dann im Zug. Komisch nur, dass ihn dieses unheimliche Ereignis nicht erschütterte oder beunruhigte. Seit Oktober waren so viele seltsame Dinge geschehen, die einerseits fremd und neu waren, aber sich auf eine Art und Weise in sein Leben fügten, als hätten sie ganz und gar ihren berechtigten Platz in der Wirklichkeit.

In *seiner* Wirklichkeit.

Er drehte sich einmal im Kreis und bemaß die Landschaft und den tiefblauen Himmel mit seinen Blicken. Der Glockenschlag hatte gerade so viel Adrenalin in sein Blut gepumpt, dass er sich besonders lebendig fühlte, und das war ein so schönes Gefühl, dass er sich geradezu übermütig fühlte.

Er stand in der Steppe Botswanas und lächelte versonnen den Tag und den Himmel und das Leben an.

Eineinhalb Tage später war Elias Mataanoui in Francistown. Die Fahrt mit dem kleinen Bus war holprig, aber lustig gewesen. Während der Reise durch die Savanne lernte er botswanische Folklore und hatte den Verdacht, dass seine junge Sitznachbarin, die in der Lodge in der Küche arbeitete, ihm nicht *nur* anständige Worte beigebracht hatte. Es wurde gesungen und gelacht, und eine Flasche mit einer spiritushaltigen Flüssigkeit, die überraschend fruchtig und stark alkoholisch schmeckte, machte die Runde. Es wurde geraucht, was nichts ausmachte, weil alle Fenster offen waren. Neo lenkte mit viel Geschick und Gelächter den kleinen Bus.

Die Fahrt endete am Stadtrand von Francistown auf einer Straße im Fastnichts. Das *Fast* bezog sich auf einen fliegenden Markt, der gewaltige Ausmaße hatte. Am Rand des Marktgeländes standen unzählige schrottreife Taxis neben modernen Cheelys mit Klimaanlagen.

Menschenmassen schoben sich durch die engen Gänge, ließen sich zwischen Gemüseständen und Fleischständen treiben, es roch durchdringend nach Gewürzen und nach Schaf, auf dem glänzenden, ausgelegten Fleisch krabbelten Fliegen herum. Elias fiel auf, dass der Großteil der Leute hier jung war. Mädchen in traditioneller Kleidung, aber auch in Tops und Jeans, elegant und selbstbewusst wie Tänzerinnen auf der Bühne. Die Jungs trugen Jeans oder weite Armeehosen und hohe Sneakers oder Converse oder Flipflops. Die Stimmung war trotz des Gedränges entspannt und freundlich. Es wurde viel gelächelt und gelacht, aber unterhalb dieser freundlichen, nachbarschaftlichen Art spürte er eine geschäftsmäßige Zielstrebigkeit.

Über allem erstreckte sich ein tiefblauer Himmel, der vollkommen frei von Wolken war. Weit im Osten sah er die massive Wolkenfront, die er schon bei der Quatermain Lodge gesehen hatte. Sie stand festgenagelt am Himmel.

Nachdem er sich zu orientieren versucht hatte, zog er die Träger des Rucksacks enger und ließ sich auf das Getümmel ein. Genauso wie zwei schwergewichtige Männer, die für die Witterung und die chaotische Umgebung eindeutig zu fein angezogen waren. Sie teilten allein durch ihre Anwesenheit das Meer aus Fleisch und Blut. Sie hatten Witterung aufgenommen und befanden sich am südlichen Rand des Marktes, als Elias drauflos marschierte und beschloss, sich die Richtung einfach von den Gezeiten der Menschen hier zeigen zu lassen.

Der Vorfall am Markt

Mai 2026

Eine halbe Stunde, nachdem sie das weitläufige Areal betreten hatten, machten Herr Clubb und Herr Cuff Meron Cunha aus, der Arm in Arm mit seiner wunderschönen Geliebten über einen der breiteren Wege des Marktes schlenderte. Sie sahen königlich aus. Modisch angezogen, selbstbewusst und graziös. Herr Clubb erinnerte seinen Partner daran, dass Meron sie gesehen hatte, als sie Max Villeneuf in der Hammerstein-Lodge ihre Aufwartung gemacht hatten, und ermahnte zu umsichtigem Vorgehen. »Nicht hier, mein Lieber.« Herr Cuff nickte und zog das Sakko aus, legte es sich auf die Schulter. Hemdsärmelig sah er noch bedrohlicher aus. Er erwiderte: »Sie haben recht, mein Guter. Wir folgen ihnen mit Abstand und holen sie, wenn wir abseits des Marktes Gelegenheit dazu finden. Es wird sich etwas ergeben, weil sich *immer* etwas ergibt!«

Von rechts kommend, näherte sich Elias einer sehr unerfreulichen Begegnung, wusste natürlich nichts davon und war dementsprechend entspannt und gut gelaunt. Er war in Gedanken. Dachte daran, dass er bei nächster Gelegenheit seinen Eltern eine E-Mail schreiben *musste*, um sie zumindest darüber zu informieren, dass er wohlauf war, bei bester Gesundheit – wenn man von einem leichten Sonnenbrand im Nacken absah. Er überlegte schon die Zeilen, die er schreiben wollte, während er von links nach rechts und von rechts nach links mäanderte wie ein Schiff ohne Kapitän, um einem Duft hier und einem Gelächter da zu folgen. Und er dachte natürlich daran, wo seine Reise enden würde, wenn er sie so fortsetzte, wie angenommen.

Er fiel auf. Natürlich tat er das. Frauen und Männer musterten ihn gleichermaßen und ihre Blicke waren nicht unfreundlich. Eher interessiert. Er war jung, sah gut aus und war wegen seiner schweren, asiatischen Lider schwer einzuordnen. Verkäufer sprachen ihn auf Englisch an, manche sogar auf Deutsch. Er nickte und winkte und dann sah er auf einem breiten Weg, auf dem sich die Menge lichtete, zwei Männer von hinten. Beide breit gebaut und muskulös, zu elegant gekleidet für einen afrikanischen Markt. Hemdsärmelig, behaarte Unterarme, kurzes, dichtes Haar. Sie sahen aus wie alt gewordene Zwillinge. Er blieb stehen, spürte, wie sein Herz zu Eis wurde und in den

Magen sank. Er keuchte, stützte sich auf die Arme. Links von ihm saßen vier junge Männer, die wild und übel gelaunt aussahen. Sie hackten mit Macheten rohes Fleisch von den Knochen. Als sie sahen, dass die Bewegung auf dem breiten Weg vor ihrem Stand stockte, hielten sie inne und sahen zu ihm. Einer schwang die Machete, aber das sah nicht bedrohlich aus. Eher wie eine Frage: *Was ist denn, Mann*?

Sein Hass war groß genug, dass er sich zu einem gequälten Schrei durchrang. Er zeigte mit einer wilden Geste auf die beiden muskelbepackten Männer, verzog das Gesicht zu einer Maske des Entsetzens. »Sodoma! Mobeteledi! Mmolai![8]«

Er wiederholte die Tirade mit einem wilden Schluchzen, dass er nur halb schauspielerte: »Sodoma! Mobeteledi! Mmolai!«

Der jüngste der Männer erhob sich langsam und bedrohlich, zeigte seine schlechten Zähne und blaffte: »Wo?«

»Da!«, brüllte Elias und sank dramatisch auf die Knie. Dabei sah er sich um. Konnte nicht abschätzen, ob etwas geschehen würde und wenn, welche Dynamik die Ereignisse entwickeln würden. Dreißig Meter weiter den Weg entlang standen Blechhütten, die offensichtlich als Lager der Marktstände dienten. Sie erstreckten sich links und rechts etwa fünfzig Meter weit. Rostige, hitzestauende Bauwerke, heruntergekommen und perfekt.

»Sehen Sie, sie gehen nun nach rechts weg. Ich denke, dort wird ein Taxistand sein und die beiden …«

Meron und Rachel hörten hinter sich eine junge Stimme rufen, brüchig und entsetzt, und blieben kurz stehen. Sie sahen die sich ansammelnde Menschenmenge um eine junge Gestalt, und zwischen ihnen und der jungen Gestalt standen zwei muskelbepackte, schwere Männer, die sich irritiert umsahen.

»Komm weg hier«, raunte Meron seiner Freundin ins Ohr. »Schnell!«

»Was ist denn, was ist los?«

»Ich weiß es nicht, aber die Stimmung schlägt um, hier ist gleich der Teufel los. Weg hier. *Lauf*!«

Rachel vertraute Merons Instinkten blind, ließ ihn aus der innigen Umarmung, nahm seine Hand und so rannten sie los, zum Rand des Marktes, während hinter ihnen Geschrei lauter und dringender wurde.

---

[8] Schwule! Vergewaltiger! Mörder!«

Meron hörte heisere, wütende Schreie: »Sodoma! Mobeteledi! Mmolai!«. Er war verwirrt und verängstigt, und in einer solchen Situation war es immer besser, nicht stehenzubleiben und sich nicht umzudrehen. Das wusste die Menschheit seit Lot: Dreh dich nicht um! Das ist ganz übel.

Schneller als ein Peitschenknall scharten sich junge Männer mit wütenden und mordlüsternen Blicken um die Herren Clubb und Cuff, die durch das plötzliche und durchwegs feindselige Interesse sehr durcheinander waren. Sie drehten sich langsam um, und was sie sahen, trug nicht dazu bei, sich besser zu fühlen. Im Gegenteil: Da stand ihr Opfer in ganzer Pracht, stemmte die Hände in die Hüften und zeigte ein in seinem Gesicht völlig unpassendes, zorniges Grinsen mit tief nach unten gezogenen Mundwinkeln.

Einer der schwarzen, muskulösen Marktarbeiter wirbelte die Machete, die sehr scharf aussah und von Blutsaft glänzte, ums Handgelenk. Er raunte: »Mobeteledi? Ha? Sodoma? Ha? *Re* babolai! *Re*!«[9]

Die anderen Marktbesucher wichen vor der dampfenden Gefahr zurück und verstreuten sich. Polizei war irgendwo zu sehen. Die jungen Männer stießen die beiden muskulösen, weißen Fremden in den Rücken und drängten sie am linken Rand zu einer der Blechbaracken.

»Herr Mataanoui. Sie spielen ein ernstes Spiel!«, versuchte Herr Clubb, die Situation zu retten. Die jungen Schwarzen drehten sich zu ihm um, Elias hob die Hand und zeigte auf Clubb und Cuff und wiederholte, bebend vor Zorn: »Ba ke babolai le babeteledi ba basodoma!«[10]

Er fragte sich, woher er die Worte in dieser Sprache hatte.

Die jungen Männer wandten sich von Elias ab und wurden sehr geschäftsmäßig, als sie die beiden Verbrecher von der Straße zwischen den Marktständen abdrängten und in der Einfahrt einer Blechbaracke die Arbeit fortsetzten, die sie vor ihrem Marktstand unterbrochen hatten: Sie hackten Fleisch von den Knochen und ganz wie erwartet, schrien die beiden Männer mit weibischen, hohen Stimmen, als ihr Blut verschüttet und sie auseinandergenommen wurden.

Es war schweißtreibende, anstrengende Blutarbeit, die die vier Männer hier leisteten, denn die Vergewaltiger und Mörder wollten nicht so schnell sterben. Sie wanden sich in ihrem Blut, kamen röchelnd auf

[9] Vergewaltiger? Hä? Schwule? Hä? Wir sind Killer! Wir!

[10] Sie sind schwule Mörder und Vergewaltiger

die Beine, rutschten auf ihren eigenen Eingeweiden aus, während draußen im Licht die Menschen vorbeizogen, wie Geister in der Mittagshitze.

Als sie endlich zu Boden sanken und versuchten, den Schlächtern kriechend zu entkommen, war auf einmal alles vorbei.

Elias sah, wie die vier Burschen die beiden Mörder nach links und in die Einfahrt der ersten Baracke drängten, straffte sich und lief mit weit ausholenden Schritten durch die Menge davon und nahm zufälligerweise die gleiche Richtung wie das junge Paar, das er vorhin weglaufen sehen hatte.

Hinter ihm vereinten sich der Markt und die Menge zu einem wogenden Meer, dem er gerade noch so entkommen war, und er konnte das wilde Grinsen und das Hochgefühl der Grausamkeit nicht aus dem Gesicht wischen.

Vor der zweiten Vision

Oktober 1985
»Wie wirst du deine Rolle anlegen, wenn du die zweite Vision überstehst, Max?«

Max und Josua saßen einander am Strand gegenüber, da, das träge rollende Meer, und dort die steil abfallende Flanke einer hunderte Meter hohen Düne. Die Träger hatten sich etwa hundert Meter weiter nach Norden entfernt und saßen im Sand und blickten auf den Südatlantik hinaus. Max Villeneuf überlegte eine Weile und strich mit der rechten Hand über den feuchten Sand. Der zurückweichende Meeresspiegel hatte den Ozean beruhigt. Um sie herum war es beinahe vollkommen still. Nur das sanfte, seidige Ziehen der Wellen war zu hören.

»Ich bin mir bis jetzt nicht sicher. Mein Leben bisher war behütet und ruhig. Ich stamme aus einer reichen Familie, meine Eltern sind tot. Ich werde mich wohl zuerst einmal damit befassen, sehr gründlich zu verschwinden. Mein Nachname, mein echter Nachname wird verschwinden und ebenso das geerbte Vermögen. Das verlangt nach gewissenhafter Planung – aber damit habe ich schon vor einiger Zeit begonnen, gelangweilte Planspiele, könnte man sagen. Ich möchte mobil sein. An keinen Ort der Welt gebunden, keine innige Beziehung zu einem bestimmten Land, einem Ort oder einer Stadt. Ich werde reisen und überall sein. Mein Vermögen wird mir die nötige Anonymität sichern.«

»Wenn du arm wärst, was du augenscheinlich ja nicht bist, hätten wir dich mit finanziellen Mitteln ausstatten können. Wir verfügen über ein beträchtliches Vermögen.«

»Das habe ich mir schon gedacht. Eine eingeschworene Gemeinschaft wie die eure kann nicht so lange überdauern, ohne Reichtum erwirtschaftet zu haben, wie auch immer und was auch immer man unter erwirtschaften verstehen mag.

Ich werde mir überall auf der Welt Depots einrichten. Schließfächer, Konten … ich werde mich mit Computern befassen. Da sehe ich eine große Zukunft. Und wenn ich die Aufgabe annehme, wenn ich mich als würdig erweise und die Aufgabe wahrnehme, dann werde ich stets versuchen, sie zweigeteilt zu sehen.«

»Wie meinst du das?«, fragte Josua, und betrachtete sein Gegenüber aufmerksam.

»Na, so. Ich plane gern. Wenn ich das mit der Aufgabe verbinden kann, die Welt durch gezielte Brandstiftung, politisch und gesellschaftlich, zu härten, ist das schon einmal perfekt. Es wird dich nicht überraschen, dass eine meiner geheimen Leidenschaften es ist, das Leben anderer herauszufordern und gegebenenfalls zu zerstören. Für dich mag es sich trivial anhören, aber es befriedigt mich, Leiden zu verursachen. Menschen zu quälen. Zu meiner Lust.«

»Ich verstehe dich gut, Max. Alle vor dir hatten ähnliche Eigenschaften. Manche leidenschaftlich oder sogar besessener als du, andere kühler und distanzierter. Wirst du dir einen Namen zulegen?«

»Hm«, machte Max Villeneuf und dachte kurz nach. Dann lächelte er hart und antwortete: »Ich denke, das werde ich. Kennst du *Fantomas*? Es gibt eine Romanreihe von zwei französischen Schriftstellern, Pierre Souvestre und Marcel Allain, die zwischen 1911 und 1913 erschien. Später gab es Verfilmungen. Auch drei Filme, die eher komödiantisch waren. Fantomas, ein Superschurke, anarchistisch und hochkriminell. Ein Mann mit einer unheimlichen, blaugrauen Maske. Ich denke, ich werde meinen Opfern und Gegenspielern in dieser Rolle gegenübertreten. Vollkommen humorlos, einschüchternd und grausam. So wie Fantomas, werde auch ich unfassbar sein. Nicht, weil ich mich so gut verstecken kann, sondern weil ich keine Leidenschaften habe, durch die es der Polizei und den Behörden normalerweise gelingt, Verbrecher zu fassen.«

»Welche wären das?«, fragte Josua interessiert.

»Reichtum und Macht. Jeder Verbrecher, der in der Geschichte der Menschheit erwähnenswert ist, scheiterte früher oder später an seinen Ansprüchen an Reichtum und Macht. Der beste Verbrecher, der beste Täter ist der, der vollkommen ungebunden ist und frei, der überall sein kann. In einem Hotel in Paris, einem Schloss in England, einer Hütte an einem polnischen See, bloßfüßig am Strand von Quintana Roo ... Besitztum fesselt den Menschen an einen Ort, an ein bestimmtes Leben. Das werde ich zu verhindern wissen. Mein Vermögen wird der Treibstoff sein, der mich stets in Bewegung hält und an nichts und niemanden bindet. Ich habe kein inniges Verhältnis zum Reichtum. Ich nutze ihn wie einen Strichjungen. Und weil ich weiß, dass die Politik überall auf dieser Welt, beeinflusst und beherrscht wird von den Belangen und Begierden der unermesslich Reichen, zu denen ich wohl auch gehöre, weiß ich, wie ich den Hebel ansetzen muss, um zuerst die Vermögenden ins Verderben zu stürzen, und damit die Regierungen, die sich ihnen andienen. Ich denke, das wird die Aufgabe sein, die ihr mir zugedacht habt und der ich mich zutiefst verpflichtet fühlen werde. Der zweite Teil eines jeden Plans wird aber die Erfüllung meiner kleinen Gelüste sein. Ablenkungsmanöver durch Entführungen und Morde, durch Manipulation, falsche Fährten, die nirgendwohin führen, die die Spalten der Boulevardblätter füllen und immer scharf an der Wahrheit vorbeischrammen werden, die ich mit dieser Methode verhehlen kann.«

Josua nickte zufrieden, stand auf und streckte sich. Er reichte Max Villeneuf die Hand, zog ihn auf die Beine und sagte leise: »Wäre ich ein einfacher Mensch, würde ich dir nicht in die Quere kommen wollen. Doch ich bin kein normaler Mensch. An meinen Händen kleben Blut und Tränen und tiefste Verzweiflung. Und ich habe es jedes Mal geliebt, sie in das Grauen und die Verzweiflung meiner Opfer zu tauchen. Wir sind uns ähnlich, Max. Wir sind keine Barbaren oder Schlächter. Wir sind in einer Welt der Monstrosität und Verweichlichung der Gesellschaft wie Chirurgen, die ohne Narkose arbeiten.«

»Das sind wir wohl«, gab Max zurück, sah auf die spiegelglatte See hinaus und atmete ruhig und bewusst. Dann fügte er hinzu: »Eine Basis werde ich brauchen, wo ich zur Ruhe kommen kann.«

Josua nickte ihm zu: »Ja? Wo?«

»Die Hammerstein-Farm. Ich denke, ich werde sie kaufen. Ich werde den Besitzern ein Angebot machen, dass sie nicht ausschlagen können.«

»Welchen Besitzer?«, gab Josua mit einem eisigen Lächeln zurück. »Als wir deine Begleiter abholten, haben meine Krieger die Besitzer und Angestellten getötet. Die Farm steht leer, die Tiere sind entlaufen. Ich werde über Mittelsmänner in Windhoek dafür sorgen, dass du den Zuschlag bekommst, egal, wer sonst noch ein Angebot abgibt. Was wirst du damit machen?«

»Das weiß ich nicht. Wo versteckt sich ein Mensch am besten, wenn er nicht gefunden werden will?«

»Unter anderen Menschen.«

»Genau«, gab Villeneuf zurück und lachte. »Ich werde ein guter Gastgeber sein, kann ich mir denken.«

Der beste Sohn

Mai 2026

Elias beglückwünschte sich erneut zu seiner Entscheidung, mit leichtem Gepäck zu reisen und ganz besonders dazu, dass er das leichte Gepäck auf diesen einen Rucksack reduziert hatte, den er nun eng am Körper trug, als er den Markt verlassen hatte und auf ein Sammeltaxi zustrebte, das etwas abseits des Marktes am Straßenrand stand. Nur ein wenig außer Atem. Hinter ihm wurde der Wirbel am Markt immer lauter, das Geschrei hatte die schaurige Würde einer schweren Opernvorführung. Er lehnte sich an die Tür des Fahrers, der breitbeinig und mit dem Kinn auf der Brust vor sich hindämmerte und wedelte mit vier Zehneuroscheinen vor seiner Nase herum und rief: »Zum Bahnhof, bitte. Es eilt! Ka bonako!«[11]

Der hagere, bärtige Mann löste sich widerwillig aus seinen Träumen und blinzelte Elias missmutig an. Dann sah er die Hand mit dem Geld, zauberte ein zahnlückiges Grinsen in sein Gesicht und antwortete auf Englisch: »Immer herein in diese elende Bruchbude, mein Freund. Zum Bahnhof? Und *los* geht's!«

Nach einer dreißigminütigen Fahrt durch Staub und Schlaglöcher, vorbei an Ziegen und einsamen Wanderern, unter einem dröhnend blauen Himmel und mit der massiven Wolkenfront weit hinter sich, erreichte das Taxi den Haupteingang des Bahnhofs von Francistown.

Das Gebäude war langgestreckt und flach und hatte nichts Bemerkenswertes. Der Eingang befand sich hinter einer flachen Mauer und war nur wenig mehr als zwei Flügeltüren aus Glas, die weit offenstanden.

Elias bezahlte den Fahrer und wusste, dass er sich selbst übers Ohr gehauen hatte und der Mann den Rest des Tages vermutlich freinehmen würde, aber das war ihm egal. Sein Herz war voll von bitterer, grimmiger Freude. Die beiden Sadisten waren tot oder so gut wie – genau wusste er es nicht. Sie hatten auf jeden Fall eine Erfahrung gemacht, die sie selbst normalerweise ihren Opfern angedeihen ließen. Elias wusste, dass er an ihrem Schicksal schuld war, aber er *empfand* keine Schuld, obwohl er wusste, dass er sie empfinden *müsste*. Obwohl die beiden sicher von einem Schlag waren, der nichts anderes verdiente, als zu sterben. Der sanftmütige, freundliche Elias, der er gewesen war, bis er im vergangenen

[11] Schnell!

Oktober in diese scheußliche Falle getappt war, würde den Elias, der jetzt das Bahnhofsgebäude betrat, nicht erkennen. Ihn nicht verstehen. Und vermutlich auch nicht mögen.

Während er sich orientierte, dachte er darüber nach, wie er sich geändert hatte, und ob das, was er bislang gewesen war, diese Veränderungen erst möglich gemacht hatte. Einer, der immer schon stark war, ein Anführer, wie würde der mit der Situation umgehen, wenn er je in eine solche Situation geraten würde?

Dort waren drei Fahrkartenschalter und bei zwei davon waren die Jalousien aus Blech heruntergelassen. Vor dem mittleren Schalter hatte sich eine kleine Schlange gebildet.

Vielleicht hatte er zu dieser Hinterlist nur finden können, weil er bis jetzt nicht so gepolt gewesen war? Möglicherweise war er nur deshalb im Oktober letzten Jahres in die Falle gegangen, weil er ein Leichtfuß war, einer, dem im Leben nie Schlimmeres widerfahren war, als den einen oder anderen Vertrag nicht zu bekommen und als junger Schüler wegen seiner schwabbeligen Hüften verarscht zu werden? Die Erlebnisse, die ihn gemeinsam mit Stefan dazu motiviert hatten, trainieren zu gehen und echte Freude am Sport zu empfinden, das war alles vernachlässigbar gegen das, was er in den letzten Monaten durchzustehen hatte, gestand er sich ein, gab aber auch zu, dass er sehr viele dieser Situationen nur meistern konnte, weil er durchtrainiert war, muskulös wie ein Aal im Wasser. Müßig überlegte er, sich in die Schlange einzureihen, als er in einer ruhigen Ecke der Halle einen Stand sah, über dem ein schmuckes Emailleschild darauf hinwies, dass man hier Restkarten für den *Pride of Africa* kaufen konnte. Den schönsten Zug der privaten Bahngesellschaft *Rovos Rail*, die in Südafrika beheimatet ist und seit Neustem über Namibia hinaus, sogar bis Botswana, fuhr.

Ein Erlebnis, das Sie nie vergessen werden!

Na, das will ich doch hoffen, dachte Elias und traf eine Entscheidung.

Rovos Rail. Die Gesellschaft, für die der Vater des toten Jungen gearbeitet hatte. Dessen traurige Geschichte in der Windhoeker Zeitung erzählt worden war. Das hatte beinahe etwas von biblischer Schicksalsfügung.

Ein paar Momente später stand er vor dem Schalter, zückte die Kreditkarte und bezahlte vierhundertsechzig Euro für die letzte freie Suite im Zug. *Klotzen statt kleckern*, dachte er. Und es war auch egal, ob jemand seine Transaktionen verfolgen könnte. Ein Mann namens Le Fantom zum Beispiel. Er war fast da. Die auf ihn angesetzten Verbrecher waren entweder tot oder fast tot, egal. Wer oder was sollte ihn noch aufhalten?

Die Zahlung wurde angenommen, Elias erhielt sein Ticket, das aussah wie das goldene Ticket zu Willy Wonkas Schokoladenfabrik. Dazu bekam er die Information, dass der Zug auf Gleis vier bereitstünde und in einer guten Stunde abfährt.

Ein mächtiger Donnerknall ließ ihn und nicht nur ihn zusammenzucken. Es war ein prasselnder, heller Knall, der auf einem unheimlichen Bassgedröhn ritt. Zum Schluss war nur noch die Vibration zu spüren. Die Leute sahen sich erschrocken und unsicher lächelnd um. Für ein paar Momente blieb er noch beim Schalter stehen, um sich zu sammeln und blätterte einen Prospekt der Eisenbahnlinie durch, dann ging er durch die Flügeltür auf der gegenüberliegenden Seite des Haupteingangs hinaus auf den Hauptbahnsteig und setzte sich auf eine freie Bank, stellte den Rucksack zwischen seine Knie und äugte zum Himmel hinauf. Er war nach wie vor blau, aber das Blau war jetzt ausgebleicht und im Osten dunkel. Zu dunkel für den frühen Nachmittag.

Er nahm das Notebook aus dem Rucksack, öffnete es und koppelte die Netzwerkverbindung mit dem Hotspot seines Smartphones. Dann öffnete er das Mailprogramm, klickte auf NEU und begann zu schreiben.

Hallo Mama, hallo Papa!

Entschuldigt bitte, dass ich mich erst jetzt melde. Ich habe eine wilde und anstrengende Reise hinter mir und sie ist nicht zu Ende. Nachdem Stefan mir gesagt hat, dass er nach Nigeria gehen wird, um dort an der Uni sein Studium auf Einladung des Rektorats abzuschließen, habe ich wohl den Halt verloren. Schon wieder! Zuerst die Sache mit Malalay, die für mich zu einer kleinen Schwester geworden war, ja, und dann die Sache mit Stefan. Das alles hat mir mehr zugesetzt, als ich bereit war, zu zeigen. Und das alles in Verbindung mit den Ereignissen auf Gran Canaria im Oktober letzten Jahres, worüber ich euch auch im Dunkeln ließ – all das hat dazu geführt, dass ich ungeplant aufbrach, in einen Zug stieg und eine Reise begann, von der ich nicht wusste, wohin sie mich führen wird.

Es tut mir aufrichtig leid, euch im Unklaren darüber zu lassen, was mir widerfahren ist, aber ich denke, es ist besser so. Jetzt jedenfalls sitze ich am Bahnhof von Francistown in Botswana und warte auf die Abfahrt meines Zuges nach Windhoek in Namibia. Wenn sich alles so fügt, wie ich es mir ausgemalt habe, wird meine Reise dort wahrscheinlich zu Ende sein. Ich weiß nicht, was dann folgen wird, ich bin mir nur noch über sehr wenig im Klaren, wisst ihr?

Ich weiß, dass ihr mich grenzenlos liebt, so wie ich euch vollkommen liebe und verehre. Nicht weil es meine Pflicht als guter Sohn ist, sondern weil ihr beide so unendlich viel Liebenswertes an euch habt. Eurer Liebe gerecht zu werden, ist echt harte Arbeit :-)

Ich muss nach Windhoek und dann noch ein Stück weiter, um mir Gewissheit zu verschaffen. Alles hängt miteinander zusammen: Gran Canaria, Malalay, Stefan …

Bitte macht euch keine Sorgen. Seid meinetwegen wütend auf mich, aber seid nicht traurig und nicht ängstlich. Ich bin kerngesund und nicht in Gefahr, jedenfalls nicht mehr als jeder Reisende in diesem unermesslichen Teil der Welt.

Am Ende werde ich wohl in ein Flugzeug steigen und wesentlich schneller wieder zu Hause ankommen, als die Reise hierher gedauert hat. Dann werde ich euch umarmen, mir meine Gardinenpredigt abholen und versuchen, der beste Sohn zu sein, der ich sein kann.

Bis dahin umarme und küsse ich euch mit all meiner Liebe!

Elias!

Während er das schrieb, stiegen die ersten Passagiere in den Zug *Pride of Africa II* und suchten ihre Plätze. Elias roch an seinen Sachen, in dem er den rechten und den linken Arm hob und beschloss, auf der Toilette, die er in der Halle gesehen hatte, eine Katzenwäsche zu machen und ein frisches Hemd anzuziehen.

Amour à trois

Mai 2026

»Wir fahren mit dem Superzug, Babe, Wahnsinn, oder?«

Sie nickte geistesabwesend. Ihr lag noch das Erlebnis im Club im Magen, und selbst die liebevolle Verabschiedung ihrer Tante, die klarmachte, dass sie Meron für einen guten Jungen hielt, konnte nur wenig an dem flauen Gefühl ändern, dass irgendetwas aus den Fugen geriet.

Der Zug war sehr elegant, aber ihre begrenzten Mittel hatten es nicht zugelassen, dass sie eine Suite für sich nahmen. In dem langen Zug gab es neben dem Salonwagen, dem Restaurant und den vier Waggons mit Suiten auch zwei Waggons mit gewöhnlichen, aber gleichwohl wunderschönen Abteilen, in denen man sich gemütlich einrichten konnte.

Um sie herum war emsiges Treiben. Einige ältere Gäste aus Europa, leicht zu erkennen an der Hautfarbe und der Kleidung. Das waren die Sektpassagiere, wie Meron ihr zuflüsterte, als sie ihr Abteil gefunden hatten und sich für die Fahrt einrichteten.

Noch eine Viertelstunde bis zur Abfahrt.

Sie setzten sich nebeneinander auf die mit Samt bezogenen, breiten Sitze und sie legte ihre Beine auf seinen Schoß. Automatisch begann er, ihre Füße zu massieren, und sie schnurrte. Als der Zug losfuhr, stellten sie erleichtert fest, dass sie allein im Abteil waren. Als der Zugführer kam, um die Tickets zu sehen, fragte ihn Meron, ob sie ihre Sachen einsperren konnten, weil sie vielleicht Lust hatten, in den Speisewagen zu gehen und einen der berühmten Cocktails zu probieren. Der ältere Mann mit dem ansehnlichen Bauch nickte und sah Meron zweimal an, dann fragte er: »Kennen wir uns nicht, Freund?«

Meron lächelte und schüttelte langsam den Kopf: »Kann gut sein, aber ich bin nicht sicher …«

»Du arbeitest doch in der Lodge draußen? Was? Ich bin *sicher*, ja. Ich habe voriges Jahr mal meine Frau Mutter dort abgesetzt und du hast dich wirklich sehr freundlich um sie gesorgt. Du bist der Empfangschef dort, oder?«

Jetzt strahlte Meron und war ein wenig stolz, dass ihn jemand erkannte.

»Ja, mein Name ist Meron Cunha, ich arbeite in der Hammerstein-Lodge. Es freut mich, wenn Ihre Frau Mutter zufrieden war. Das ist uns wirklich wichtig.«

»Weißt du, was, Meron? Gebt eure Sachen da oben in das Fach, ja da. Ich gebe euch den Schlüssel und am Ende der Fahrt gibst du ihn mir zurück. Machen wir es so?«

»Klingt perfekt«, strahlte Meron, sprang auf und öffnete das Fach, das mit einem einfachen Vierkantschlüssel verschließbar war und wuchtete ihre Taschen und Rucksäcke hinein. Dann nickte er dem Zugführer zu und sagte: »Die Cocktails sollen wirklich erstklassig sein.«

»Sind sie«, gab der Uniformierte zurück und war schon halb aus dem Abteil, als er sich umdrehte und hinzufügte: »Sagt dem Kerl hinter der Bar, ihr kommt von Abel. Er soll euch wirklich gute Cocktails zubereiten. Dann weiß er schon, was zu tun ist.« Er zwinkerte ihnen zu und setzte seinen Weg im immer schneller fahrenden Zug fort.

Rachel stupste ihn an und lächelte breit: »Riechst du das?«

»Was?«

»Holzpolitur. Minze. Ich liebe den Geruch hier. Hast du den Schlüssel?«

Er nickte.

»Gut. Dann gehen wir an die Bar und trinken etwas und dann …«

»Was dann?«, fragte er mit einem süßen Grinsen.

»Frag nicht so dumm, Meron. Ich will dich melken. Und vielleicht …« fügte sie schelmisch lächelnd hinzu, »finden wir einen gutaussehenden Kerl, den wir uns teilen können?«

»Hier im Zug?«, murrte er gespielt. »Hast du nicht gesehen? Lauter Rentner hier an Bord. Das wird nichts. Du wirst dich mit mir begnügen müssen!«

»Eifersüchtig, Süßer?«

Sie gingen hintereinander gegen die Fahrtrichtung nach hinten zum Salonwagen. Meron dachte kurz nach und fand, dass er *nicht* eifersüchtig war. Es wäre nicht das erste Mal, dass sie darauf drängte, einen jungen Kerl dazu zunehmen und ihm machte es nichts, zu sehen, wie seine Rachel von einem wilden Jungen verwöhnt wurde. Sie waren einander so sicher, dass ein Dreier eine Bereicherung darstellte, solange es nur für den Moment war, solange er eben andauerte.

»Nein«, gab er ein wenig schnippisch dazu. Sie klatschte ihm auf den Hintern und sah sich um und als sie sah, dass sie alleine im Gang des Abteilwaggons waren, griff sie ihm zwischen die Beine und massierte seinen Schwanz.

Natürlich wurde er sofort hart.

Sie schmunzelte geheimnisvoll und sagte leise: »Vielleicht will ich mal sehen, wie du einem Kerl den Schwanz lutscht.«

»*Rachel*!«, entfuhr es ihm. Dann grinste er übermütig und sie betraten den Salonwagen am Ende des Zugs.

Sie nahmen auf Barhockern an der Bar Platz und sagten zum Barkeeper, auf dessen Anstecker am Hemd sein Name stand, Kagiso: »Hi. Wir kommen von Abel. Er sagt …«

»Weiß schon«, unterbrach ihn der muskulöse Mittdreißiger. Er hatte die Hemdsärmel bis über die Ellbogen ordentlich nach oben gefaltet und man sah verblasste Tätowierungen. »Was darf es sein, ihr Hübschen?«

Meron drehte sich einmal im Kreis und prüfte, was die anderen Leute tranken. Er sah einen älteren Mann mit Fünftagebart, der ein Notebook vor sich auf dem Tisch hatte und schrieb. Dann blickte er auf die Karte, die an einem blank polierten Pfosten lehnte und sagte leichthin: »Zwei Hemingway-Daiquiris, bitte!«

»Und kommt sofort. Gute Wahl, junger Freund!«

Sie saßen eng nebeneinander an der Bar, bewegten synchron die Hüften zur leisen Musik aus versteckten Lautsprechern, nippten an den starken Cocktails, und Meron lobte mehrmals die gelungene Mischung, als Rachel ihn mit dem Knie anstieß, über seine Schulter blickte und mit den Lippen tonlos: »Wow« machte.

»Was?«, fragte Meron und wunderte sich, dass er den Drink schon spürte, obwohl er gerade einmal die Hälfte getrunken hatte.

Rachel machte noch einmal: »Wow« und fügte hinzu: »Von wegen nur Rentner hier im Zug. Der Junge ist echt schön.«

Bemüht langsam drehte sich Meron auf dem Sitz herum und dort, vor der Glastür, durch die man auf die offene Terrasse des letzten Waggons gelangte, stand im scharfen Licht eine junge Gestalt. Allein die Silhouette durchfuhr ihn wie ein Blitz. Schlank, gut gebaut, stolz in der Haltung, das waren die Worte, die ihm einfielen.

Der Schatten löste sich aus dem Licht, das ihn von hinten beschien, und jetzt erkannte er, dass der junge Kerl halb Europäer war und halb Asiate. Eine interessante und gelungene Mischung stellte er mit einem Hauch von Begehren fest. Er trug Jeans, ein Leinenhemd, das locker saß, hatte die Ärmel einmal locker umgekrempelt. Kastanienfarbene, wilde Haare, ein edles, schönes Gesicht und eine Art unsentimentale Verlorenheit, die ihn tief berührte. Meron wandte sich wieder Rachel zu und nickte: »Der ist *wirklich* schön. Passt gar nicht in den Rentnerzug, der Bursche.«

Sie lachten beide bemüht leise und als sie sahen, dass der fremde Junge die Bar ansteuerte, nippten sie an ihren Drinks und versuchten, ihn nicht allzu auffällig anzusehen.

Das gelang nur bedingt, denn er stellte sich neben Meron und der atmete ein und verdrehte die Augen, als ob er bewusstlos werden würde und flüsterte Rachel zu: »Und er duftet – *Wahnsinn*!«

Der Fremde nickte ihnen zu und sagte auf Englisch: »Hello!«. Dann bestellte er für sich eine Cola mit Rum und nahm ums Eck Platz, mit dem Rücken zur Rückseite des Waggons. Einige Passagiere begaben sich mit ihren Drinks nach hinten auf die offene Terrasse, um die Landschaft und den warmen Fahrtwind des Zuges zu genießen.

Rachel beugte sich vor, legte die Ellbogen auf die peinlich saubere Bar aus poliertem, dunklem Holz und raunte dem Fremden zu: »Wohin geht's, Pilger?«

Der Fremde grinste und hob zweimal die Augenbrauen, nippte an seinem Drink und antwortete: »*Pilger*. Das höre ich ziemlich oft in letzter Zeit. Also ich … mein Name ist Elias. Ich fahre nach Windhoek. Und ihr?«

Meron wandte sich ihm nun auch zu und musterte ihn ohne Scheu und wachsender Aufmerksamkeit: »Wir auch. Von dort geht's mit dem Auto weiter. In die Wüste.«

»In die Wüste«, wiederholte Elias, trank und drehte sich auf dem Barhocker nach links und rechts. »Klingt spannend. Wer seid ihr, Leute?«

Sie stellten sich vor und Rachel umfasste Merons Hüfte. Nicht nur, um zu zeigen, wie sehr sie zusammengehörten, sondern auch, um die Reaktion von Elias zu beobachten. Sie strich mit den Fingerspitzen über Merons linke Brustwarze und strahlte ihn an. Für einen Moment schien er überrumpelt, dann stahl sich ein hauchfeines Lächeln in sein Gesicht und er nickte kaum wahrnehmbar.

Zwanzig Minuten später standen sie auf der Zugveranda, genossen ihre Getränke und unterhielten sich übers Studieren, das Reisen und über die vorbeiziehende Landschaft. Unverfänglich und doch zunehmend verbindlich.

Der Zug rollte mit rund sechzig Kilometern pro Stunde durch die magische Abendlandschaft. Es war warm und hier hinten war der Fahrtwind kaum zu spüren.

Als die meisten Passagiere hineingingen, weil bald das Abendessen serviert wurde, setzten sie sich einander gegenüber auf die gepolsterten Bänke. Elias auf der einen, Meron und Rachel auf der anderen. Rachel genoss es, mit welch freundlichem Interesse Elias sie betrachtete und langsam unruhig zu werden schien. Er bestellte ein zweites Getränk und als er die Hälfte getrunken hatte, sagte er mit einem erfreuten Staunen, wie attraktiv sie beide seien.

»Unglaublich, eigentlich. Ultra, würde mein bester Freund sagen. Echt ultra.«

Dann fügte er leiser hinzu: »Und ziemlich sexy, echt jetzt! Sorry, das war wohl ziemlich direkt.«

Rachel legte ihre Hand auf Merons Schoß und erwiderte: »Du siehst auch ziemlich magisch aus. Wir haben vorhin überlegt, ob du Europäer bist. Und Asiate. Stimmts?«

»Nicht ganz«, antwortete Elias und lehnte sich zurück, knöpfte das Hemd weiter auf und zeigte seine unbehaarte, muskulöse Brust: »Ich bin halb Marokkaner und halb Indonesier. Ich lebe in Wien. Meine Eltern haben dort ein kleines Restaurant, das gut geht. Und ich? Ich treibe mich hier einfach herum. Und lerne echt coole Leute kennen. Prost!«

Eine halbe Stunde und einen weiteren Drink später fanden sie sich in Elias' Suite wieder, wo sich Meron zwanglos und mit einem »Uff« auf das Doppelbett fallen ließ und seufzte: »Echt bequem. Elias, wie kommt man dazu?«

»Ich habe ein paar Euros gespart. Für Regentage. Und solche Reisen!«, raunte Elias aus dem Mundwinkel wie ein Mafioso, der ein Geheimnis verrät, und legte sich neben Meron aufs Bett. Rachel blieb kurz stehen, nippte am Drink und sah auf die beiden Jungs, die nebeneinander auf dem Bett lagen. Die Luft war elektrisch geladen. Das monotone Schlagen der Räder auf den Fugen war hypnotisch.

»Der perfekte Takt«, raunte Meron und legte seine Hand vorsichtig auf Elias Schenkel und erst als er sicher war, dass er ein wortloses Okay bekam, wanderte seine Hand höher, glitt über den Schoß, zum Gürtel und unter dem T-Shirt weiter, bis er die glatte Brust berührte.

»Bist du bi?«, fragte Rachel und setzte sich nun ebenfalls aufs Bett und streichelte Elias Schenkel. Er spreizte ein wenig die Beine, um ihr zu signalisieren, dass sie willkommen war.

»Keine Ahnung. Ich will nicht mehr in solchen Kategorien denken. Ich hatte früher nur was mit Mädchen. Dann mit meinem besten Freund.

Es war immer, wie soll ich sagen …«

Meron küsste Elias Brust, öffnete das Hemd weiter und knabberte zärtlich an seiner rechten Brustwarze.

»Es war immer *total.* Ich weiß nicht, ob ihr das versteht. Ich meine … ich weiß nicht, was ich meine. Ich will verschwenderisch sein, nicht geizig. Es muss einfach bedenkenlos sein. Ja. *Total.*«

Meron kam höher und küsste Elias auf den Mund, während Rachel seine Hose aufknöpfte und nach unten zog.

Jetzt küsste Meron ihn bedächtig mit Zunge, streichelte ihn sanft, unterbrach kurz und sagte zu Rachel: »Koste mal, Rachel, du *musst* ihn kosten. Er ist *so* süß!«

Rachel drängte sich zwischen die Jungs, beugte sich über Elias und küsste ihn auf den Mund, leckte seine Lippen, seine Zunge und nickte: »Du bist echt süß.«

Elias rutschte unter ihr weg und keuchte: »Küsst euch, ich möchte euch beim Küssen zusehen.«

Meron beugte sich über Rachel, fasste nach ihren Brüsten und küsste sie. Elias hockte zwischen ihnen, öffnete Merons Hose und zog sie nach unten. Eine Weile betrachtete er Merons harten Schwanz, dann nahm er ihn in den Mund und lutschte und saugte ihn, während er den beiden zusah, wie sie sich immer leidenschaftlicher küssten. Mit der linken Hand half er Rachel, die sich aus der engen Jeans befreite, und rieb mit der Handfläche sanft über ihre rasierte Scham. Als Elias spürte, dass sich bei Meron der Orgasmus anbahnte, unterbrach er die Stimulation und machte sich über Rachels Venushügel her und leckte sie, schabte mit dem Zweitagesbart über ihre Vulva. Meron löste sich aus dem Kuss, strampelte sich vom Rest der Kleidung frei, dann zog er Elias ganz aus und zuletzt half er Rachel, sich nackt auszuziehen. Kurz saßen sie einander auf dem Bett gegenüber, um die Stimmung zu prüfen. Die Jungs waren durch und durch erregt, und Rachel keuchte tief und lustvoll. Elias legte sich rücklings aus Bett, spreizte die Beine und blinzelte Meron herausfordernd zu. Meron fing den Blick auf und flüsterte: »Willst du?«

Elias nickte, und sah ihm in die Augen.

Meron sprang auf, verschwand kurz im Bad und kam ein paar Sekunden später mit einer weiß schimmernden Emulsion zurück. Er drückte den Daumen in Elias Hintern und tat das mit so viel Gefühl, dass Elias sanft stöhnte. Er sah dabei zu Rachel und raunte: »Ich will dich lecken, setz dich auf mich.«

Mit der Eleganz einer Tänzerin ließ sich Rachel auf Elias Gesicht nieder und sah zu, wie Meron langsam und mit unterdrückter Raserei in Elias eindrang. Sie spürte seine Zunge, rückte sich ein wenig zurecht und genoss seine Zärtlichkeit und sah zu, wie Meron Elias langsam, quälend langsam fickte. Ihr war, als würden Merons langsame Fickbewegungen durch den Körper des Jungen fließen wie Strom und durch seine Zunge in sie eindringen – das war schlichtweg irre.

Wieder erwischte Elias den Moment, kurz bevor es Meron kam, entzog sich ihm mit einem fast spöttischen Lächeln und raunte: »Noch nicht, Meron. Noch nicht. Blas ihn mir.«

Meron rutschte zwischen Elias Schenkel und nahm seinen Schwanz in den Mund und rächte sich, indem er ihn lutschte, bis er das Zucken spürte, mit dem sich der Orgasmus anbahnte. Dann ließ er von ihm ab und lächelte ihn durch halb geschlossene Augen an: *Das hast du nun davon ...*

Die Luft in der Suite brannte. Unsichtbare Blitze zuckten, glitten wie Elmsfeuer über die leuchtend dunkle Täfelung.

Rachel glitt zur Seite und flüsterte Elias ins Ohr: »Fick Meron und er fickt mich, mach, ich will, dass du ihn fickst.«

Sie umschlangen sich wie straff gespannte Taue. Elias hockte sich hinter Meron, der sich sanft, wie eine Feder auf Rachel fallen ließ und zärtlich in sie eindrang. Dabei flüsterte er: »Tu's. Du bestimmst das Tempo.«

Elias glitt sanft in Meron und verharrte kurz, dann stieß er seinen Schwanz bis zum Anschlag in ihn und seufzte: »Fick sie, mach!«

Elias bemühte sich, nicht zu schnell zu werden, er wollte es auskosten. Meron rieb mit seinem Schwanz über Rachels Scheide, bis sie vollkommen feucht war, dann drang er ein und seufzte vor wilder Lust. Als Rachel spürte, dass beide Jungs kurz davor waren, zu kommen, raunte sie fast wie besessen: »Kommt in mein Gesicht. Beide. Ich will es, ich will es sehen.«

Elias zog sich aus Meron zurück und der aus Rachel. Sie knieten sich links und rechts von ihr aufs Bett und wichsten langsam, während sie immer schneller über ihre Scham rieb und den Ringfinger reinschob. Meron sah Elias an und langte mit der freien Hand nach seiner linken Brustwarze und rollte sie zärtlich. Elias verdrehte die Augen und lächelte.

»Oh Gott«, stöhnte sie. »Mir kommts, mir kommts, mir kommts, oh ja ...«

Meron spritzte zuerst ab und visierte Rachels Gesicht an, starrte aber in Elias Augen. Er sah an seinem Blick, dass er kam, leicht die Augen nach oben verdrehte und rhythmisch stöhnte. Dann spritzte auch Elias ab und verschleuderte seinen Samen in Rachels Gesicht und weit geöffneten Mund und auf ihren Hals und ihre Brust. Meron beugte sich über sie und leckte Elias Samen und spuckte ihn süß lächelnd in Rachels offenen Mund. Sie schluckte alles. Elias ließ sich mit einem erschöpften »Uff« neben Rachel aufs Bett fallen und Meron legte sich zu ihnen. Sie schlossen lächelnd die Augen und überließen sich dem Taktak, taktak der Räder und schliefen ein.

Als sie zwei Stunden später aufwachten, langsam und noch immer berauscht, gingen sie nacheinander ins Bad. Zuerst Rachel, dann Meron und zum Schluss Elias.

Inzwischen war es später Abend und sie beschlossen, im Speisewagen etwas zu essen.

Am Tisch warf Meron das Thema Europa auf und was da eigentlich gerade los sei.

Elias zuckte mit den Schultern und nippte am gut gekühlten Weißwein, den der Kellner gerade gebracht hatte: »Weiß nicht. Seitdem ich hier in Afrika unterwegs bin, war ich ununterbrochen damit beschäftigt, weiterzureisen und zu überleben.«

»Überleben?«, frage Rachel und trank ebenfalls, sah zu Meron und sagte nebenher: »Der Wein ist köstlich. Die Marke kannst du deinem Chef empfehlen.«

Elias lehnte sich zurück und berichtete von dem Absturz des Frachtflugzeugs in Sambia nahe einer evangelischen Mission, die der Pilot und er nur deshalb heil überstanden hatten, weil der alte Haudegen eben genau das war: »Ein echter, alter Haudegen wie aus einem alten Abenteuerfilm!«

»Was? Du warst in der Maschine? Da stand gestern was in der Zeitung. Irgendwelche Revolutionäre hatten die vom Himmel geholt, als sie beim Landeanflug war – echt jetzt?«

Elias nickte langsam und deutlich: »War ich. In Tanger hatte ich eine unangenehme Begegnung mit zwei seltsamen Typen, die mich mitten auf einem belebten Platz entführen wollten, weiß der Geier, wieso. Ich hatte also seit meiner Überfahrt von Spanien nach Marokko echt viel um die Ohren.« Er grinste.

»Was *ist* in Europa denn los?«, fragte er leichthin, weil es ihn nicht wirklich interessierte. Die Heimat war weit weg und erschien ihm zunehmend, wie eine Fata Morgana, die von Mal zu Mal weiter zurückwich, wenn er an sie dachte. Um seine Eltern machte er sich keine Sorgen, wohl aber dachte er wehmütig an sie. Stefan war in seiner Universität in Nigeria – gar nicht so weit weg von hier. Malalay war wahrscheinlich abgeschoben worden, dank der rechten Regierung. Ihn band nur wenig an Europa, Österreich, an Wien. Ein wenig Nostalgie blitzte gelegentlich auf, aber nicht intensiv genug, um ihn von seinem Weg abzubringen.

Das Essen kam. Meron und Rachel hatten Fisch bestellt, Elias nahm ein Straußensteak, ziemlich roh.

»Die EU löst sich gerade auf. Irgendwelche Videos sind überall in den Ländern der Union aufgetaucht. Tonbandprotokolle und so weiter. Denen fliegt gerade alles um die Ohren, Russland jubelt und an der Grenze der baltischen Länder zu Russland intensivierten sich militärische Vorbereitungen. Menschen stürzten aus Fenstern, Banden zogen herum und töteten wahllos Menschen auf den Straßen. In einigen Ländern wurde das Militärrecht verhängt. Ausgangssperren, Militärkonvois und so weiter. Scheint so, als wäre das finstere Herz Afrikas gerade wesentlich sicherer als Europa.«

Elias kaute und grinste humorlos: »Joseph Conrad. Habe ich gelesen. War die Vorlage für Coppolas Film *Apokalypse Now*. Nachdem was ich bisher erleben konnte, scheint mir seine Vision von Afrika zu düster und trüb. Ha!«, lachte er. »Ich habe das Lesen so genossen, wenn ich mal aus meiner Influencer-Rolle herausfand. Studieren, Praktikum machen, trainieren und lesen. Und manchmal mit meinem besten Freund auf Partys gehen.« Er aß zwei Bissen und fügte hinzu: »Er fehlt mir. Er ist das helle Herz Afrikas.«

»Muss ein ziemlich toller Typ sein, dieser Stefan.«

»Oh ja«, antwortete Elias flüsternd. »Echt!«

Dann schwiegen sie und aßen, tranken Wein und genossen das Zusammensein, während draußen im letzten Licht des Tages die Steppe der Wüste wich.

Als sie später satt und zufrieden vor dem Abteil standen, das Rachel und Meron in Beschlag genommen hatte, sagte Elias: »Das Bett bei mir ist groß genug für drei, finde ich. Da könnt ihr euch auch frisch machen, bevor wir in Windhoek aussteigen. Was meint ihr?«

»Was meinen wir, Süßer?«, fragte Rachel und knuffte Meron in die Hüfte.

»Vielen Dank. Sehr gern. Ich hole nur schnell unsere Taschen, ja? Und ich muss dem Zugbegleiter den Schlüssel zurückgeben.«

Eine Stunde später lagen sie eng beisammen auf dem Bett in der Suite. Der Zug rollte ruhig dahin, die Geräusche waren gedämpft, und so schliefen sie ein. Elias träumte von einer Kerze, die im Licht einer Dämmerung an einem verlassenen Strand stand. Dass er im Sand neben ihr lag und darüber nachdachte, sie auszublasen.

Er tat es nicht.

Meron und Rachel träumten einen gemeinsamen Traum von Liebe und Zärtlichkeit. Von unermesslichem Wohlwollen, das von überallher auf sie einströmte. Und dann war da nichts mehr. Gar nichts.

Der Wagen des Fantoms

Juni 2026

Sie wachten zwei Stunden vor Ankunft in Windhoek auf und duschten, gingen in den Speisewagen und nahmen ein leichtes Frühstück. Die Stimmung war locker und entspannt und Meron machte den Vorschlag, Elias könnte mit ihm zur Lodge fahren, nachdem er Rachel in ihrer Wohnung nahe des Universitätscampus von Windhoek abgesetzt hatte, und Rachel kicherte: »Das würde dir so passen, dass du den hübschen Elias für dich allein hast, im Jeep deines Chefs, na hahaha!«

Meron lachte auch und besserte sie aus: »Nicht Jeep. *Range* Rover. Was für ein endgeiles Ding!«

Elias schluckte und spürte einen eisigen Hauch im Nacken: »Ein Range Rover? Muss wohlhabend sein, dein Boss!«

»Ist er. Und das Vermögen ist alt, soviel ich weiß. Aber er ist kein Geizhals, gar nicht. Er gibt viel, aber er verschleudert nichts, und die Loyalität der Angestellten ist ihm sicher! Immer.«

Elias beschloss, es dabei zu belassen und nicht weiter nachzuhaken.

In Windhoek verließen sie den Zug und Rachel meinte, es sei ein fast wehmütiger Augenblick, denn der Zug sei wie ein Palast auf Rädern: »Wann werden wir wieder so eine Fahrt machen, Meron?«

Er lächelte sie liebevoll an und antwortete: »Sobald ich eine Sonderzahlung bekomme. Urlaub, nur im Zug, was?«

Sie küsste ihn auf den Mund, hakte sich bei ihm und Elias ein und so verließen sie den Bahnhof, gingen über einen kleinen, staubigen Platz im Morgenlicht nach links zu einem ebenso staubigen Hotel, das schon bessere Tage gesehen hatte. Sie betraten die Lobby und Meron ging zum Empfang, wechselte ein paar Worte mit der ernst blickenden Dame hinter dem Tresen. Dann winkte er Elias und Rachel und rief: »Kommt. In die Garage. Der Wagen wurde gewaschen! Und innen gereinigt«

Die Garage war weitläufig und voll. Viele ausländische Wagen standen hier im fahlen Neonlicht geparkt und Elias erkannte sofort den Wagen, auf den Meron zustrebte. Wieder ein eisiger Hauch im Nacken. Ihm stellten sich die Härchen auf den Unterarmen auf und er schauderte. Meron entriegelte den Wagen und öffnete mit der Fernbedienung die Heckklappe. Elias blieb wie angewurzelt stehen, als er im aufflammenden Innenlicht sah, was im Kofferraum lag.

»Was ist, Elias? Träumst du?«

Elias schüttelte langsam den Kopf und zwang sich zu einem fast glaubwürdigen Lächeln: »Ich glaube nicht.«

Er stellte seinen Rucksack in den Laderaum des Range Rovers und starrte auf die Decke, die rechts zusammengerollt lag. Er kannte sie. *Natürlich* tat er das. Es war die Decke, in die ihn Max – Le Fantom – gewickelt hatte, als er ihn auf Gran Canaria auf der Straße aufgelesen, und in seine Finca gebracht hatte. Dieser freundliche und gute Mann.

Er ließ sich nichts anmerken. Seine Augen weiteten sich, als er neben der Decke zwei Bücher sah, auf deren Umschlag abgebildet war, worum es im Inneren ging: *Die Pflanzenwelt von Estland.* Und: *Biologische Diversität, Band III.*

Wie in Trance setzte er sich auf die Rückbank, Meron schwang sich auf den Fahrersitz und Rachel nahm neben ihm Platz.

Umsichtig steuerte Meron den schweren Wagen über die steile Rampe ins Tageslicht, bog rechts ab und folgte einer breiten Durchgangsstraße, die von flachen Gebäuden gesäumt war. Vereinzelt ragte eine Palme empor, deren Blätter ausgefranst und tot in der Windstille hingen. Elias drehte sich um und stellte ohne große Überraschung fest, dass die Unwetterfront gefolgt war. Den ganzen Weg von Francistown in Botswana nach Windhoek in Namibia.

Der Ritt in die zweite Vision

Oktober 1985

Josua stocherte mit einem ausgebleichten Stück Holz in der Glut und lächelte Max Villeneuf an. Doch sein Lächeln war nur maskenhaft. Dahinter war eine Kälte, die Max Villeneuf ansatzweise beunruhigte.

»Du solltest jetzt bereit sein für die zweite Vision. *Jetzt.* Zögere es nicht hinaus. Wir brauchen die Gewissheit, dass du der Richtige bist.«

Er stand auf und ohne weitere Vorwarnung öffnete er die rechte Faust und blies Funkelstaub in Villeneufs Gesicht.

Diesmal wurde der Wechsel aus der Realität in die Vision von einem umfassenden, himmeltiefen Donnerknall begleitet. Villeneuf fand sich zu seinem Erstaunen, nachdem er den Schreck verarbeitet hatte, nicht in einer fremden Umgebung, sondern genau hier. Am Strand. Es war Nacht, die Sterne strahlten verschwenderisch am Himmel, das Meer rollte ruhig, das Geräusch der Wellen am Strand war ein seidiges Schleifen, ein Wispern und Flüstern. Er fühlte sich geborgen und sicher, ganz anders als bei der ersten Vision, die ihn mit Angst, Wut und Unbehagen erfüllt hatte. Da war eine Bewegung. Flackernd, wie ein Schemen in großer Hitze. Oben auf der Düne. Das dunkle Flirren kam über die Düne herab und langsam, ganz langsam schälte sich ein Schemen heraus. Fast ein Mensch.

Fast.

Es gibt keine Karte

Mai 2026

Ohne jede Gefühlsregung sah Elias, wohin Meron den Wagen steuerte, als sie die Felsenlandschaft verlassen hatten und durch die Wüste fuhren. Natürlich. Der Range Rover hatte ihm gesagt, wer Merons Chef ist, der freigiebige Besitzer der Hammerstein-Lodge, zu der sie gerade fuhren. Meron lenkte den Wagen auf die Zufahrtsstraße und sagte breit grinsend: »Willkommen in der Lodge. Du bist natürlich mein Gast. Ich lasse einen Bungalow für dich vorbereiten und …«

»Mach dir nicht zu viel Mühe, Meron. Ich möchte nur duschen, ein wenig schlafen und dann weiter ziehen.«

»Wohin, Mann? Du kannst ein paar Tage bleiben und dich ausruhen, kannst mit einer geführten Tour Sossusvlei besuchen und Fotos machen. Das machen alle her und – hey, ich könnte dich dorthin führen, na?«

»Nur duschen und pennen. Okay, gut. Vielleicht bleibe ich ein paar Tage, kommt darauf an.«

»Worauf?«, fragte Meron, als er den Wagen unter das Dach des Parkplatzes lenkte und abstellte.

Elias haderte mit sich, ob er Meron einweihen sollte. Was wusste der Kerl von Max Villeneuf? Hatte er auch nur die geringste Ahnung, was der Mann tat, wenn er nicht gerade hier war und den liebevollen Gastgeber und allseits geschätzten Boss gab? Ein Teil ihm schrie: *Sags ihm, sags ihm. Vielleicht rettest du damit sein Leben*! Und ein anderer Teil riet ihm dazu, zu schweigen. *Das ist kein Teil deiner Geschichte*, mahnte ihn die sanfte Stimme, die in seiner Vorstellung links von ihm saß.

Meron sprang aus dem Wagen, begrüßte überschwänglich zwei Angestellte, die im Schatten des Dachs eine Rauchpause machten, ging um den Wagen, öffnete die Heckklappe und nahm umstandslos seine eigenen Sachen und den Rucksack von Elias.

»Komm mit. Ich denke, der Chef wird sich freuen, dich zu sehen!«

Da bin ich mir nicht so sicher, dachte Elias sarkastisch und hatte plötzlich Bedenken. Was *tat* er hier? Was hatte er vor, wenn Max wirklich in der Halle stand und ihn sah? Sollte er einen Skandal machen, herumschreien? Nichts davon fühlte sich richtig an. Ihm stieg die Magensäure hoch und er musste husten.

Nichts war hier richtig. Er fühlte sich wie in einem Raum mit unmöglichen Winkeln und Perspektiven.

Sie gingen über den gepflegten Vorplatz und Elias spürte die Hitze auf sich wie ein Gewicht, das ihn taumeln ließ.

Sie betraten die klimatisierte Halle, in der Leute in Gruppen standen. Junge Angestellte, gutaussehend und adrett gekleidet, eilten geschäftig herum. Meron ging zu der jungen Frau am Tresen und sagte: »Bin wieder da. Der Wagen vom Chef steht auf dem Parkplatz – und ist gewaschen. Wo ist er? Ich habe einen Gast mit.«

Die junge Frau blinzelte Elias freundlich zu: »Der war kurz hier und ist seit heute Morgen wieder weg. Er ist mit dem Kastenwagen zum Strand gefahren. Kennst ihn ja, macht er öfter!«

»Hat er gesagt, wann er wieder kommt?«

Sie schüttelte den Kopf: »Nein. Auch nichts Neues bei ihm. Kommt und geht. Vielleicht kommt er morgen.«

»An welchem Strand?«, fragte Elias bemüht ruhig.

Meron sah ihn aufmerksam an: »Warum?«

Elias überlegte eine Sekunde, bevor er antwortete: »Dein Chef heißt Max Villeneuf, oder?«

Meron nickte und Elias fuhr fort: »Ich habe ihn im Oktober auf Gran Canaria kennengelernt, als er dort Urlaub machte. Wir haben ein paar Tage miteinander verbracht und ich würde ihn gern überraschen.« Leichtherzig fügte er hinzu: »Ich glaube, er wird sich freuen, mich wiederzusehen.«

Meron schaltete schnell: »Es gibt keine Karte mit einer Wegbeschreibung. Pass auf, wir machen es folgendermaßen: Du gehst in den Bungalow, da, Nummer drei, machst dich frisch und pennst eine Runde. Ich stelle dir einen der Touristenjeeps zur Verfügung und male dir eine Wegbeschreibung. Ist das eine Idee, ja oder ja?«

Elias lachte kurz, nickte und antwortete: »Ja, passt. Toll!«

Vier Stunden später erschien er in der Empfangshalle, sah Meron mit der jungen Frau hinter dem Empfangsschalter scherzen, ging auf die beiden zu und nickte: »Bin so weit. Hast du was für mich?«

Meron begleitete Elias nach draußen und zum reservierten Suzuki Jeep, der unter dem seitlichen Vordach des Haupthauses im Schatten stand.

»Der ist vollgetankt. Geht aufs Haus, Süßer.« Er lächelte ihn so freundlich an, dass es Elias im Herz wehtat. *Was wirst du sagen, wenn du wüsstest, dass ich zum Strand fahre, um deinen Chef zur Rechenschaft zu ziehen? Wenn du wüsstest, dass er ein Sadist ist, ein Verbrecher, Vergewaltiger?*

Aber er ließ sich nichts anmerken.

Die vier Stunden hatte er nervös an den Fingernägeln kauend im Bungalow verbracht. Seine Beine zitterten und mehrmals musste er seinen Atem unter Kontrolle bringen, der dauernd davoneilen wollte.

Meron breitete ein Blatt Papier auf der Kühlerhaube auf, auf der er ein paar Striche gekritzelt hatte, die man nur bei gutem Willen als Wegbeschreibung entziffern konnte. Aber so, wie Meron die Zeichnung erklärte, leuchtete Elias die Darstellung ein. Es war einfach. Nach der Ausfahrt gleich rechts ab auf eine Landstraße, die nach ein paar Kilometern zu einer Sandpiste wurde. Dann den Spuren folgen: »Die Strecke wird oft befahren, um zuerst nach Sossusvlei zu kommen und dann weiter zu der höchsten Düne, die direkt zum Strand hinabfällt. Man kann sie, wenn man vorsichtig nimmt, in lang gezogenen Serpentinen nach unten fahren bis zum Strand. Dort wirst du ihn schon irgendwo finden. Er ist klasse, der Boss, aber er ist merkwürdig, aber was sage ich – du kennst ihn ja.«

»Ja«, antwortete Elias langsam. »Ich kenne ihn.«

Mit diesen Worten setzte er sich hinter das Lenkrad und murrte: »Was? Keine Automatik? Wie altmodisch!«

Meron lachte, warf Elias einen Kuss zu, klopfte auf die Motorhaube und Elias fuhr los.

Tore öffnen sich

Oktober 1985
Max stand am Strand und starrte auf die Gestalt, die sich aus dem Hitzeflimmern befreite wie ein Geist. Jetzt empfand er einen Hauch Übelkeit, so als ob sich Tore auftaten zu einer umfassenden Dunkelheit.

Juni 2026
Max, der gerade zum Wagen ging, um endlich zur Lodge zurückzufahren, blieb stehen, weil er etwas spürte. Die Luft änderte sich, ihr Geruch änderte sich, die Maserung der Wirklichkeit kräuselte sich. Alles, wirklich alles änderte sich und erinnerte ihn an seine zweite Vision vor vierzig Jahren, die so ruhig begonnen hatte und mit einem Mal zu einem grässlichen Albtraum geworden war.

Jetzt und damals überlappten sich, wurden eine Zeit, ein Atemzug. Er zog die Schultern zurück, drehte sich um, spürte den verängstigten, jungen Max Villeneuf, der mit ihm um das Hiersein rang.

Fast da und doch im Oktober 1985.

Oktober 1985
Er stand bis zu den Waden in der Brandung und sah einen Geist. Das Schemen kam auf ihn zu und als er vor ihm stand, war es ein schöner junger Bursche. Halb Asiate, halb Maghrebiner. Er trug Jeans, hochgerollt, und ein weites Leinenhemd. In der rechten Hand hielt er eine Pistole.

»Wer bist du?«, rief er. »Wer *bist* du? Bitte! Ich muss es wissen!«

Eine alte, brüchige Stimme in ihm antwortete: »Du bist unmöglich. Du bist nicht da!«

»Doch. Er *ist* hier.«

Der junge Mann vor ihm sah ihn verwirrt an: »Du *kennst* mich. Du weißt, wer ich bin. Oder vergessen Monster wie du, wen sie gequält und gefoltert und vergewaltigt haben? Du hast mich zerstört, du hast mich *fast* zerstört, aber ich lebe! Bin ich so unwichtig für dich?«

Villeneuf hob den Blick und sah über Elias hinweg: Was *ist* das?«

Elias drehte sich langsam um und antwortete: »Tore. Es sind wohl Tore, oder?«

Die Hölle

Sie fanden sich auf einem vollkommen menschenleeren Markt wieder. Die ausgelegten Waren waren verfault und vergammelt, schwere, glänzende Fliegen krabbelten darauf herum, es summte von überallher. Das Holz war verrottet, das Eisen rostig. Der Himmel war metallisch und dunkel, die Luft eiskalt und feucht. Sie brannte wie Säure auf der Haut.

»Wo sind wir?«, schluchzte Herr Cuff außer sich. »Was ist geschehen?« Er sah an sich herab. Die zerrissene und blutgetränkte Kleidung konnte das vollkommene Grauen nicht verbergen: Die durch überaus scharfe Macheten abgetrennten Gliedmaßen waren in einem Akt dunkelster Magie durch rostige Federn und Scharnieren und morschem Holz ersetzt worden. Sie waren zu monströsen Pinocchios mutiert, angefüllt mit brennenden, reißenden, rostig quietschenden Schmerzen.

Sein Partner ließ grau vor Entsetzen den Blick schweifen und antwortete: »Ich weiß es nicht. Ich weiß es *wirklich* nicht.« Sein Brustkorb, aus Metallplatten, Eisenfedern und Holzstücke, hob und senkte sich schnarrend und quietschend.

Eisiger Wind wehte und pfiff. Und dahinter, noch weit weg, erschütterte etwas Monströses die verbrannte Erde. Etwas ächzte und stöhnte, begleitet von einem wahnsinnigen, vielstimmigen Geschnatter.

»Was *kommt* da?«, flüsterte Herr Cuff kraftlos vor Grauen.

Herr Cuff sank, geschwächt vom Grauen, zu Boden und versuchte, sich das Herz herauszureißen, denn der Tod konnte nicht schlimmer sein als das, was auf sie zukam. Langsam, weil es keine Eile hatte, weil es alle Zeit des Universums hatte.

Er schaffte es nicht. Der Tod, das wussten sie, konnte eine Gnade sein und sie wussten, dass sie der Erlösung nicht würdig waren.

Vergebung

Juni 2026

Oben, auf dem Grat der Düne, hielt Elias den Suzuki an, zog die Handbremse an und machte den Motor aus. Stieg aus dem Wagen und sah sich im Dämmerlicht um. Tief unten, am Fuß der rostroten Düne, stand ein weißer Kastenwagen und vor dem Kastenwagen stand ein Mann.

Villeneuf.

Le Fantom.

Er nahm die Pistole aus dem Hosenbund, entsicherte sie und machte sich auf den Weg nach unten. Hinter ihm hing die Wolkenfront und verschlang den Himmel.

Der Tag kippte ins Dunkel, jetzt wurde es Nacht.

Elias erforschte seine Gefühle und fand Spannung. Erregung. Die Hoffnung auf Gerechtigkeit, und das Gefühl, dass etwas zu Ende gebracht wurde. Keine Angst mehr. Keine Furcht. Nur noch den Wunsch, mit all dem abzuschließen. Als er unten am Fuß der Düne angekommen war, wischte er sich mit dem Handrücken die Tränen von den Wangen. Jetzt sah er den Mann deutlicher. Er schien in einer Art Transformation zu beben. Als ob Gravitationswellen über seinen Körper wanderten und ihn verformten. Gerade noch hatte er den sechzigjährigen Max Villeneuf erkannt, jetzt sah er einen blonden, jungen Mann, der ihn ängstlich und verwirrt anstarrte und rief: »Wer bist du? Wer bist du? Ich muss es wissen!«

Dann stand wieder Le Fantom vor ihm. Er lächelte nicht, noch zeigte er Angst. Er sagte: »Du bist hier. Das ist ungeplant. Du kannst wohl nicht genug von mir bekommen. Was willst du hier? Was *willst* du?«

Elias nahm die Pistole hoch und zielte auf Max Villeneufs Gesicht. Er dachte nach, versuchte, die in seinem Kopf wirbelnden Gedanken zu erkennen, sie einzuordnen. Er suchte nach Hass und Wut, nach Rachegedanken, aber er fand nur …

»Was ich hier will? Das weißt du nicht? Du kannst gut Menschen quälen, Le Fantom. Aber du kannst sie nicht *verstehen*!«

Oktober 1985
»Was willst du – *bitte*!«

Juni 2026
Ich …«

Oktober 1985
»Vergebe dir.«

Juni 2026
Elias zog durch. In diesem Moment wechselte noch einmal Max Villeneuf sein Aussehen, wurde wieder jung – und Tränen liefen über seine Wangen, als ihn die Kugel in die Stirn traf und die Wucht ihn nach hinten schleuderte und von den Beinen fegte.

Die Wüste und das Meer verschluckten den trockenen Knall. Elias ging langsam, schwach vor Entsetzen, wegen dem, was er getan hatte, zu der Leiche und wiederholte: »Ich vergebe dir.« Die Hand mit der Waffe zitterte. Er zitterte bis ins Mark. Ein paar Minuten blieb er reglos neben der Leiche von Max Villeneuf stehen, um die wenigen schönen Momente, an die er sich mit ihm erinnern konnte, mit dem Dämon zu verbinden, der ihn in die Falle gelockt und gequält und missbraucht hatte. Langsam schüttelte er den Kopf und flüsterte: »Nein, nein, nein, nein!«

Er wich rückwärts zurück, dann wandte er sich ab, warf die Waffe, so weit er konnte, hinaus aufs Meer und lief und lief und lief, weil er wusste, dass er keine andere Möglichkeit gehabt hatte, als ihm zu vergeben.

Denn er wusste, dass nur das absolut Böse Vergebung nicht kannte.

Oktober 1985

Jemand schüttelte ihn. Hände packten seine Schultern und zogen ihn hoch in eine tröstliche Umarmung.

»Was ist passiert, Max? Was hast du gesehen? *Was*?«

Villeneuf weinte wie ein Kind. Und gleichzeitig funkelte Wut in seinen Augen. Josua wich zurück und sah den Mann an, der gerade aus seiner Vision erwachte – sich aus ihr befreite, und völlig außer sich war.

Der blonde junge Mann wischte sich mit den Handballen über die Augen und die Wangen und gab ein klägliches, aber auch zorniges

Schnaufen von sich. Er zitterte am ganzen Leib.

»Ich habe … ich habe *mich* gesehen. Hier, in der Zukunft war ich alt, ein alter Mann und der Junge aus der Finca war am Leben. Er hasst mich. Nein, nicht Hass.«

Er sah Josua aus roten Augen an, schlug den Blick nieder und flüsterte: »Er hat mir vergeben und ich weiß nicht, wofür. Mein altes Ich wusste es, weiß es.«

»Weiter.«

»Er hat mir vergeben und dann hat er auf mich geschossen. Direkt in den Kopf!«

Er tippte sich auf die Stirn.

»Ich werde hier sterben. Eines Tages. Vielleicht in dreißig oder vierzig Jahren. Ich muss ihn suchen. In vielen Jahren muss ich ihn suchen und ich werde alles tun, um ihn zu finden. Er ist mein Totem.«

Josua stand auf und zog Villeneuf kraftvoll auf die Beine. Lächelte unbefangen.

»Fühlst du dich bereit, die Aufgabe anzunehmen?«

Villeneuf atmete tief ein und aus. Dann nickte er und flüsterte: »Ja. Ich bin bereit. Meine Wut wird mich durch die Jahre tragen, komme, was da wolle.«

Josua sah ihn ernst an, legte seine Hände auf Villeneufs Kopf und raunte: »Sag mir deinen Namen. Wie ist dein Name?«

Max Villeneuf hob den Blick, sah Josua direkt in die Augen und antwortete: »Ich bin Le Fantom!«

Die Prozession

Ein Lidschlag Leben

Am Himmel sah er den Mond und die Sterne. Als Elias weit genug gelaufen war, ließ er sich in den Sand fallen, setzte sich, umklammerte seine Knie und legte den Kopf auf die Knie und das Weinen schüttelte ihn. Er wartete, bis es von selbst nachließ, dann wischte er sich die Augen und die Wangen trocken und stöhnte. Sah sich um. Niemand war hier, der Kastenwagen war weit außer Sicht. Hinter ihm war eine mächtige Düne, die im Mondlicht graublau war wie Samt. Dahinter schob sich die Wolkenbank heran, in der Blitze rötlich und blau leuchteten. Kein Donner war zu hören und die Luft bewegte sich nicht.

Als er nach rechts auf den Boden blickte, sah er ohne großes Erstaunen eine weiße Kerze, deren Flamme ruhig in der Windstille leuchtete.

Er ließ sich zur Seite fallen und starrte in die Flamme. Er dachte an Meron. Wie sehr es ihn treffen würde, dass ein junger Kerl, den er als Freund sah, seinen geliebten Chef erschossen hatte. Links von sich nahm er eine kräuselnde Bewegung wahr. Er sah genauer hin. Da kam jemand auf ihn zu. Ein Schatten im Schatten zuerst, dann schälte sich eine junge, muskulöse Gestalt aus der Nacht und Elias konnte nicht anders, er lächelte und sprang auf: »Angelo? Bist du das? *Angelo*? Was machst *du* hier?«

Es war Angelo Cruz aus Madrid. Er trug eine weiße, lockere Hose, sein Oberkörper war nackt.

»Ha«, sagte Angelo, umarmte Elias zärtlich und ließ sich neben ihm in den Sand sinken. Elias setzte sich zu ihm und starrte ihn an wie ein Wunder.

»Einen schönen Ort hast du gewählt, Pilger. Wirklich schön.«

Er legte seinen Arm um Elias und zog ihn zu sich, muskulös und sanft. Elias legte seinen Kopf auf Angelos Schulter und flüsterte, weil er plötzlich begriff: »Du heißt nicht nur Angelo, oder? Du bist …«

Angelo nickte. »Und ich bin hier, um dir zu helfen, so wie wir Angelos das nun mal tun.«

»Wobei?«

»Der letzte Schritt ist für die meisten schwer. Nicht quälend, aber doch schwer. Es kostet einiges an Überwindung.«

»Ich bin gar nicht hier, oder?«

Angelo schüttelte langsam den Kopf und küsste Elias auf die

Schläfe: »Irgendwie schon. Nein, eigentlich bist du *ganz* hier. Du weißt es, oder? Du erkennst es jetzt.«

Langsam nickte Elias und blickte aufs finstere Meer hinaus und hoch zu den Sternen: »Muss ich mich fürchten? Muss ich Angst haben?«

Angelo schüttelte langsam den Kopf, lachte tief und freundlich, dann fing er sich und antwortete: »Nicht du. Nein, ganz und gar nicht. Und um deine nächste Frage vorwegzunehmen: Es tut nicht weh. Gar nicht. Alles, wirklich alles, was Schmerzen angeht, hast du lange hinter dir.«

»Ich … ich bin in der Finca auf Gran Canaria gestorben, oder? Ich bin *nicht* entkommen. Ich konnte nicht fliehen.«

»Du bist noch nicht tot. All das, was du seit diesem Oktobertag durchgemacht hast, geschieht in einem Blinzeln. Doch das Blinzeln, dieser letzte Lidschlag ist fast am Ende. Deswegen bin ich hier, Elias. Es ist Zeit, zu gehen. Du bist bereit, ganz und gar. Dass du ihm vergeben hast, ehrt dich. Das ehrt dich sehr. Dass du das kannst, habe ich schon im Bett im Hotel gespürt. Hey, war wirklich *schön* mit dir.«

Darauf fiel Elias nichts Besseres ein als: »Danke« zu flüstern. Dann lächelte er schief und flüsterte: »Deine Nummer brauche ich dann wohl nicht mehr, was?«

Angelo grinste und schüttelte den Kopf. Elegant stand er auf, wischte sich den Sand von der Hose und streckte sich: »Was für ein großartiger Ort. Ich warte drüben auf dich, mein Freund. Eine Milliarde Jahre oder auch nur ein Blinzeln lange. Auf dich zu warten, ist mir eine Ehre!«

Auf einmal war die Wärme an seiner Seite weg und Elias sah, wie sich Angelo in weißen Rauch auflöste und verwehte.

Er legte sich wieder in den Sand und betrachtete die Kerze. Er wusste, was sie war, was sie *wirklich* war.

»Sohn? Elias, mein Junge!«

Das war die Stimme seines Vaters. Er kam auf ihn zu und hinter ihm folgten andere Schatten auf der Brandungslinie nach.

Eine Prozession.

Elias krächzte: »*Papa*?«

»Ja. Sei nicht traurig. Du bist ja so stark. Du wünschst dir, Allah zu hören, Sohn. Du wartest auf ein Grollen und ein Donnern – aber ich sage dir, Gott spricht zu dir in einem sanften Säuseln. Hör genau hin. Ich liebe dich. Für immer.«

Im Vorbeigehen löste sich auch sein Vater in weißen, leuchtenden

Dunst auf, und dahinter sah er seine Mutter kommen. Am Strand entlang, genau auf der Brandungslinie.

»Mama, oh Mama, ich wollte, ich hätte dir noch sagen können, was für ein Wunder du bist. Wie sehr ich dich liebe!«

Sie ging langsam an ihm vorüber und strich mit der Hand über seine Haare. Dabei flüsterte sie mit erstickter Stimme: »Schlaf gut, mein Sohn. Die Engel sind hier und breiten ihre Schwingen über dir aus. Schlaf im Schatten ihrer Flügel!»

Elias weinte und sehnte sich nach dem Leben, nach allem, was war und allem, was sein könnte. Ein letzter Schatten trat auf ihn zu. Elias wischte sich die Augen trocken, blinzelte und lächelte tapfer.

Stefan stand vor ihm. Er kämpfte mit den Tränen, sein Gesicht war vor Trauer verkrampft.

»Ich vermisse dich, Bro, es tut echt weh, weißt du? Aber ich würde mir wünschen, dass du jetzt loslässt. Lass los, Eli. Es ist gut. *Alles* ist gut. Und möge Allahs Frieden über dich kommen wie sanfter Regen.«

Stefan löste sich in einem weißen Gefunkel auf und verwehte.

In seinem Atem tanzte die Flamme der Kerze. Er sah in ihr das Leben. Alles, was das Leben sein kann, was es sein *könnte*. Er weinte nicht, weil es vorbei war, sondern lächelte, weil er gelebt hatte.

»Jetzt«, raunte ein Chor von der anderen Seite.

Die Wolkenfront war da.

Sanfter Regen fiel auf ihn nieder.

Die Flamme tanzte.

Jetzt.

Mit einem Lächeln blies er im Schatten ihrer Flügel die Kerze aus, und das Universum wurde dunkel.

ENDE

Peter Nathschläger **Auf dieser Frequenz**
ISBN print 9783987581397 Auch als Epub

Der lang erwartete zweite Band der Elias-Trilogie!
Der Student und Influencer Stefan wird entführt, als er seinen Vater, einen EU-Diplomaten, nach Estland begleitet. Sein bester Freund Elias wird Zeuge des brutalen Kidnappings während einer Videokonferenz und erkennt schockiert, dass derselbe Mann hinter dem Verbrechen steckt, der ihn auf Gran Canaria in eine Falle gelockt hat, aus der er nur knapp mit dem Leben davonkam. Elias nutzt seinen Kontakt zur Kriminalpolizei von Gran Canaria und reist nach Estland, um einen verzweifelten Rettungsversuch zu starten.
Inzwischen gelingt es dem verletzten und geschwächten Diplomatensohn, einen der Entführer zu überwältigen, doch in der winterkalten Landschaft hat er durch die gelungene Flucht nichts gewonnen …
Der neue Thriller von Peter Nathschläger: Brutal, tiefgründig, schwul.

Peter Nathschläger **Du warst der Plan**
226 Seiten ISBN print 9783987580888 Auch als Epub

Der Influencer Elias wird Opfer eines perfiden Plans, als er nach Gran Canaria eingeladen wird. Statt Angeboten als Werbepartner erwarten ihn dort Psychoterror, Vergewaltigung und Misshandlungen. Im letzten Moment kann er flüchten, bevor die Täter ihren Plan wahrmachen und ihn qualvoll ermorden.
Auf seiner nächtlichen Flucht wird Elias von einem älteren Mann aufgelesen, der den aufgelösten Instagram-Star zu sich nach Hause bringt und versorgt.
Zwischen den beiden unterschiedlichen Männern entwickelt sich eine Freundschaft. Doch als eine Nacht später drei der Täter grausam ermordet gefunden werden und die Kriminalpolizei von Gran Canaria die Ermittlungen aufnimmt, beginnt das fragile Vertrauensgerüst einzustürzen … Was wie eine Geschichte über Freundschaft zwischen zwei unterschiedlichen Männern beginnt, entwickelt sich zu einem atemberaubenden Thriller über Täuschung und Betrug!

Peter Nathschläger **Cyborg me**
140 Seiten ISBN 9783987580031 Auch als Epub

Mexico City 2125
Eines frühen Morgens im November sieht der Müllmann Max, der bei der Sonderschicht arbeitet, einen mysteriösen Jungen, dessen rechtes Auge rot leuchtet. Der kurze Blickkontakt verliert sich im dauerhaften Nebel der Stadt.
Max ist elektrisiert von der Begegnung und macht sich in der Zona Rosas auf die Suche nach dem geheimnisvollen Jungen - und wird von ihm gefunden. Samson Aguilar ist ein Cyborgstricher, ein ehemaliger Kadett der Luftstreitkräfte, der bei einem Attentat fast starb und jetzt in einem künstlichen Körper steckt - nur sein Kopf ist erhalten geblieben.
Max verliebt sich in den Cyborg, doch der hat ganz andere Pläne …

Ein Cyberpunk-Roman in der bedrückenden Zukunft von Mexico City, einer hedonistischen, lebensfeindlichen Megacity!

Michael Heinl **Bunt wie der Morgen in Brooklyn**
228 Seiten ISBN 9783987581519 Auch als Epub

Valerio Álvarez liebt seinen Job als Barista, seine Kunst – und sein Viertel: Sunset Park, Brooklyn. Zwischen dampfenden Kaffeebechern, rhythmischen Beats der Nachbarschaft und dem stetigen Wandel seiner Heimat versucht Valerio, seinen Platz im Leben zu finden. Als ein gigantisches Bauprojekt das Herz des Viertels bedroht, steht plötzlich mehr auf dem Spiel als nur ein Zuhause – und auch Valerios Herz gerät ins Wanken. Denn neben dem Protest gegen Gentrifizierung wartet vielleicht auch die Liebe hinter der nächsten Tür.
Eine warmherzige, witzige und tief berührende Geschichte über Community, Identität, queere Liebe und den Mut, die eigene Stimme zu erheben – voller New-York-Flair, lateinamerikanischem Lebensgefühl und ganz viel Herz.

Ein Roman wie ein Sommertag in Brooklyn: bunt, laut, zärtlich und unvergesslich

Frank Rommerskirchen **Sympathy for the Devil**
ISBN print 9783987581472 Auch als Epub

Es ist Sommer. Janosch cruist in Hamburgs Stadtpark und trifft dort auf einen jungen Mann, der nach einem Besuch der Kirmes noch ein Abenteuer erleben möchte. Im Schutz der Dunkelheit bekommt er den Sex, den er gesucht hat. Minuten später ist er tot…
Zurück auf der Kirmes, wo Janosch bei einem Fahrgeschäft arbeitet, setzt er sein Doppelleben fort.
Der Anschluss zu den Schaustellern und der Job bei einem Fahrgeschäft verspricht ihm dann ein neues fast familiäres Leben.
Aber, getrieben von großer Lust auf Sex, Selbsthass und der ständigen Angst vor Ablehnung, lässt ihn schließlich zum mehrfachen Mörder werden.
Ein verhängnisvoller Trip zwischen Lust und Leid, zwischen Hoffnung und Niederlagen … und am Ende ist er doch nicht völlig verlassen.